Depo Legal: 14-04-123
ISBN-13: 978-1511891882
Bibliyotèk Nasyonal Dayiti
LOC # 1-2267029081
Dwa Otè: © Dieury Dumas
Otè: Dieury Dumas
Konseptè : Dieury Dumas
Koreksyon: Jean-Baptiste Abdon
Piblikasyon: ENDEPANDAN
Dumas_45@yahoo.com
Twitter.com/dieurydumas
Facebook.com/dieurydumas
www.demokrasiateri.com (*pou plis fòmasyon ak akonpayman nesesè yo*)
Kòd aksè: _ _ _ _ _ _ _
Nimewo Pèsonèl:

DEMOKRASI ATERI.

DEMOKRASI ENPLANTE.

(DEMOKRASI ATERI AVÈK APLIKASYON LI)

RESIKLAJ + APRANTISAJ

Mwen mande nou fikse je nou sou grandè vil Athens. Lè je nou rive reyalize grandè l. Epi reyalize sa ki fè l gran konsa, se moun ki t ap viv yo ki te gran nan lespri yo, ki te konnen devwa yo, e yo te wont viv nan nenpòt ki move kondisyon.

Nou pa di yon moun ki pa enterese nan politik ap regle biznis li, nou sèlman di, li pa gen okenn bisniz l ap regle.
Pericles.

"<u>LIBÈTE OU LANMÒ</u>" !

"<u>DEMOKRASI POU LAVI</u>" !

"<u>VIV AYITI CHERI</u>" !

KONTNI

☐ Di plis (Enfòmasyon nan tout ankadreman yo ki tout kote andedan liv la).

Remèsiman: Mwen remèsye Gran Mèt Linivè a, pou apèl li ban m. Mwen vle remèsye tout moun, ki ede m gen kapasite pou ekri liv sa. Tankou manman m ak papa m, gran frè ak ti sè m, zanmi ak fanmi. Sitou tout ansyen pwofesè m yo, nan lekòl an Ayiti, e tout zanmi m yo nan New-Jersey, sa yo ki nan radyo, politik, legliz ak travay. Mwen remèsye Madanm mwen ki kenbe kè mwen ak nanm mwen sou Ayiti. E k ap ede mwen vini yon pibon moun chak jou, ak 2 gran zòm sou latè: KELLY BERNARD, HENRY JOSEPH. Mwen remèsye Abdon Jean-Baptiste ki ede m korije liv la, epi ban m tout bon konsèy. Mwen remèsye Grenadye07 k ap mennen yon batay nasyonal, men k ap aprann chak jou pi plis sou politik. Mwen remèsye tout moun ki ede mwen nan piblikasyon liv la. Moun ki ede mwen fè tout dènye koreksyon yo. E moun ki kite vid sa yo, ke mwen deside ranpli. Mwen genyen yon bagay ki sou kè m, mwen vle pataje avèk tout moun. <u>Mwen pa kont okenn moun, kont okenn ideyoloji an Ayiti oubyen sou latè beni</u>. Mwen toleran, e mwen konprann pozisyon tout moun yo, nèt. Men pozisyon pa m dwe toujou pozisyon pèp la, majorite nasyonal la. Liv sa a, se rezilta anpil gwo travay rechèch, lanmou, volonte, depasman mwen, avèk evolisyon demokratik lakay mwen. Ki pèmèt mwen konprann youn nan pwoblèm ki fè peyi a pa kapab mache. Liv sa se pou tout sè ak frè mwen yo, ayisyèn ak ayisyen mw renmen anpil yo. Tout zanmi, fanmi, fanatik mwen, kidonk tout pèp k ap viv sou latè. Mwen ekri liv sa nan lide pou mwen rann anpil sèvi, pou moun jwenn enfòmasyon sou demokrasi yo pat konnen, oubyen yo te bliye. Mwen remèsye tout ayisyen k ap viv nan peyi a ak nan dyaspora a, ki pran tan pou li ak konprann liv la, e aplike sa ki ladann li. Mwen vle remèsye tout moun, tout kote ki pral patisipe nan pataje sa ki nan liv la avèk lòt moun. Yon gwo kout chapo pou Akademi Kreyòl la, ki dwe kòmanse mete plis zouti avèk mwayen pou pèmèt lang nou an pi byen layite l. ***Mwen konnen pwoblèm peyi m, mwen kwè nan pèp ayisyen an.***

Dedikas:

Mwen dedye liv sa a pou tout ayisyèn ak ayisyen toupatou sou latè beni. Ak pou tout moun sou latè ki kwè nan demokrasi e k ap goumen pou mete demokrasi tout kote yo ap viv. Mwen dedye liv sa pou tout viktim ki tonbe nan lit pou tabli demokrasi sou latè. Mwen dedye liv sa pou tout moun an Ayiti ki pa konnen sa ki rele demokrasi, ki pako janm li yon chapit liv sou demokrasi, ki pa konnen definisyon demokrasi, kouman pou yo aplike li, konbyen règ ak prensip demokrasi genyen. Pou tout moun, yo bay manti sou demokrasi, tout moun akòz mank konesans sou demokrasi ki pile, kraze demokrasi. Anpil moun k ap kritike demokrasi se paske yo pa konnen sa ki rele demokrasi, oubyen se chache yo ap chache tounen ak diktati nan peyi a. Demokrasi se yon kilti, yon pwosesis, yon filozofi... diktati se anachi, se demagoji, se yon anòmali ki lakay anpil moun. Se pousa nou dwe vigilan chak jou. Mwen dedye liv sa a pou moun k ap di ; lè diktati te la, bagay yo te pibon. Anpil nan moun sa yo ap viv nan dyaspora a, gen nan yo se jèn moun tankou mwen. Ki maleresman ki pa kapab disosye mal avèk byen, diktati se rèy vyolans, demokrasi se rèy tolerans. Yo kenbe pèp la fènwa, plis pase 75% nan popilasyon an pa konnen sa ki rele demokrasi a, demokrasi pako janm ateri nan men yo, nan lespri yo. Malgre tout bagay pap janm kapab mache byen nan demokrasi men ou kapab denonse yo, e chanje yo san kout koko makak, nan bon eleksyon. Kote chak moun nan sosyete a gen mwayen ak pouvwa pou chanje tout sa ki pa mache byen dapre pwosesis demokratik la. Mwen dedye liv sa a pou moun ki pa konnen sa ki rele demokrasi, men bon demokrasi, men bon demokrasi ki pa aloral, men bon demokrasi ki dwe ateri nan lavi nou, nan lespri nou. Mwen dedye liv sa a, pou tout fanm nan peyi m, mwen renmen yo anpil, anpil, anpil. Yon granmèsi, pou tout moun ki te ede mwen nan pibliye liv la, men pi gwo travay liv la pral fè a, fenk kòmanse. Se pousa mwen voye yon dedikas davans pou tout moun ki pral li liv la, tout moun ki pral anbrase lide jeneral ki dèyè liv la san fè demagoji. Men moun ki pral pran fo pretèks pou yo dekouraje tèt yo avèk lòt moun, pou pa patisipe nan travay sa a, dwe reflechi de fwa, si yo kapab reflechi de fwa.

8

Rezònman; sikolojik, sosyolojik ak kiltirèl ant pèp ayisyen an avèk demokrasi: *Ki pibon mekanis, atansyon, aksyon pou fè demokrasi ateri nan peyi a.* Demokrasi bay yon bèl aparans ak santiman libète anba kontwòl lalwa ak Konstitisyon an, ke pèp ayisyen an pran pou lisans. Nan bati kote yo vle, nan pran tit yo vle, nan bay manti pou dan ri. Demokrasi se yon *lwa* libète, lisans se yon *dyab*. Pou *lwa* lalwa danse nan tèt ou, pou *dyab* Konstitisyon an pa manje ou, fòk ou <u>mennen bak ou byen</u>, nan respekte lalwa ak Konstitisyon an. Konsa tou pou kretyen yo, Labib se lalwa yo, e dis kòmandman yo se Konstitisyon an. Se nòmal pou ou frè m, pou ou genyen ti pati pa ou, ti zanmi ou, ti biznis ou... Men li pibon pou ou mete tèt ou ansanm ak lòt yo pou reyalize, pou ou fè anpil lajan ak richès. Tankou nou tout byen konnen ke: linyon fè lafòs. Poukisa n ap manje moun, lè nou konnen yo kapab manje nou tou? Poukisa n ap fè sa ki mal, lè nou konnen ke jisitis lezòm, avèk jistis Bondye ap regle avèk nou kanmenm! Kilti nou dwe ede nou avanse, li pa dwe yon baryè pou bare nou, oubyen yon sous pwoblèm k ap kreye pwoblèm nan mitan nou. Anpil peyi sou latè rantre nan modènite, yo byen lwen nan demokrasi, yo fè revolisyon kiltirèl ak ekonomik. Se pousa n ap kite peyi nou pou nou ale chache lavi miyò lakay yo. Se konsa, se yo k ap lage de twa goud nan kès peyi a, lè nou pote bòl ble nou ba yo. Nou dwe sispann batay avèk tèt nou e avèk chanjman ke nou oblije fè lakay nou. <u>Pivo sikolojik legal pou penalize moun nan peyi a se</u> **Kòd Penal Ayisyen** <u>an, li te fèt depi 1835, li te fèt pou fè represyon, san respè pou dwa moun, e li pat demokratik.</u> Demokrasi pa yon sistèm pou nou ap jwe ak li, si nou kontinye ap jwe avèk li, l ap detwi nou. Se pou nou sispann bay tèt nou manti, nan panse, se nou ki pi entèlijan, e nou dwe fè zafè nou tankou ayisyen. Pou chanje mantalite, entansyon lakay nou ak sosyete a, nou oblije viv ansanm tankou frè ak sè, nan linyon fè lafòs. Pa di ou pibon pase lòt yo, lè ou ap fè menm aksyon yo, e sa ki pi mal.

Objektif "Demokrasi Ateri":

1- Se pou dekri **Demokrasi Inivèsèl**. Demokrasi, filozofi gran filozòf Grèk yo, esans demokrasi. Demokrasi nan bon ti mamit, san manti, san dikta, san diskriminasyon, san koulè, san manipilasyon nan bon kreyòl, klè kou dlo kòk pou fanm avèk gason byen konprann. Tout moun; timoun tankou granmoun dwe li liv sa a, pou konprann, aprann, analize, reflechi, deside sou aksyon piblik yo ak prive yo. Yo dwe konnen sa ki demokrasi, politik ak eleksyon byen. Depi yo fè sa, yo ap sou wout demokrasi a. Yon jou, yo ap rive konprann kisa ki demokrasi a san mank, fin e byen. E yo ap devni pibon demokrat sou latè.

2- Liv sa a ekri an kreyòl, pou li ka rantre nan lespri nou, nan kilti nou, nan lojik nou, nan konsyans nou, nan tout kat kwen peyi a, lakay tout pèp ayisyen an. Youn nan pwoblèm ki fè demokrasi pa kapab rantre lakay nou, se paske pifò; liv, jounal, dokiman, magazen ekri oubyen pale, pa fèt an kreyòl, se nan lang blan yo fèt. Nou pa gen ase dokiman sou demokrasi sou mache a, ki an kreyòl pou mas pèp la. Nou konnen lang kreyòl la makònen lonbrit tout ayisyen ansanm. Nan lenguistik, sosyoloji avèk lojik ayisyen an, tout sa k ap penetre pèp la dwe an kreyòl, fòk li gen kilti lakay san melanj.

3- Demokrasi pran pou pi piti twa jenerasyon pou ateri nan yon kilti. Sa vle di, tout moun ki fèt apre 1981 pou rive 1986 fè pati jenerasyon demokrasi a, paske yo fèt sou tan demokrasi, oubyen yo gen lespri sou tan demokrasi, yo se demokrat pa defo, paske yo leve nan tan demokrasi. Yo sèlman rete pou yo aprann, pwopaje demokrasi, aji kòm demokrat pou chanje peyi a. Yo pa genyen yon batay nan lespri yo ant demokrasi avèk diktati. Men sa vle di tou, tout moun ki fèt avan 1981 pa fè pati jenerasyon demokrasi a. Sa pa vle di yo pa demokrat, yo sèlman pa demokrat pa defo, yo pat fèt sou tan demokrasi, menm lè se yo ki te batay pou mete demokrasi nan peyi a. Yo fè pati jenerasyon tranzitwa demokratik la. Kidonk yo dwe fè anpil efò pou aprann demokrasi, e sitou aksepte demokrasi, pou demokrasi rantre nan lespri yo, jouk nan yon nivo pou yo vini demokrat avèk tan ak pasyans. Se yon analiz trè syantifik, istorik, san manti. Se pa diminye m ap diminye pèsonn. Se pousa mwen te deside ekri liv la, pou ede tout jenerasyon k ap viv nan peyi a, e ki pral viv nan peyi a.

4- Liv sa a se rezilta yon trè long eksperyans, se radyografi rapò ayisyen avèk lòt ayisyen ki fèt deja. Ki se; mepri, mefyans, degoutans, sipèstisyon, trayizon, vyolans, hèn, batay, wont, eksplwatasyon. Tout eksperyans sa yo bay yon konpreyansyon klè kou dlo kòk sou pwoblèm ki genyen nan mitan ayisyen. Mwen reyalize ke demokrasi kapab mete yon gwo bemòl, yon barik siwo, yon lanmou, yon lakòl nan mitan tout ayisyen. Sitou sa ki pi enpòtan an, tout ayisyen dwe aprann **aksepte** tout ayisyen parèy yo san mank, pawòl sa a, se yon obligasyon.

5- Liv sa a pa yon zouti pou yon pati kont yon lòt pati. Li pou tout pèp la, tout frè m yo, tout sè m yo. Sa mwen konnen ak sa mwen poko konnen yo. Aprè 1986, pèp ayisyen an te di li pa vle lòt rejim ; diktati, kominis, anachi avèk lòt yo. Nan gwo peryòd sa a, pèp la te chwazi demokrasi, **Demokrasi Ayisyen**. Liv sa a se pou tout moun, nan tout pati politik an Ayiti. E moun ki pa nan pati politik kapab gen yon zouti, yon referans, kote yo kapab jwenn anpil enfòmasyon sou **Demokrasi, Politik, Leta ki chita sou Lalwa, Dwa de Lòm/Dwa Moun...** Pou moun yo sispann vyolans lan, pou yo divòse ak tout sa ki pabon ki rann sosyete a malad, anachik, demagojik, sinik.

6- Avèk liv sa a tout pèp la dwe konprann, tan an rive pou politik fèt yon lòt jan. **Politik pa dwe yon zafè pèsonèl. Politik se aplikasyon yon sistèm, sistèm demokratik.** Se pou nou deside mache men nan men pou Ayiti. Nou nan yon tan kote lakou a dwe trankil pou zèb ka leve, pou pye mayi ka pouse. Gen yon wout pou nou pran e wout sa se wout demokrasi. Nan sosyete kote demokrasi rive ateri, pa gen manifestasyon maten, midi, swa. Gen respè, gen anpil bèl dyalòg, gen rekonsilyasyon, gen tèt ansanm, gen kontwòl, gen lapè sosyal, gen amoni nasyonal. Tout moun mache sou trèz yo, pou yo pa pile katòz yo.

7- Nou granmoun tèt nou depi 211 ane, men nou aji tankou timoun. Nou pa respekte tèt nou, nou pa respekte lòt moun ; nou vòlè lajan leta, nou bay koudeta, vann lajistis, vòlè eleksyon, achte plas nan gouvènman, bay manti, fè konplo, ipokrit pase nou nan pwen, touye moun, detwi moun se bèl plezi, nou pa gen règ, nou pa gen prensip, epi nou panse yo pap fè nou menm bagay la. Nou panse nou pap peye sa nou fè ki mal, *nou pa reflechi*. Nou pa pè fè eskandal piblik, fè estipid nenpòt ki lè, tout kote, pou nenpòt ki rezon. Se konsa ; *n ap anpile zero tèt mare*. Nou pa ka aplike demokrasi paske nou pa konnen sa ki demokrasi. Se pou nou aprann demokrasi, pou peyi a ka demare sou ray devlopman, pou nou pwogrese. Mwen pa kont okenn moun, oubyen kont okenn pati politik. Sèlman mwen ap bay enfòmasyon sou yon sistèm ke pèp la deside aplike, e ke preske tout latè apwouve, nan monn globalize sa nou ap viv la.

8- Se avèk yon lespri gran batisè, gran travayè, yon lespri nasyonal e non yon lespri ti pati, ti fanmi, ti zanmi men nan yon lespri Ayiti, ke mwen ekri liv sila. Mwen vle pou nou evoliye, *nou pa kapab rete nan eta sa a*. Se pou nou fè diferans ant pati avèk peyi, ant prive avèk piblik. Fòk nou pi demokrat, se pou nou gen tolerans nan lavi sosyal nou, jwisans nan lavi politik, ekselans nan lavi ekonomik nou. Se pou nou aprann viv avèk lòt moun nan lòt kan yo, tankou frè ak sè. Politik pa lagè, politik pa goumen, sispann goumen an, sispann lagè a. Nou pa wè kòman lòt peyi yo aji, Etazini, Kanada, Lafrans... yo koul, yo trankil, yo ri, yo pale youn ak lòt, yo pa nan goumen, se politik yo ap fè. Yon lòt rezon ki fè mwen ekri liv sa a, se pou ankouraje Edikasyon. Liv sa a, se edikasyon pèp la l ap fè nan zafè demokrasi. Paske pap ka gen chanjman, ni demokrasi, depi pèp

12

la pa konnen li, ekri, ak reflechi sou demokrasi ak politik. Se pou nou pa bliye ke demokrasi se yon lide, yon filozofi, yon kilti, e politik se yon syans.

9- Pi gwo rezon ki fè m ekri liv sa a, se pou fanm yo rive deside, konprann, aksepte, rantre pifòn nan demokrasi, rantre pifòn nan politik. Se pou genyen yon klima lapè, lanmou, tolerans ki pap pouse fanm yo deyò. Tout move zak ki fèt nan peyi a, se pa fanm ki fè pifò ladan yo, men fanm yo toujou sibi yo. Se fanm ki toujou peye tout po kase yo lè gason yo <u>kreye pwoblèm</u>, nan fè demache, nan leve timoun, nan ale chache lavi. Fanm yo te jwe gwo wòl nan Endepandans peyi a, nan ateri demokrasi a, nan modènize politik la, fanm yo sipoze gen gwo wòl avèk gwo plas pa yo. Kalite fanm yo enpòtan pou mete lapè, travay ansanm, men se pa pou vini fè pi mal pase sa k ap fèt nan sosyete a. Se pousa fanm yo pa dwe mache degrennen, san fòmasyon, etik ak konviksyon nasyonalis.

10- *Ki moun, ki pap vle DEMOKRASI ATERI nan peyi a, e poukisa?*
*Tout moun ki echwe nan vi yo, nan jenerasyon yo, ki pa gen etik ak grandè nan nanm yo. Tout diktatè, ki panse yo konnen, yo posede tout bagay. Moun ki pè fè fas ak reyalite, k ap kouvri dezòd, pou fè lajan, vòlè tout resous peyi a. Moun ki pap travay pou peyi a, ki pa vle wè mas pèp la, moun ki pa fèt demokrat, e ki pap janm demokrat nan vi yo, nan kilti yo, ak nan lespri yo. Moun k ap chache denigre mwen ak liv la avèk tout kalte koze yo jwenn, e ki restavèk blan yo pandan tout vi yo, oubyen ki esklav mantal. Moun ki panse yo konnen tout bagay nèt, ki pa reyalis, pratik e syantifik, k ap bay tèt yo manti nan di yo ap edike pèp, yo ap korije moun, yo ap enstryi lajenès. Yo deregle nan fè je chèch, defann sa ki pabon pou byen pèsonèl yo. Yo pa kapab defann **Konstitisyon** an, **Demokrasi** ak **Lalwa** peyi a.*

11- *Pèp la dwe wè moun sa yo pa pragmatik, yo pa remèt anyen ki **bon** pou peyi a nan; listwa, jenerasyon pa yo, ak nan pase yo. Evite kalte moun sa yo, yo se rezon ki fè peyi a nan eta sa a.*

LADESALINYÈN:

Pou Ayiti peyi Zansèt yo
Se pou n mache men nan lamen
Nan mitan n pa fèt pou gen trèt
Nou fèt pou n sèl mèt tèt nou
An nou mache men nan lamen
Pou Ayiti ka vin pi bèl
An nou, an nou, met tèt ansanm
Pou Ayiti onon tout Zansèt yo.

Pou Ayiti onon Zansèt yo
Se pou n sekle se pou n plante
Se nan tè tout fòs nou chita
Se li ka ba nou manje
Ann bite tè, ann voye wou
Ak kè kontan, fòk tè a bay.
Sekle, wouze, fanm kou gason
Pou n rive viv ak sèl fòs ponyèt nou.

Pou Ayiti ak pou Zansèt yo
Fò nou kapab vanyan gason
Moun pa fèt pou ret avèk moun
Se sa ka fè tout Manman ak tout Papa
Dwe pou voye Timoun lekòl
Pou yo aprann, pou yo konnen
Sa Tousen, Desalin, Kristòf, Petyon
Te fè pou wet ayisyen anba bòt blan.

Pou Ayiti onon Zansèt yo
Ann leve tèt nou gad anlè
Pou tout moun, mande Granmèt la
Pou l ba nou pwoteksyon
Pou move zanj pa detounen n
Pou n ka mache nan bon chimen
Pou libète ka libète
Fòk lajistis blayi sou peyi a.

Nou gon drapo tankou tout Pèp.
Se pou n renmen l, mouri pou li.
Se pa kado, blan te fè nou
Se san Zansèt nou yo ki te koule
Pou nou kenbe drapo nou wo
Se pou n travay met tèt ansanm.
Pou lòt, peyi, ka respekte l
Drapo sila a se nanm tout ayisyen.

VIV AYITI CHERI.
SE POU TOUT PÈP LA CHANTE LADESALINYÈN TWA FWA PA JOU.

LIBÈTE
EGALITE
FRATÈNITE
REPIBLIK/DEMOKRATIK
DAYITI

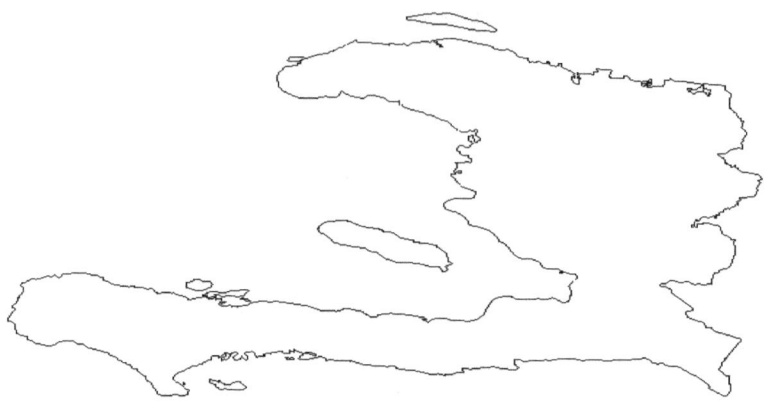

Im Nasyonal la rele "**Ladesalinyèn**", li gen senk kouplè. Se Justin Lherison ki te ekri l, se Nicolas Geffrad ki te konpoze mizik la, nan lane 1904 sou lòd prezidan Nord Alexis pou selebre san tan Lendepandans peyi a.

Kòdone: 19°ON72°30W.

18 Nov 1803.

1 Janvye 1804.

7 Fevrye 1986.

Konstitisyon: 29 Mas 1987 amande.

10 Depatman.

10.500.000 + Abitan.

CHAPIT 1: DEMOKRASI

Demokrasi se yon filozofi, yon kilti, e yon sistèm lavi. Demokrasi, soti nan de mo Grèk, **Dêmos** ki vle di **Pèp**, epi **Kratos** ki vle di **Pouvwa, Otorite**. Demokrasi se pouvwa pèp. Se pèp la k ap dirije, se pèp la ki dirijan, se pèp la ki chwazi, se pèp la ki eli, e se pèp la ki revoke, **Prensip Souverènte**. San diskriminasyon sou baz koulè, sèks, klas, **Prensip Egalite.** "**Demokrasi se Gouvènman pèp la, avèk pèp la e pou pèp la**", **Abraham Lincoln**. Demokrasi, soti nan Site Atèn, peyi LaGrès, nan peryòd IV-XI avan J.K. Se **Cleisthenes** yo konsidere kòm papa demokrasi, ki te konpoze ak twa pati (**ekklesia** - asanble, **boule** - konsil, **dikasteria** - tribinal popilè), gen moun ki di se **Pericles**, oubyen **Solon**. Antouka sa pou nou konnen e sa tout moun dakò sou li, se nan peyi LaGrès ke mo demokrasi a pran nesans. John Locke, Jean Jacques Rousseau, Thomas Jefferson, Montesquieu... te travay anpil pou modènize demokrasi. Nou jwenn anpil tras demokrasi ki soti nan Labib... Demokrasi te la depi nan tan lontan, nan tan Grèk, nan tan ansyen gran filozòf yo. Demokrasi fèt pou tout moun, se moun ki kreye demokrasi. Pa gen moso demokrat, pa gen tikal demokrat, tout se pretèks, gen yon sèl demokrasi. Se swa ou sa, oubyen ou pa sa, tout moun dwe respekte règ ak prensip esansyèl yo. E pa janm bliye demokrasi pa byen prive okenn pèp sou latè.

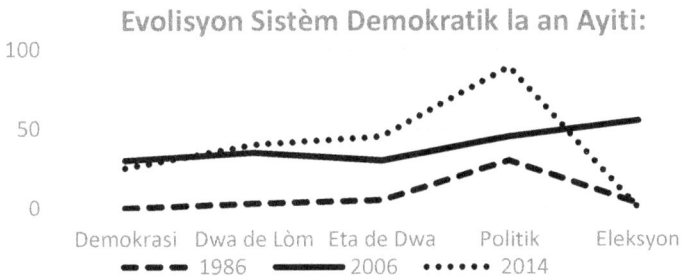

Evolisyon Sistèm Demokratik la an Ayiti:

Sous: Dieury Dumas, Think Tank Democrat Inc.

Ayiti gen: **35% Demokrasi. 30% Dwa de Lòm. 64% Pouvwa Ekzekitif. 12% Pouvwa Lejislatif. 24% Pouvwa Jidisyè. 27% Pwodiksyon 12% Kreyasyon. 34% Sansibilizasyon. 15% Sèvis Piblik.** Sa vle di demokrasi poko ateri kòmsadwa nan peyi a, apre plis pase 25 an. Genyen yon pwoblèm nan aplikasyon **sistèm demokratik** la an Ayiti. Depi w ap vyole règ ak prensip demokratik yo, ou kite zafè demokrasi dèyè lontan. Demokrasi ak diktati pa mele, se lèt ak sitwon. Yon bon demokrat fasil pou rekonèt, nan fason l ap pale, nan fason l ap aji, nan fason l ap mache, nan fason l ap revoke, nan fason l ap reponn keksyon, nan eslogan l, nan mesaj l ap voye, nan desizyon l ap pran, nan lòd l ap pase. Se sèl demokrasi ki rive mete lapè san pè nan yon sosyete, se sèl demokrasi ki mete nivo lavi a nan yon ang pou tout moun sanble egalego. Moun pa bat moun, moun pa pè moun, men moun respekte moun, moun pa pè chèf, men yo respekte lalwa. Se lalwa ki sèl chèf,"**Moun pa chèf, se lalwa ki sèl chèf**". Nan demokrasi tout moun gen kont pou yo rann devan lalwa, kote sosyete a ap gade kòm temwen. Demokrasi dwe rantre nan kalbas tèt tout moun, depi yo piti, oubyen se pou yo ale lekòl (**Sant Demokratik**) pou yo aprann sa ki demokrasi a. Epi pou yo kapab byen pratike l nan sosyete a. Demokrasi se dwa tout moun, se devwa tout moun, demokrasi konte sou chak; fanm, gason, timoun, fanmi, koridò, bak machann, katye, kòve, kanaval, legliz, chantye, rara, chato, tonèl, manifestasyon, eleksyon, milat, senatè, depite, minis, pastè, ... Chak moun sou latè, gen fason pa yo, gen gou pa yo. Nan yon fanmi, se pa tout moun ki gen menm metòd, menm volonte, ki renmen menm manje. Sa vle di chak moun dwe respekte dwa e devwa chak moun. Se konsa gen anpil sistèm ki devlope, yo devlope pou moun ka viv yon fason detèmine. Jounen jodi a se demokrasi ki a la mòd. Ayiti ap batay ant diktati ak demokrasi. Anpil moun se wont ki fè yo pa retounen ak diktati. Sistèm pèp la vle, e k ap mennen sou tout latè, se demokrasi. Si ou pa fèt nan demokrasi, l ap trè difisil pou ou fè demokrasi. Si ou pa gen volonte ou pap ka fè demokrasi kòmsadwa, se pou ou aprann *kisa ki demokrasi* a pou ka fè demokrasi. *Demokrasi pa yon sistèm ki pafè, se sistèm ki pa pi mal la pami lòt yo,* jiska prezan... Nan demokrasi, tout ofisyèl nan tout nivo yo dwe tout pèp la sèvis, eksplikasyon san mank, san yo pa fè vyolans, nan respè youn pou lòt, san benyen kache lonbrik ak sitirans. "Tout homme qui dispose d'un pouvoir est porté à en abuser, c'est un trait de la nature humaine, il faut donc un agencement institutionnel pour le cadrer. Pour qu'on ne puisse abuser du pouvoir, il faut que, par la disposition des choses, le pouvoir arrête le pouvoir". Nan pi bèl lang sou latè a ; "Tout moun ki genyen yon pouvwa nan men yo, ap toujou soti pou yo itilize l jan yo pito, se yon domaj natirèl. Se pou enstitisyon yo ranje ponyèt yo, pou yo kwense e kwape abizè. Pou kwape abizè pouvwa yo, se pou tout lòt pouvwa, enstitisyon yo pare tann abizè pouvwa yo pou mete men nan pat kasav yo". Se pou tout moun siveye tout moun, pou yon moun pa janm viktim, yon sitirè se yon vòlè. Dwe genyen siveyans maten, midi, swa, tout kote, pou tout moun, pou tout bagay, nan tout lè. Siveye rapòte pa yon move bagay, lè li fèt byen, se pibon bagay ki pou kenbe yon sosyete mache dwatman dwat. Men pa dwe gen abi, se lajistis ki dwe mennen ankèt epi bay vèdik. Wòl yon gouvènman se mete travay pou pèp la, respekte Konstitisyon an, byen jere bak li demokratikman, pa fè represyon kont opozisyon an. Yon gouvènman dwe toujou balanse, nan repatisyon pòs ak responsabilite yo, nan tout sikonstans se pou aksyon li yo chita sou Konstitisyon peyi a, etik, konsyans, ak konsansis. Magouy, malvèzasyon, koripsyon ap tout genyen move konsekans pou responsab yo. Nan nenpòt ki nivo nan echèl nasyonal la yon zak poze, l ap *"rive"* tonbe sou do prezidan an. Lè ou genyen pouvwa, se prete yo prete w li, yo pa ba w li nèt ale.

Sistèm Demokratik Elaji:

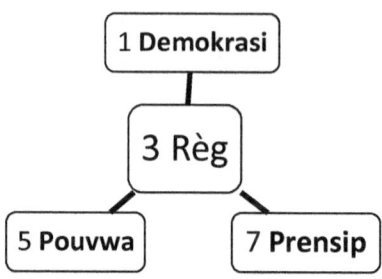

Sous: Dieury Dumas, Think Tank Democrat Inc.

1 Demokrasi.

3 Règ Demokratik:

1- Koperasyon.

2- Patisipasyon.

3- Transparans.

5 Pouvwa Demokratik:

1- Pouvwa Ekzekitif.

2- Pouvwa Jidisyè.

3- Pouvwa Lejislatif.

4- Pouvwa Laprès.

5- Pouvwa Sosyete Sivil.

7 Prensip Demokratik:

1- Libète pou tout moun.

2- Règ Majorite.

3- Konstitisyon.

4- Separasyon 3 pouvwa leta yo.

5- Eleksyon.

6- Pliziyè pati politik.

7- Endepandans Lajistis.

Avèk anpil, anpil lòt nosyon elemantè, sistematik, administratif, legal, jiriko legal, jiris pridans...

Demokrasi:

Koperasyon-Transparans-Patisipasyon
1. Libète pou tout moun **2.** Règ Majorite **3.** Konstitisyon
4. Separasyon 3 Pouvwa yo **5.** Eleksyon **6.** Plizyè Pati
Politik **7.** Endepandans Lajistis.

Ekzekitif	Lejislatif	Jidisyè	
	Biwo / Anplwaye		

Eleksyon		Nominasyon
Prezidans	Palman	Sistèm Jistis

Opozisyon, Sendika, Laprès, Sosyete Sivil, Òganizasyon Popilè, Klèb Jèn.

Sous: Dieury Dumas, Think Tank Democrat Inc.

Dis Kòmandman nan Demokrasi:

1- Gen yon sèl demokrasi, e demokrasi la pou rete.

2- Pa gen moun, oubyen peyi ki plis pase demokrasi.

3- Respekte règ sistèm demokratik yo.

4- Respekte prensip sistèm demokratik yo.

5- Respekte Konstitisyon demokratik la, lalwa, ak enstitisyon yo tankou premye kazak ki te soti sou ou.

6- Eleksyon demokratik se sèl mwayen pou gen pouvwa demokratik.

7- Ou pa ka fè tout kalte aksyon, pran nenpòt ki desizyon nan demokrasi, menm lè opinyon piblik la dakò.

8- Sèl eleksyon demokratik ki egal pouvwa demokratik.

9- Pouvwa demokratik se fè kè kan politik yo kontan a 49%, pafwa a 50%, men jamè a 51%.

10- Renmen pouvwa lè li demokratikman pou ou, rayi pouvwa, lè li demokratikman pa pou ou.

Pèp ayisyen an, se yon pèp ki natirèlman sansib, istorikman pezib, sikolojikman emosyonèl, anpirikman demokratik nan sibkonsyan li, men ki pa syantifikman demokratik nan aksyon li, nan politik li, nan sosyete li, paske demokrasi pa ateri lakay chak grenn moun.
Sous: Dieury Dumas, Think Tank Democrat Inc.

Demokrasi avèk lòt sektè nan lavi Nasyonal la: (Tablo I)

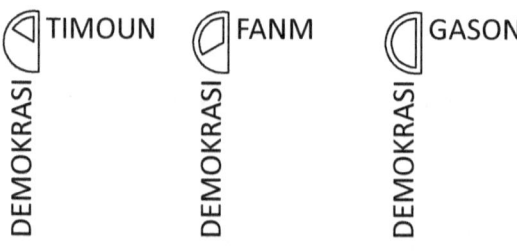

Relasyon ki genyen ant pouvwa nasyonal yo: (Tablo II)

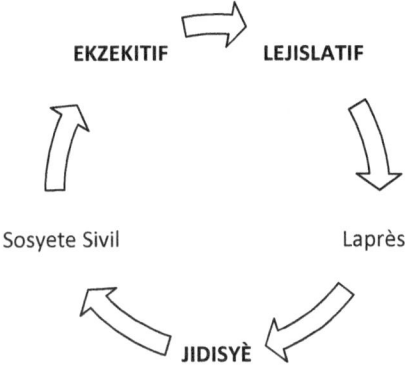

EKZEKITIF   LEJISLATIF

Sosyete Sivil   Laprès

JIDISYÈ

Sous: Dieury Dumas, Think Tank Democrat Inc.

Gen plizyè tip demokrasi; gen **demokrasi dirèk**, gen **demokrasi semi endirèk,** e gen **demokrasi endirèk**, oubyen **demokrasi reprezantatif**, kote sitwayèn ak sitwayen yo vote moun pou reprezante yo (prezidan, depite, senatè, majistra...). Pou dirije, pou vote lwa, pou kontwole gouvènman an, e pou amelyore lavi popilasyon an dapre sa yo bezwen avèk sa yo di reprezantan sa yo pou fè, nan respè Konstitisyon an. Reprezantan sa yo se amplwaye dirèk popilasyon lokal kote yo soti yo, djòb yo depann de popilasyon an. An Ayiti gen yon demokrasi endirèk, ki se menm bagay ak demokrasi reprezantatif la. Demokrasi pran nesans nan yon tan kote ki te gen anpil pwoblèm sosyal ki t ap ravaje sosyete yo. Kote ki te gen anpil vyolasyon dwa moun. Moun te panse yo te siperiyè pase lòt moun. Gen moun ki te esklav lòt moun. Gen moun ki pat sou moun, gen moun yo pat pran pou moun. Demokrasi mete tout moun egalego, li bay tout moun menm dwa avèk menm devwa. Demokrasi se libète nan dwa ak devwa tout sitwayèn ak sitwayen genyen, pou yo egzèse dwa ak devwa. Pandan yo dwe respekte dwa ak devwa pa tout lòt moun san mezi. **Dwa** ak **Devwa** yon moun pa dwe, monte sou **Dwa** ak **Devwa** okenn lòt moun. Demokrasi pap janm nan manti, depi yon rejim se demokrasi l ap aplike, w ap wè sa maten, midi, swa, kareman, piblikman. Depi diktatè a rive devan ou, w ap wè. Li te mèt ap fòse kache, w ap sispèk li e li menm tou l ap sispèk, sispèk, ta kon l ta, w ap kenbe diktatè a k ap fè koken avèk kouvèti demokrasi sou li. Nan demokrasi pa gen ni pi gwo, ni pi piti. Nan demokrasi dwe gen altènans politik, se pousa dwe gen pliralite politik; plizyè pati, regwoupman, tandans, asosiyasyon, platfòm, oryantasyon politik. Demokrasi plane an Ayiti nan lane 1986, lè yon gwoup apranti demokrat voye diktati ale. Men demokrat sa yo pat konnen, aprann, e pratike sa ki rele demokrasi a. Yo te gen anpil karans nan demokrasi; yo te gen volonte, men yo pat gen kapasite, yo pat byen devlope, yo te klòtòpklòtòp nan demokrasi. Demokrasi pat nan venn yo, demokrasi pat nan nanm yo, demokrasi pat nan lespri yo. Kòm yo te fèt sou tan diktati, yo te gen diktati nan san yo, epi yo te tonbe bab pou bab avèk demokrasi. Yo pat fin si de ki sa yo ye vre, sou ki pye yo te kanpe, yo te plis **DIKTAKRAT, "DIKTAKRASI"** (**dikta**-ti, demo-**krasi**). Yon diktakrat se yon moun k ap fè diktati avèk kouvèti demokrasi. Yon moun ki pa kite enstitisyon yo mache, gran moun tèt yo, yon diktatè ki gen pouvwa nan demokrasi. Yo se "tèt kòk, bouda pentad", **Tranzisyon demokratik** la bloke nan senti yo. Pa gen "anakro-popilis" an Ayiti, repibliken k ap repete sa a maten, midi, swa a, dwe ale nan resiklaj. Pa gen anachi an Ayiti apre 1986, wi, gen popilis. Rezon prensipal ki fè gen popilis an Ayiti, se paske demokrasi poko ateri nan lespri, kè, kilti chak grenn ayisyen. Depi demokrasi rive ateri pap gen plas pou popilis, ap gen plas pou lidè ak politisyen pwofesyonèl. Sa ki kreye zafè popilis la, se paske gen anpil moun ki pa gen bon konesans sou **sistèm demokratik** la, kidonk nan mitan avèg, bòy yo wa. Sèl solisyon, se pou demokrasi ateri nan peyi a. Youn nan pi gwo e pi bèl prensip ke apranti

24

demokrat ayisyen pat genyen, e poko genyen se tolerans. **Tolerans se manman fyèl demokrasi li ye, se nanm demokrasi a.**

MOUVMAN DEMOKRATIK:
REVÈY DEMOKRATIK.

RARA DEMOKRATIK.

KANAVAL DEMOKRATIK.

KONBIT DEMOKRATIK.

KÒVE DEMOKRATIK.

ESLOGAN DEMOKRATIK:
Fèt Chanpèt Demokratik. Yon pli jouman Demokrasi.

Demokrasi Detay. Demokrasi ap fè Chacha.

Demokrasi nan Likidasyon:

Demokrasi 2 pou 10. Demokrasi 3 pou 15.

Absans tout kalte *mouvman*, *eslogan*, *evenman*, oubyen aktivite demokratik sa yo nan sosyete a, se prèv valab ke demokrasi poko ankre nan lavi pèp la, nan kilti peyi a. Poko genyen yon maryaj ant demokrasi avèk kilti peyi a. Mo demokrasi a rantre nan peyi a nan kòmansman ane 1900 yo; avèk etidyan, pwofesyonèl ki te konn ap rantre soti nan peyi a, e avèk moun lòt peyi kote demokrasi te deja etabli. Pou rive nan ane 1950 yo, demokrasi pran yon kou ki kraze rasin li yo avèk estrikti li yo. Se pousa, gen yon tire kase ant demokrasi avèk kilti politik ayisyen an. Toujou genyen kèk grenn rekalsitran ki kwè ke demokrasi pa kapab ateri an Ayiti paske nivo edikasyon pèp la twò ba. Men yo pa janm deside fè anyèn pousa, moun sa yo gen syans san konsyans lakay yo. Pou demokrasi kapab ateri tout bon nan kilti nou, se pou youn konnen lòt, koabite avèk lòt, se pou youn tolere lòt. Se konsa ayisyen ap rive chita, pale, travay, mache, youn avèk lòt, ki se **linyon fè lafòs** la. Poko genyen chanjman nan pratik pèp la, pèp la poko genyen; *bonjan matirite demokratik, solid kapasite demokratik, mantalite demokratik, entèpretasyon demokratik,* *emosyon demokratik* lakay yo. Pèp la poko konnen sa ki demokrasi a vre, ale wè pou yo ta aplike li, e fè lòt moun aplike li kòmsadwa. Depi 1950 pou rive 1986 tout gouvènman yo te toujou vle kenbe pouvwa a pou yo sèlman. Depi 1986 pou rive 2015 tout gouvènman yo toujou vle pase pouvwa a bay moun yo chwazi, sou pretèks eleksyon. Eleksyon twò eklere, pou tout moun sa yo vle maske li. Eske se sa ki demokrasi a? Ki demokrasi sa ye, eske gen yon demokrasi ki pou yon peyi byen detèmine ki diferan avèk lòt demokrasi? Pa genyen yon gwo demokrasi pou gwo peyi ak yon ti demokrasi pou ti peyi. E demokrasi regle zafè moun po blan ak moun po nwa...

CHAT DEMOKRATIK: mo **Chat** la soti nan laten, **Charta** ki vle di **Papye**, oubyen **Kat**. Mo sa a evolye, soti nan Mwayen-Aj, pou rive jounen jodi a. Mo sa a vle di, yon *tèks jiridik* ki ekri pou etabli; *regleman ki dwe aplike ant tout manm yon òganizasyon nasyonal oubyen entènasyonal, konsa tou li kapab yon lis atik ki redije volonte, libète, dwa ak devwa chak grenn manm nan yon enstitisyon, kote yo pran yon kantite angajeman ki mare yo ansanm. Li kapab tou, yon ansanm lwa ki redije yon Konstitisyon pou yon peyi.* Tankou; **Chat Dwa Moun, Chat Nasyon Ini, Chat Demokratik O.E.A**... Ayiti patisipe nan kreyasyon plizyè Chat entènasyonal sou latè, nan ka **Chat Demokratik O.E.A** a ke Ayiti te siyen, genyen anpil ogligasyon ak avantaj pou Ayiti ladann li. Se pou nou reyalize ke lemonn chanje, pa genyen peyi ki kapab viv pou kont li. Politik, Globalizasyon, Dwa Moun nan yon peyi afekte tout lòt peyi nan yon nivo oubyen yon lòt. E pou rezon **Imanitè** pa genyen yon peyi ki kapab fèmen pòt li sou tout lòt peyi sou latè. Sitou Ayiti se senbòl ak sant libète pou anpil lòt pèp sou latè, e avèk globalizasyon pa genyen peyi ki genyen pòt ankò.

DEMOKRASI LOKAL: oubyen **demokrasi lokal ateri**, se lè **twa pouvwa** yo, ki se **leta sentral (nasyonal) demokratik** la deside transfere yon kantite pouvwa desizyon, bay tout lòt **twa pouvwa leta lokal (depatman, komin, vil, lokalite,…) demokratik** yo. Se sitwayèn ak sitwayen ki soti nan lokalite kote yo ap viv yo, ki dwe dirije pou rive nan leta santral la ankò. Se lè pouvwa sentral la pa ap pran desizyon senp pou moun yo pa konnen, pou zòn kote yo pap viv, nan vil yo pa janm vizite. Se sa ki rele desantralizasyon an, desantralizasyon pa sèlman lè moun yo tounen nan lokalite yo, san okenn prezans leta, san okenn enfrastrikti, san òganizasyon. Dezantralizasyon an dwe pase pa prezans twa pouvwa leta yo, tout enstitisyon demokratik yo nèt, pou estriktire zòn yo, lokalite yo, vil yo, rejyon yo, depatman yo, pou aplike lalwa, pou reglemante vi moun ak byen yo sou plas. Se **Johannes Althusius** (1557-1637) yon filozòf politik Alman, yo konsidere kòm papa **Demokrasi Lokal** la, avèk **Prensip Soudivizyon** an. **Prensip Soudivizyon** sa a enpòtan anpil nan bati tout estrikti nan yon peyi depi nan pye pou rive nan tèt. Avèk ki kalte responsabilite chak sitwayèn avèk chak sitwayen dwe genyen depi nan seksyon kominal yo pou rive nan kapital la. Prensip sa di; yon pwoblèm dwe kòmanse rezoud avèk moun ki konsène yo soti nan moun ki genyen pi pitit responsabilite a, pou rive nan moun ki genyen pi gwo responsabilite a. E se li ki ekri youn nan pi gwo liv sou politik ki pote non; "Estrikti Politik avèk Ilistrasyon…"

Tolerans: mo sa li soti nan laten; **Tolerantia** ki vle di **Tanperans, Pasyans, Andirans, Sipò, Kontwòl**. Tout moun gen menm dwa ak menm devwa. Lè yon moun ap egzèse dwa ak devwa li, se pou nou gen tolerans pou li. Fòk youn aprann tolere lòt, depi nan piti jouk rive nan gran. Gen moun ki di depi w ap viv nan mitan lòt moun, ou gen kapasite pou tolere moun, ou se yon demokrat. Men vrè koze a, se lè ou sou pouvwa ou, oubyen ou pa sou pouvwa ou ankò, se nan rapò de fòs avèk moun ki pi fèb, ki pi fò nivo degre tolerans ou pral parèt a klè. Ou dwe toleran nan tout sa w ap fè, se pi gran kalite yon demokrat.

27

Esans Demokrasi, Bi Demokrasi, Filozofi Demokrasi, Objektif Demokrasi, Limit Demokrasi:

Esans Demokrasi: Se pou moun pa mete tèt yo piwo pase lòt moun, efò chak moun dwe rekonpanse. Pou youn pa batay avèk lòt pou pouvwa. Pou lajistis domine, lapè reye, pou lavi a bèl. Demokrasi distenge, retire tout sa ki pabon lezòm ka fè sosyete a, oubyen nenpòt ki enstitisyon. Se pou chak moun gen *chans* pa yo, youn apre lòt, ti pa, ti pa pou peyi a avanse, san okenn fòm manipilasyon, men kache mechan yo, se sa ki **Esans Demokrasi**.

Bi Demokrasi: Se pou lapè reye, pou sosyete a bèl, pou lakou a trankil. Olye gen operasyon ratikwaze, se pou gen parad, pou politisyen yo relaks, pou tout moun bòzò, fre kou kola 15, pou gen devlopman, travay pou tout moun. Pou chak moun rete tann tou pa yo nan pouvwa a, pou gen tolerans, altènans politik, tout moun egalego, san enjistis, se sa ki **Bi Demokrasi**.

Filozofi Demokrasi: Se pa pou gen diskisyon, men se pou gen konpetisyon, se pa pou gen seleksyon, men se pou gen eleksyon nan peyi a. Se pa pou gen dega, men se pou gen deba, se pa pou gen tapaj, se pou gen pataj nan sosyete, sa yo se lide demokrasi. Nou pa oblije gen menm opinyon, li pap toujou bon. Se lide nou ki pou kontrè, men se pa nou ki dwe kontrè. Se pou tout moun, tout panse, abite ansanm san fòs kote. Demokrasi nan li menm pa vle moun fè vyolans, ni sou tèt yo, ni sou lòt moun nan sosyete a. Lè ou pèdi nan yon eleksyon, demokrasi vle pou w bay vag, mache pòs ou, kite sa tonbe, pa fè lèd. Ap gen lòt rankont, w ap gen anpil lòt chans. Demokrasi vle pou w ranmase karaktè ou, pran kouraj ou ak de bwa, repare erè ou. Epi retounen pi fò, pi dyanm, pi byen prepare ou pou lòt deba, nan lòt eleksyon, nan lòt match, vini avèk lòt lide, pibon ideyoloji, meyè pwogram, pou ou anfòm sou keksyon, pou ou sonnen byen kou yon bas pou ranpòte lamayòl nan eleksyon, se sa ki dèyè **Filozofi Demokrasi**.

Objektif Demokrasi: Se chanje mantalite tout moun, fè yo vini yon sèl, toleran, modèn, demokrat pou yo mete tèt yo ansanm pou lavi ka pi bèl pou yo tout. Demokrasi se sèl sistèm ki ka chanje mantalite ayisyen pou fè yo vini yon sèl, pou yo mete tèt yo ansanm pou devlopman peyi a. Demokrasi se fòs leman ki ka soude tout mozo nan yon kominote ki dekole, separe, detache. Demokrasi gen pouvwa pou fè tout ayisyen koul, relaks, modere, kalm, san pwoblèm. Demokrasi kapab kouri dèyè tout vyolans, koripsyon, enpinite ki fini kraze lavi sosyete a nèt ale. Demokrasi kapab mete lapè, lajistis nan lavi nou, se vrè **Objektif Demokrasi.**

Limit Demokrasi: Nan demokrasi tout bagay genyen limit yo. Moun, enstitisyon, pouvwa, chaje avèk limit. Dwa chak moun genyen limit, devwa chak moun genyen limit. Balans limit yo kenbe demokrasi a an vi, li fè peyi a byen mache, se pousa, chak fwa yon moun, oubyen yon enstitisyon, depase limit li, demokrasi prevwa sanksyon pou li. Konstitisyon an, lalwa, règ ak prensip demokratik yo, avèk globalizasyon an, kadre limit tout; moun, pouvwa, peyi. Depi pouvwa lejislatif la pa egziste pa genyen demokrasi, sa se **Limit Demokrasi.**

Deskripsyon Demokrasi:

Konstitisyon	Divès Jounal	Egalite	Kontwòl
Lalwa	Jounalis	Pouvwa Ekzekitif	Respè
Libète yo	Enstitisyon yo	Pouvwa Lejislatif	Koperasyon
Tribinal	Lapolis	Pouvwa Jidisyè	Patisipasyon
Transparans	Lapè	Dwa Ekonomik yo	Enfòmasyon
Eleksyon	Sekirite	Anplwa	Opozisyon
Edikasyon	Tolerans	Relijyon yo	Pati politik yo
Dwa sivik yo	Dwa politik yo	Sèvis piblik gratis	Devlopman

Sous: Dieury Dumas, Think Tank Democrat Inc.

Deyontoloji nan Demokrasi: Deyontoloji, soti nan de mo Grèk **Ontos** ki vle di **Sa ou dwe fè** epi **Logos** ki vle di **Etid**. Deyontoloji se lasyans ki etidye règ ak fonksyonman yon metye. Nan bon kreyòl ; sa ou kapab fè ak sa ou pa kapab fè. Tout règ ak prensip pou respèkte nan travay ou, nan metye ou pou pa gen pwoblèm. Nan peyi Dayiti moun yo pa gen twòp deyontoloji demokratik ak deyontoloji politik. Se sa ki rann peyi a engouvènab, enstab, ensipòtab konsa. Avrèdi pa gen yon enstitisyon oubyen moun nan enstitisyon peyi a ki gen deyontoloji a san pou san. Yo fè sa yo vle, yo aji san respekte lalwa, tout kòd etik yo ak Konstitisyon an, tankou Ayiti se yon jeng. Nou pa menm ka pran lajistis kòm egzanp ki la pou voye baton sou tout delenkan ak devègonde. Jistis la ap vann tankou pèpè, fritay, retay twal. Paske anpil moun nan sistèm lan pèdi eskanp figi yo, e kolòn vètebral yo krochi. Andedan politik peyi pa gen deyontoloji menm. Yon jou, yon moun nan yon kan, li se pi gwo militan. Tout moun ba li respè e rekonèt li nan yon kan. Demen maten, chache l nan kan sa a, ou pa jwenn li. Grangou, touni, mizè fè l kouri ale nan yon lòt kan, li kanpe san wont, san vègòy li di : "lòt kan an kankannen". Yo pa gen kolòn vètebral, yo pa pitit ansyen zansèt nou yo ki te batay pou libète. Youn pa pitit Kapwa Lamò. Se trip yo ki dirije yo, sèvo yo se nan vant yo li ye, li pa nan tèt yo. Demokrasi gen règ ak prensip se pou nou respekte yo. Gen sa pou fè ak sa pou pa fè. Deyontoloji, vle di gen karaktè tou wi, nan lavi sosyal, ekonomik, politik, gen sa pou w fè, ak sa pou w pa fè; *gen yon jan pou w ye*, paske zak nou yo ap suiv nou. Demokrasi se pa sèlman eleksyon, men se prezans ak respè tout prensip ak tout règ demokratik yo ak endepandas enstitisyon yo. *Demokrasi se yon sistèm, si gen youn nan pati yo, enstitisyon yo, règ yo, prensip yo oubyen karakteristik yo, ki pa respekte, tout sistèm nan otomatikman an peril.* Yon gouvènman pa kapab pou kont li asire demokrasi, fòk genyen yon opozisyon ki vrèman solid ak lòt enstitisyon yo ki dwe la pou asire tout valè demokratik yo. Yon leta demokratik dwe konpoze ak pouvwa; **Ekzekitif, Lejislatif, Jidisyè**, youn pa mache san lòt, youn pa rete ak lòt pou sante demokrasi a. Se konsa pou genyen yon bon balans, regleman, responsabilite, bon jesyon. Pa dwe genyen okenn abi, koripsyon, malvèsasyon, move desizyon.

Balans Demokratik: Se ekilib nan mitan chak pouvwa yo nan respè règ ak prensip demokratik yo, san okenn kalte fòs kote. Lè enstans demokratik yo respekte règ ak prensip demokratik yo. Sa vle di yo respekte tèt yo, yo konnen limit yo, yo mache sou trèz yo pou yo pa pile si yo te konnen nan chak dosye. Yo aji dapre sa lalwa, Konstitisyon an di ak sa **Kou Siperiyè dè Kont** mande. Se konsa pou genyen estabilite ak sekirite ki pral louvri tout pòt devlopman yo byen gran. Balans demokratik la kapab ede sosyete a pa gen fòs kote, gwo pa manje piti. <u>Chak moun dwe konnen kote dwa yo kòmanse, kote dwa yo fini, kote devwa yo kòmanse e kote devwa yo fini</u>. Dwe genyen yon balans nan tout sa k ap fèt nan; lavi nou, sosyete a, ak peyi a, pou pa gen fòs kote, enjistis. Balans demokratik, se yon ekilib, yon ekwasyon ant dwa yo avèk devwa yo. Tout aksyon yo dwe balanse nan demokrasi a.

EKWASYON DEMOKRATIK:

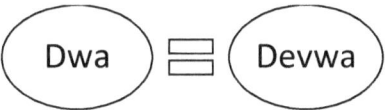

FÒMIL BALANS DEMOKRATIK:

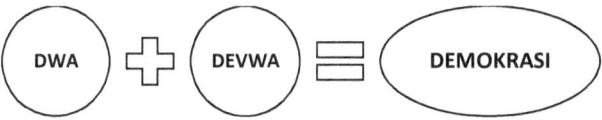

Sous: <u>Dieury Dumas, Think Tank Democrat Inc.</u>

KANÈ DEMOKRATIK: *Nou dwe sanksyone san gade tout moun, pou fini avèk enpinite.* Yon kanè demokratik, se yon kanè ki la pou moun ki nan politik ak pou moun ki pa nan politik, men ki genyen yon vi piblik. Twòp moun desann pantalòn yo nan politik peyi ak sosyete a san rete. Li lè, li tan, pou nou bay yo kanè chak fwa sa nesesè, pou yo kapab korije. Se yon kanè sosyal pou moun ki nan sosyete a, se yon kanè politik pou moun ki nan politik la. Politisyen yo se moun ki depann de pèp la; manje yo sou kont pèp la, yo bwè sou do pèp la, yo ap travay avèk pèp la. Pou jije travay yo, fòk tout pwosè vèbal yo, ak videyo yo pibliye, e achiv tout aktè ak aksyon yo byen konsève. Demokrasi tèlman bon, li fasil pou nenpòt moun abize règ ak prensip yo, ankachèt oubyen devan tout moun. Donk, fòk gen mezi ki kòmanse pran, pou byen sistèm lan, pou byen peyi a, pou byen tout moun. Chaje avèk tout kalte egzanp ki la, kote moun ki eli demokratikman epi yo se gwo diktatè. Pou moun pa pran avantaj sou demokrasi, oubyen pran plezi souse zo pèp la ki pa gen mwèl. Piblik la dwe; *"veye yo se pou nou veye yo..."*. Se pousa li enpòtan pou chak sitwayèn ak chak sitwayen pase chak politisyèn ak politisyen yo tès chak jou nan lavi yo. Siveye yo, egzamine tout aksyon yo ap komèt. Epi denonse tout sa yo fè bay laprès, òganizasyon dwa moun, lapolis san manti, san move entansyon. Kidonk fòk sosyete a, kòmanse bay tout moun sa yo **Kanè demokratik**. Fason pèp la wè ak konprann leta, pouvwa, ak dirijan yo, pabon. Aprè pèp la fini vote, yo pa dwe bliye kò yo.Se lè sa a pou yo veye, pale fò, pou voye mesaj klè bay responsab yo, pou yo ranje pye yo. Men, yo dwe jwenn yon dezyèm chans tou, lè yo rekonèt erè yo, lè yo mande **eskiz** pou erè yo fè. Konsa tou, nou pa genyen pou pè figi pèsonn ki komèt yon zak ilegal, pou nou pa sanksyone yo. Sou pretèks yo ap fache, yo pap zanmi nou ankò. Se pou nou fè diferans ant vi prive avèk vi piblik, ant zanmitay ak etik, ant santiman ak reyalite. Itilize konsyans nou pou bay tèt nou kanè, avan lòt moun fè sa.

Leta ki chita sou Lalwa: Nan pi bèl lang sou latè a, **Leta ki chita sou Lalwa** vle di; **Règ Lalwa, Rèy Lalwa, Rejim Lalwa,** yo menm di se **diktati Lalwa**. Se lalwa ki sèl chèf, kote tout moun dwe koube anba granmoun lalwa, tout moun nèt anjeneral. Pawòl leta ki chita sou lalwa a soti nan lang Alman, se nan kòmansman XXème syèk la. Se Otrichyen ki te rele **Hans Kelsen**, ki te fèt 11 Oktòb 1881 e li te mouri 19 avril 1973, li te kontribye anpil nan redefini pawòl leta ki chita sou lalwa a. Nan yon leta ki chita sou lalwa, pa dwe gen fòs kote, diskriminasyon, parenn ak marenn, jwisè, granmanjè, militan, lidè k ap kouri, oubyen kache pou lalwa. Nan yon leta ki chita sou lalwa, *pa gen gwo nèg se leta*, pa gen chèf sesi, chèf sela, se lalwa ki dwe fè e defè, se lalwa ki fè lalwa. Chak enstitisyon yo dwe mache youn dèyè lòt, byen estriktire, trè enstitisyonalize, solidman yerachize; "*chak pyès nan sistèm jistis lan monte yon fason youn kontwole lòt*. Tout moun dwe mache dapre Konstitisyon demokratik la, Lalwa, Kòd Penal, Sistèm Lajistis avèk talon kikit yo, pou yo mache sou trèz yo, pou yo pa pile katòz yo. Nan yon leta ki chita sou lalwa, tout moun konnen wòl yo. Sa yo ka fè ak sa yo pa ka fè. Nenpòt ki kalte pwoblèm se lalwa ki dwe vini mete lòd, se pou nou konprann pa gen ni twò piti, ni twò gwo dosye pou lajistis, men gen eksepsyon.

Deskripsyon Leta ki chita sou Lalwa:

Dwa Inivèsèl	Fòs Lalwa	Sant Rekiperasyon Sosyal
Dwa de Lòm	Reparasyon	Kòd Riral/Kòd Sivil…
Sistèm LaJistis…	Asistans Jiri	Lapolis, Ankèt, …
Sekirite	Tribinal/Jij…	Libète/Egalite/Fratènite…
Prizon/ Avoka…	Konstitisyon	Endepandans LaJistis
Egalite tout moun	Pèsonn moral	Yerachi Nòm yo ak valè yo.
Pèsonn Jiridik	Pèsonn Fizik	Dwa Fondamantal

Se eleman sa yo, avèk lòt ou ap jwenn nan yon leta ki chita sou lalwa vre. Konstitisyon an se baz chapant leta ki chita sou lalwa a.

Pyramid estriktirèl Leta ki chita sou Lalwa:

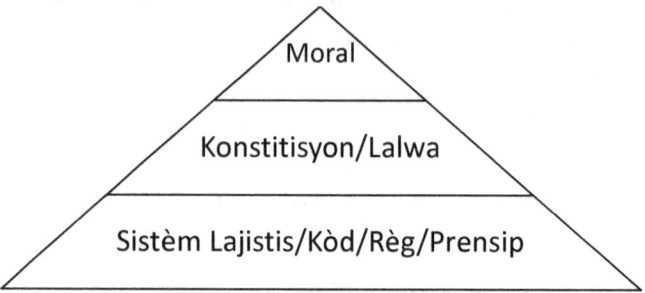

Sous: Dieury Dumas, Think Tank Democrat Inc.

Rejim Demokratik:

Se lè yon kolòn fanm ak gason ki soti nan youn, oubyen plizyè pati politik ki kwè nan demokrasi. Mete tèt yo ansanm, epi yo ale nan eleksyon, yo genyen, yo eli pou dirije pou yon ti tan... Rejim demokratik la, se twa kwen egalego, tankou yon triyang ekilateral; 1-**Pouvwa Pèp Ekzekitif.**

2-**Pouvwa Pèp Lejislatif.**

3-**Pouvwa Jidisyè Pèp**. Nan demokrasi pouvwa pa restavèk pouvwa, pouvwa pa achte pouvwa, chak pouvwa granmoun tèt li pou li fè travay pèp la. Nan demokrasi akizasyon pa janm piti, joure moun, fè eskandal piblik san prèv pa gen plas yo. Rejim demokratik la repati pèp la an 2. **1. Moun ki nan pouvwa (Dirijan**), ap di dirije yo; nou gen devwa! **2. Moun ki pa nan pouvwa (Dirije**), ap di dirijan yo nou gen dwa! Pou chanje moun ki nan pouvwa yo, yo fè eleksyon. Eleksyon bay yon gouvènman, ki se yon rejim politik demokratik... Gen plizyè fòm rejim demokratik. Tankou nan peyi **LaFrans** gen yon Rejim **Demi-Prezidansyèl**, tankou nan peyi **Angletè** se **Monachi Palemantè**, e nan peyi **Etazini** se yon **Rejim Prezidansyèl** ki genyen.

Atikilasyon nan Sistèm Demokratik la: Atikilasyon nan sistèm demokratik la se yon pwosesis ki konplèks anpil, anpil, paske Dwa yo anpil, Devwa yo anpil, *pa gen rans nan sa*. Tout moun gen dwa ak devwa, tout moun ki konsène gen mo pa yo pou di, gen anpil rantre soti, pou pran yon dezisyon: chak moun ap di yon pawòl, chak moun wè pwoblèm yo yon jan e solisyon yo yon lòt jan. Fòk gen konsansis, transparans, koperasyon, patisipasyon... kidonk tan, lajan, monte, desann, diskisyon, patati patata tout sitiyasyon senp, oubyen konplèks rann pwosesis la difisil. Se sa ki fè sistèm demokratik la mande kalite, obligasyon pwòp a li menm. Pou demokrasi enplante tout bon vre, fòk **nou** aji tankou yon **sistèm** kote ; youn dwe depann de lòt, youn pa eskli lòt pou anyen.

Atikilasyon – Fonksyonman – Sèvis. Kòman chak eleman nan sistèm demokratik la mache youn avèk lòt? ... Kòman administrasyon piblik la dwe mache? ... Kòman moun ki nan administrasyon piblik la dwe mache; ...

1-Lè yo nan menm pati, ak lè yo pa nan menm pati?
2-Lè gen yon pwoblèm antre yo, kòman moun dirije moun?
3-Ki kalite yon lidè dwe genyèn?
4-Kòman pwoblèm nan sistèm demokratik la dwe rezoud?
5-Kisa yon lidè ka fè, pa ka fè, kòman sosyete a dwe mache?
6-Kòman entèaksyon ant klas sosyal yo dwe fèt?

Yon sistèm demokratik pa yon sistèm gwo ponyèt, kraze zo, revanjè, gran manjè, ti fanmi, ti zanmi, gwo manje piti, enjistis, pati pri... Nan demokrasi, tout moun granmoun tèt yo, tout moun gen dwa yo ki mache ak devwa yo, tout moun dwe respekte tout moun, sitou moun ki pa nan menm pati avèk yo. Pliske moun nan pa nan menm pati avèk ou e ou sou tèt li, demokrasi pa ba ou dwa pou w ap toupizi li, se gwo fot. Demokrasi pap janm ba ou dwa, pou w ap fè li peye paske li pap mache avèk ou. Se pa paske yon depite pa nan menm pati politik avèk prezidan an, pou prezidan an pa finanse pwogram nan komin li. Se vyolasyon Konstitisyon an, vyolasyon demokrasi, vyolasyon Dwa de Moun. Sa pa dwe janm rive, paske anplwaye nan administrasyon piblik yo pa nan menm pati avèk minis yo, pou ap gen revokasyon masiv, tout bon anplwaye kalifiye yo, se gwo antrav, se vyolasyon Konstitisyon an, vyolasyon Dwa Moun pou yo travay, destriksyon administrasyon piblik la. Konsa tou, se pa paske ou pa nan menm pati politik avèk yon moun ki sou tèt ou, pou ou pa vle fè travay ou, oubyen ou ap konplote kont li. Pliske aksyon sa yo te konn fèt nan tan pase yo, se pa yon rezon pou yo ap refèt ankò, si yo pat bon yè, pa gen rezon pou yo bon jodi a, se pou pwòp byen nou. Se pa paske majistra nan yon vil pa sipòte yon gouvènè nan eleksyon li, pou gouvènè a mete ou pa, avèk zanmi li pou fèmen trafik ki ale nan vil mè sa a. Nan demokrasi se gwo enfraksyon, se vyolasyon Konstitisyon an, vyolasyon lalwa, vyolasyon dwa de lòm. Nan relasyon twa pouvwa prensipal yo avèk de lòt pouvwa sosyal yo, dwe gen prezans Konstitisyon an, lalwa, règ ak prensip demokratik yo. Sosyete a li menm bezwen santi yon bòn mach nan zafè piblik yo, kote chak enstans respekte e mache men nan men avèk lòt enstans yo. Nan yon sistèm demokratik, eleman demokratik yo dwe mache ansanm nan yon bon direksyon, pou yon tan detèmine. Lè yon gouvènman ap fonksyone, nan administrasyon piblik la, w ap jwenn tout kalte moun. Moun yo pap toujou soti nan menm pati politik, se pap menm moun ki anplwaye yo, yo pap gen menm lide. Konfli, pwoblèm, enterè ki genyen ant yo ap toujou egziste. Men demokrasi deja jere tout pwoblèm ki ka rive. Lè yo nan menm pati, pwoblèm yo ta dwe rezoud dapre regleman ak prensip pati a. Lè yo pa nan menm pati, solisyon pwoblèm yo, dwe dapre lalwa ak Konstitisyon an. Pa dwe gen abi, oubyen vyolasyon dwa okenn moun. Tout pwoblèm yo, dwe rezoud dapre lajistis ak prensip demokratik yo. Moun dirije moun dapre prensip ak lalwa ki soti nan Konstitisyon an, e non pa dapre santiman, zanmitay, volonte… Yon lidè dwe yon bon demokrat, yon moun sivilize, modèn, yon politisyen pwofesyonèl. Tout pwoblèm ki nan sistèm demokratik la dwe rezoud dapre règ ak prensip demokratik yo. Yon bon lidè pa ka fè sa Konstitisyon, Lalwa ak Demokrasi pa vle. Se pousa patisipasyon sitwayèn ak sitwayen yo enpòtan anpil nan pwosesis demokratik la, de prè ou de lwen, lokal oubyen nasyonal, aktif oubyen pasif, lajounen oubyen lannuit, granmoun oubyen jèn dwe jwe wòl yo.

Tablo sou Atikilasyon Sistèm Demokratik la :

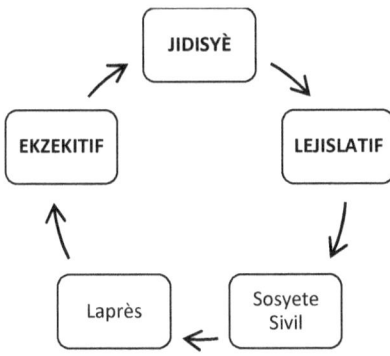

Pouvwa (Ekzekitif + Lejislatif + Jidisyè) = Laprès + Sosyete Sivil.
Si youn nan pouvwa yo deplase kite plas li ak wòl, pou l ale nan lòt bò ekwasyon an, oubyen pou li sèvi yon lòt pouvwa, sistèm lan ap chanbade. Depi yon sitiyasyon konsa prezante kanmenm ap gen pwostitisyon, denonsiyasyon, koripsyon, manifestasyon…

Sous: Dieury Dumas, Think Tank Democrat Inc.

Rezolisyon Konfli nan Sistèm Demokratik la:

Nan tout bagay, menm nan sistèm ki pi sofistike sou latè, depi se moun k ap fonksyone ladann I ap toujou gen konfli. Nan sistèm demokratik la, pibon fason pou rezoud pwoblèm yo se chita pale youn avèk lòt. Avèk evolisyon demokrasi pifò pwoblèm ki kapab prezante deja gen yon fason pou rezoud li. Men se pa sa ki di ke tout pwoblèm yo rezoud, e pap gen lòt k ap vini chak jou. Nan yon sosyete k ap vanse, depi yon pwoblèm prezante li dwe jwenn solisyon menm moman an, nan chita pale, dyalòg avèk tout moun ki konsène pa pwoblèm lan. E solisyon yo dwe pataje avèk tout lòt moun ki nan sosyete a, ke yo te touche ou pa. Rezolisyon tout konfli yo pap kapab fèt nan manifestasyon, grèv, kraze, brize. Tout kalte fòm mobilizasyon kapab fòse aktè yo chita pale pou yo fè dyalòg, men bon solisyon tout kalte konfli ap toujou soti nan tab wonn, negosiyasyon, enstiti, inivèsite, Rezèvwa Panse, komite refleksyon. Lè nou chita pou pale, nou pa dwe pèdi larezon nan espere nou ap jwenn tout sa nou vle. Nou dwe deja konnen, nou ap chache antann nou, pou nou tout viv nan lapè.

Demokrasi yon nivo nan Lespri:

Demokrasi se yon kilti, yon fason pou moun viv. Demokrasi se yon langaj, li genyen alfabè li, li genyen fonetik li, li genyen règ ak prensip li. Se pou ou aprann demokrasi, pou ou devni yon demokrat. Lè ou konnen byen sa ki rele demokrasi, ou vini genyen kapasite pou reflechi, aji, reaji, tankou yon demokrat. Lè sa a, demokrasi ankre nan panse ou, demokrasi vini tounen yon nivo, yon eta nan lespri ou. Demokrasi nan lespri ou, rann ou kapab aksepte, kolabore, tolere yon lòt moun ki pifò, ki pi avanse pase ou. Malgre moun nan ap byen mennen pase ou, nan lespri ou, nan kè ou, se lanmou ki dwe genyen, se pa rayisab, mechanste. Demokrasi nan lespri ou rann ou sansib pou moun, objè, bèt ak lanati, an nou di tout sa ki nan sosyete a, tout sa w wè ak tout sa w pa wè. Depi demokrasi pa nan lespri yon moun, li pap janm fè yon bon prezidan, palemantè, anplwaye lajistis, lidè politik, oubyen senp sitwayèn, senp sitwayen. Demokrasi nan lespri ou rann ou pezib, ou kwè tout bon bagay posib. Demokrasi nan lespri ou fè ou renmen sèvi, bati, pataje, ede, sipòte tout sa ki bon pou kominote ou, pou peyi a, ou dwe wè tèt ou an dènye. Demokrasi nan lespri ou rann ou pa pè deba, pa pè eleksyon, rann ou renmen dyalòg, renmen tout moun avèk lide kontrè, rann ou kapab aksepte tout sa ki legal, aksepte travay ansanm avèk moun ki nan yon lòt kan. Demokrasi nan lespri ou rann ou toleran tout tan, se pou nou aprann li. Demokrasi yon nivo nan lespri, se baz nòmal tout bon demokrat, se aksyon, se reyaksyon, konviksyon, entansyon, pozisyon, konsantrasyon, vizyon tout bon demokrat. Demokrasi chanje konpòtman ou, fason w ap viv nan sosyete a, avèk lòt moun, moun ki dakò avèk ou, espesyalman moun ki pa dakò avèk ou. Nou pa dwe genyen yon lespri mechan, diktatè, vòlè, granmanjè, sosyete demokratik la pa aksepte mantalite sa yo. Se pou nou reyalize depi lespri nou chaje ak sa ki ; mal, ilegal, imoral, nou ap aji mal. Zanmi, ki nivo demokrasi nan lespri ou ?

Règ Majorite: se yon règ ki bay yon gwoup moun oubyen yon pati ki genyen plis kantite "vwa oubyen vòt", pouvwa, kapasite pou dirije, pran desizyon nan respè règ, lalwa, Konstitisyon ki deja te etabli avèk dekowòm, ak elegans. Majorite a se kantite ki plis pase mwatye a kantite vwa, vòt, oubyen **51%** vwa, vòt sou **100%**. *Règ Majorite a, se chak jou Bondye mete nan demokrasi a*. Règ Majorite rantre nan tout ti koze, rakwen, tout nivo nan sistèm demokratik la. Chak desizyon k ap pran dwe toujou gen yon vòt depi gen diferan lide, ou pa. Se konsa pou pran konsantman chak moun, se konsa pou yo di yo dakò ak desizyon ki pral pran an. Respè pou **règ majorite** a enpòtan anpil pou byen demokrasi a, enterè kolektif yo, pwogrè sosyete a, avansman peyi a. Men se pa rezon pou minorite a lage bay, oubyen pou majorite a ap mal aji anvè minorite a, pa bliye majorite a se pou yon titan. Pou enterè peyi a, ak tout moun k ap viv ladann, majorite a ak minorite a dwe angaje nan tout kalte dyalòg, diskisyon, desizyon, pwoblèm ki prezante nan nenpòt ki sitiyasyon. **Kapasite majorite** a ki genyen dwa pou byen dirije ak **kapasite minorite** a ki genyen devwa pou byen kritike, pwopoze, e aprè pou korije nan lapè sa ki t ap mal pase, se nivo demokrasi nan peyi a.

Demokrasi avèk Relijyon yo:

Demokrasi garanti tout dwa moun genyen pou yo pratike nenpòt ki relijyon yo vle, se yon dwa fondamantal. E pa dwe gen diskriminasyon pou yon moun k ap pratike yon relijyon nan sosyete demokratik la. **Deklarasyon Inivèsèl Dwa Moun** avèk **Konstitisyon demokratik** la toujou mete aksan sou libète relijyon. Pa genyen yon relijyon ki pi siperyè ke lòt, pa genyen yon relijyon ki merite pèsekite. Tout moun kapab jere zafè yo, pratike relijyon yo jan yo vle, jan yo santi, dapre lafwa yo nan sa yo kwè. Tout moun lib e libè pou pratike relijyon yo vle, san yo pa deranje lòt moun ak lòt relijyon. Sitou san lòt moun pa deranje yo nan nenpòt ki sikonstans ki kapab rive, sou okenn baz, oubyen motif ki ka egziste sou latè. Libète relijyon se yon dwa fondamantal ki pèmèt yon moun moun, san kontrent, san restriksyon. Nan Demokrasi tout relijyon egalego, san manke yon yota, san preferans. Ni gouvènman an, ni moun ki nan leta a, ni moun ki nan sosyete sivil la pa dwe sèvi yon relijyon pèsekisyon. Sa vle di lajan leta, sèvis leta, sekirite leta, pòs nan leta, avantaj leta dwe separe egalego pou tout relijyon, san manke yon vigil. Eli yo dwe bay tout diferan relijyon, sèk, ak tandans menm atansyon, menm ekout, menm limyè, menm pwoteksyon. Tout moun ki nan leta a, dwe respekte jou, fèt, tradisyon, abiman, yon relijyon depi sa pa deranje demokrasi. Demokrasi pa dakò moun nan mizè, soufrans, mepri, pèsekisyon. Demokrasi pote lapè, tèt ansanm, lajwa, egalite nan tout sans, nan tout diferans, sitou pou pratike relijyon ki nan lide chak moun. Nou sonje tout gwo lagè, pèsekisyon, touman, lanmò moun te konn sibi akòz relijyon. Gras avèk demokrasi yo pa fòse moun pratike yon relijyon kèlkonk, se volonte, dwa, libète, moun lan pou li chwazi relijyon li ouvètman, piblikman, kareman. Anba kontwòl lalwa ak Konstitisyon an. Relijyon vodou a fè pati de kilti nou, men karakteristik ak nati vodou a kite tout kalte souvni, aksyon, akizasyon, sipèstisyon nan listwa peyi a. Yo di vodouyizan yo manje moun, yo voye zonbi sou moun, bay kout poud... yon lis negatif ki long. Moun ki nan sektè sa a, dwe travay pou demanti, oubyen kontwole vodou a, avèk manm li yo. Anpil politisyen sèvi ak vodou pou ranpli misyon yo, tankou moun nan popilasyon fè sa a tou. Men ki bon rezilta ? Eske pouvwa majik yo toujou sove moun ak pouvwa ki sèvi avèk yo. Se pou mwen montre nou ke lespri malfezans pap mennen nou okenn kote, okontrè gade kote li mete nou. Konbyen moun lougawou manje pou ou zanmi m, konbyen moun ou touye tou zanmi, e ki rezilta ? Lè demokrasi ateri nan peyi a, vodou ap sèvi a yon bagay pi pozitif. Se pa kritike mwen ap kritike vodou non, men gen anpil pawòl anpil sou vodou. E mwen kwè ke vodouyizan yo kapab fè plis bèl travay toujou, pou ede peyi a nan kite demokrasi ateri nan mitan yo. Plis pase 90 % nan popilasyon an di yo se; Pwotestan, Katolik, Batis, Temwen Jewova, Pannkotis... Gen anpil relijyon an Ayiti, e mwen swete pou gen plis ankò. Men, ki plas demokrasi nan mitan tout relijyon peyi a. Eske pè yo avèk pastè yo fin blaze nèt vre? Eske manm legliz yo jwenn bon leson sou demokrasi k ap pèmèt yo devni bon sitwayen pou sèvi Bondye? Se pa dwa m, ni objektif mwen pou mwen pale okenn relijyon mal. Men m ap mande pou tout relijyon yo, pou yo ankouraje demokrasi ateri nan legliz yo, lakay chak grenn manm yo. Paske yo reprezante fòs peyi a, e fòs moral peyi a. Pou yo pi byen sèvi peyi a, fòk manm yo byen prepare sosyalman. Mwen konnen bèje yo, ap byen prepare manm yo espirityèlman, avan yo monte nan syèl la, li enpòtan pou yo byen aprann sèvi peyi yo. Yo akize anpil moun de dyab, demon nan sosyete a. Mwen pa di ; se vre, ni se pa vre. Men rezilta yo avèk enfòmasyon yo pap janm rete kache. Demokrasi bay tout relijyon limit yo, pou tout relijyon viv ansanm, youn aksepte lòt nan respè youn pou lòt, pou lapè, sekirite, pwogrè tout relijyon garanti. Kidonk tout relijyon dwe fè respè yo san gade dèyè, pou yo kapab ede Demokrasi rive Ateri.

CHAPIT 2 : ELEKSYON

Mo eleksyon an soti nan laten, **Electio** ki vle di **Elek** ak **Ion** ki vle **Syon**. Oubyen **Eleccioun** ki vle **Eleksyon** ; se fason pèp la chwazi moun pou reprezante li. Premye eleksyon te reyalize nan vil **Atèn** peyi LaGrès nan peryòd IV-V syèk avan Jezi. Se yon dwa ak devwa fondamantal chak sitwayèn ak chak sitwayen genyen. Se yon mwayen ke pèp la genyen pou li chwazi moun li vle lib e libè. Dapre sa li vle e sa li bezwen, san manti, san fòse. Eleksyon egal pouvwa demokratik, kidonk tout demokrat dwe ale e patisipe nan eleksyon ki **lib, enklisif,** e **demokratik**. Eleksyon yo gen; règ, prensip, etap, pwosesis, kalite, jesyon, bidjè, nati, avèk legalite. Eleksyon pa zafè timoun, se zafè moun ki majè, liside, eleksyon reprezante karaktè tout yon nasyon. Kalite eleksyon nan yon peyi se kalite moun k ap viv nan peyi a. Nan eleksyon; **yon moun egal yon vòt**. "**Quod ommes tangit, ab omnibus tractari et approbari debet**", sa ki pral plandye sou tèt tout moun, se tout moun ki pou deside e se tout moun ki pou di mo pa yo sou li. Eleksyon dwe klè kou dlo kòk, paske si gen magouy ap gen denonsiyasyon e tout moun ap wè sa a klè. Eleksyon lib e libè, klè kou dlo kòk, vle di demokrasi. **Depi pa gen bon eleksyon pa ka gen demokrasi.** Tout moun dwe veye pou gen bon eleksyon, pèsonn pa dwe rantre nan lojik vòlò eleksyon, achte eleksyon, gate eleksyon, vann eleksyon. Paske yo pral peye sa demen, epi se peyi a k ap kraze. Voye je nou gade rezilta vòl, vyòl eleksyon. Pa bliye, se eleksyon ki pou toujou bay; **Prezidan** (dirije). **Senatè** (lwa). **Depite** (siveye). **Mè** (jere). **Kazèk** (aranje). **Azèk** (ede)... **Delegasyon, Otorite Jidisyè** (jistis). Oubyen ranplase yon **Eli** (yon bon moun, ki nan bon plas, nan bon moman, pou fè yon bon travay), ki pa kapab ranpli fonksyon li ankò. Move eleksyon, bay move eli. Move eli se mèsenè, se volè, eskanmòtè. Eleksyon se bagay ki pi enpòtan pou bòn mach yon peyi. Eleksyon se fason ak mwayen pèp la genyen pou chwazi moun li vle pou dirije li, e chanje bak peyi a nan yon sèl jou. Se avèk don, taks, enpo pèp la yo òganize eleksyon, kidonk fòk tout moun nan popilasyon an depi yo gen laj pou vote, **dwe vote**. Tout moun dwe vote selon konsyans yo, sa yo bezwen, sa yo vle, sa yo konnen, pou yon lòt demen miyò. Chak moun ki pral patisipe nan yon eleksyon dwe depoze **deklarasyon politik** (pwogram detaye, objektif, bidjè) li, menm jou li ap enskri nan konsèy elektoral la. Se fason pou li pa bay manti demen sou sa li te pwomèt yo nan kanpay li. Pou tout moun kapab jije travay li fè, pou wè si li onèt, si yo kapab fè li kredi ankò. Tankou ; *deklarasyon politik nasyonal* (**prezidan**), *deklarasyon politik senatoryal* (**senatè**), *deklarasyon politik depitoryal* (**depite**), *deklarasyon politik meritoryal* (**mè**), *deklarasyon politik azèktoryal* (**azèk**), *deklarasyon politik kazèktoryal* (**kazèk**). Oubyen, lòt moun ki bezwen vòt pou yon pòs elektif; *deklarasyon politik jeneral* (**premye minis**), diplomat...

Nan men ki moun plis pouvwa dwe rete, e chita?

Nan yon peyi ki genyen yon bon demokrasi reprezantatif. Pouvwa a dwe repati egalego, san konsantrasyon nan men yon branch nan leta a. Pouvwa a dwe rete, e chita nan men chak grenn reprezantan yo, eli lokal yo, kidonk moun ki pi pre pèp la. Prezidan an pa dwe kenbe, konsantre, genyen, tout pouvwa yo nan men li. Se eli yo, reprezantan yo, ak gouvènman an ki dwe nan pwosesis demokratik la mete tèt yo ansanm pou prete, bay, prezidan an pouvwa desizyon, posibilite, ki nesesè nan yon sitiyasyon byen detèmine. Tout pouvwa dwe toujou chita nan men pèp la nan demokrasi, si pèp la santi li pa genyen pouvwa, li dwe leve kanpe. Pa bliye se prete pèp la prete eli yo pouvwa li a.

Avan ou vote nan nenpòt ki eleksyon:

Se pou ou konnen; pouki moun, e p*oukisa w ap vote?*
Se pou ou panse avèk tèt ou avan, paske se ou k ap vote a.
Men poukisa? Sa ou vle? Kisa w ap tann? Eske ou konnen konsekans vòt ou a? Apre kisa vòt la ap pote pou ou? Eske w ap

vote paske ou renmen kandida a? Paske ou renmen pwogram li? Poukisa se moun sa w ap vote? Eske se yon kandida ki wè peyi ? Eske ou konnen kandida a ? Eske ou konnen pwogram tout kandida yo? Depi ou vote yon moun, se yon vòt ou ba li, li dwe w yon sèvis, yon rekonpans, yon djòb, yon pwogram anretou. Pa kite okenn moun ba ou manti, se sa ki yon eleksyon. Se konsa sistèm lan mache. Ou fè yon devwa, ou gen yon dwa, ou bay yon vòt, yo dwe w yon pwogram. Ou vote sou baz yon pwomès, ou dwe tann pwomès la reyalize. Se rezon sa ki fè anpil moun pa reeli nan eleksyon, paske yo pa delivre pwomès yo te fè nan kanpay yo. Se pou ou **K.A.P.E** tout moun ou pral vote, nan kèlkelanswa eleksyon w ap gen pou vote a. **K**alifikasyon kandida a. **A**ksyon kandida a. **P**wogramasyon kandida a. **E**nfòmasyon sou kandida a. Apre ou ka vote, pou rezon pèsonel ou; *ou renmen kandida a ! Ou konnen kandida a! Kandida a soti menm kote avèk ou! Ou gen yon lyen, koneksyon avèk kandida a! Ou ka vote yon kandida pou nenpòt ki rezon valab ou pa. Se chwa pèsonel ou, se dwa ou e se devwa ou!* Men, pa bliye gen anpil konsekans. Se la li enpòtan pou aprann analize. Analize vòt ou, analize kandida yo, analize rezilta yo trè nesesè pou sante demokrasi a avèk bonè peyi a. **Analize;** se fè kalkil tout ang ak detay yon bagay. Nan sosyete demokratik la, nou dwe aprann analize tout bagay; analize pawòl, analize aksyon, analize lide, analize moun, analize demen, analize apre demen. Granmoun renmen reflechi, se timoun ki pa konn reflechi. Demokrat nou ye, nou dwe aprann reflechi, pou nou byen fè analiz, pou nou sispann fè erè. Demokrasi rantre nan vi nou, li pap janm soti, se nou ki pou aprann viv avèk li. **Eleksyon demokratik**, se pou nou eli lidè, responsab, pou dirije peyi a, nou pa kapab kontinye ap eli nenpòt ki kalte kandida. Yon **Kandida** se yon moun li ye, li genyen feblès, kalite, santiman... Lè nou bay kandida a pouvwa, avèk tout sa ki akonpaye pouvwa a. Ou pa kapab lage li, pou li fè sa li vle, paske gen twòp bagay ki ka pase:

1- **Avan** ou ba li pouvwa a, sa vle di nan kanpay la, ou dwe konnen li, konnen ideyoloji li, pèspektif li, pwogram li, sitou pase li depi li te fèt. Paske ou pral bay moun sa a pouvwa dezisyon sou ou.

2- **Pandan** li sou pouvwa a, se pou ou kontwole li, poze keksyon, veye, chache konnen, mande resi lajan ki depanse, fè kopi rapò, mennen ankèt. Mande lòt moun pou konnen fason l ap aji a, èske se konsa li dwe aji. Se pou nou trè pansif e veyatif...

3- **Apre** li kite pouvwa a. Paske gen kèk bagay ki ka echape ou. Se jis apre li fini kite pouvwa a, ou ka reyalize anpil bagay ki te pase ou pat rann ou kont. Sa baze sou anpil eksperyans ki fèt nan peyi a deja. E kandida sa yo ap toujou enfliyanse lavi ou pou anpil tan. Yon kandida, se yon moun piblik, tout kalte enfòmasyon dwe disponib pou elektè yo konnen avan yo vote pou moun sa. Sosyete a dwe vini di sa yo konnen de moun sa, se devwa yo. Kandida pa dwe genyen vi prive. Demokrasi fonksyone avèk limyè laverite nan tout konpatiman nan lavi sosyal la, se pousa nou dwe kenbe pye demokrasi fò. Paske demokrasi ap pote limyè laverite ba nou nan tout sitiyasyon sosyal, ekonomik avèk politik.

Valè yon Vòt: **Yon moun egal yon vòt.** Sa ki vle di ; yon vòt reprezante yon moun, yon moun reprezante yon vòt. Yon vòt se yon aksyon kapital nan yon eleksyon. Se pousa, chak grenn vòt, elektè, genyen anpil valè, siyifikasyon, ak oryantasyon. Avan yon moun vote li dwe konnen sa li pral fè a byen, paske gen anpil konsekans, retonbe ki pral vini. Yon vòt se yon pwa nan yon pouvwa, se sa ki fè rezilta kantite vòt yo konte anpil. Kantite vòt la vrèman detèminan pou yon kandida. Kandida a gen dwa pase nan yon eleksyon, men fason pouvwa a pral pataje, li pral depannan de ki kantite vòt li fè. Yon grenn vòt ka chanje yon eleksyon, yo rele sa "**swing vote**", "**grenn vòt chanjman**". Oubyen si kantite vòt yo kole kole, yo kapab mande pou rekonte oubyen pou fè yon dezyèm tou pou eleksyon an. Si yon moun pa konnen, pa konprann kòman pou analize vòt li pral bay la, pouki rezon li pral bay li. Pito li mande konsèy, poze keksyon pou li pa fè erè anpil fwa pifò sitwayèn, sitwayen fè nan eleksyon ki pase yo. Analiz rezilta tout eleksyon ki pase an Ayiti, bay gwo kè sote e mande refòm. Nou dwe pote chanjman pou nou sispann mal fè eleksyon, chwazi moun kòm reprezantan nou ak kòman nou vote. Chache konnen, se devwa ou sitwayèn, se devwa ou sitwayen. Se manyè nou fè eleksyon, chwazi moun ak fason nou vote ki fini kraze peyi nou an. Plis pase 65% pèp la pa konen li ak ekri, plis pase 80% pèp la pa konen byen reflechi. Nan eleksyon, plis pase 90% pèp la pa kapab wè reyalite peyi a nan 5 an, plis pase 99% pèp la pa kapab aplike demokrasi nan tout entegralite l. Se sa ki fè nou gen kalte rezilta sa a nou wè nan peyi a. Fòk pèp la aprann valè chak grenn vòt, pou yo kapab respekte valè tout vòt. Pèp la avèk eli yo pa kapab suiv prensip kòmsadwa, yo pa konnen kisa yon **manda elektoral** vle di. Chak moun nan yon direksyon avèk yon pwopozisyon pou diferan rezilta, se sa ki fè reyalite peyi a. Demokrasi se yon sistèm ki koeran, chak moun dwe aprann, aplike l depi yo piti, nan lekòl, nan fanmi, e nan sosyete a. Se yon pwoblèm total kapital, ke tout ayisyen dwe rekonnèt ansanm pou yo chanje sa ansanm. Menm lè tout moun pap janm kòmanse ansanm. Yon vòt gen anpil valè, li bay posibilite, respè, otorite, li bay tan; 4 an, 5 an, 6 an e pafwa pliske sa, lè yo eli ankò. Li bay pouvwa, li chanje vi moun, istwa moun, istwa yon kominote, istwa yon peyi, moun pa dwe jwe avèk vòt yon moun, ni pran l pou jwèt. Tout ayisyen konnen kijan li difisil preske enposib, pou de ou twa ayisyen mete tèt yo ansanm pou fè yon bisniz, pou mennen yon lit jiska lafen. Yo di; "depi nan ginen nèg trayi nèg", sa soti nan kilti nou. Paske nou pa vle respekte limit nou, aksepte viv avèk lòt moun jan yo ye a. Se la tout defi chanjman peyi a kanpe. Nou tout konnen pwoblèm nou, nou tout dwe konnen ki fòmil pou nou aplike, kidonk an nou kòmanse... An nou kòmanse nan edikasyon, avèk nouvo apwòch, nouvo filozofi nan eleksyon, kandida, e manda elektoral... An nou kòmanse edike moun yo sou kòman pou yo vote, kòman pou yo chwazi kandida yo, ki valè vòt yo a genyen, ki sa li ka fè pou yo demen, ki moun yo dwe vote, e ki moun yo pa dwe vote. Yon vòt se yon konfyans yon sitwayèn oubyen yon sitwayen mete nan yon kandida, apre kandida sa fè yon pwomès, oubyen plizyè pwomès nan kanpay elektoral li. Yon vòt se yon *kontra ant **votè** yo avèk **elektè** yo*, sa vle di anpil bagay pou sitwayèn ak sitwayen nan yon sosyete demokratik. **Kandida ak elektè,** an nou chache konnen e respekte valè chak grenn vòt. *Avan ou vote pa bliye swete ladrès pou ou ak moun w ap vote a.* Lè ou ap patisipe nan eleksyon, nenpòt sitiyasyon ki prezante ou pa dwe fè vyolans. Si ou se yon vrè demokrat, ou dwe ale Lajistis.

Poukisa yon moun dwe vote?

Chak sitwayèn avèk chak sitwayen gen **obligasyon** ak **lwazy** pou yo vote nan chak eleksyon ki konsène yo. Se yon dwa avèk yon devwa legal, konstitisyonèl, imen, demokratik, inivèsèl. Gen anpil pawòl ki di sou obligasyon chak sitwayèn avèk chak sitwayen genyen pou vote. Yo di: **1- *Si yon moun pa vote, yon lòt moun ap vote pou li. 2- Si ou pa vote, pa plenyen. 3- Si ou mal vote se pwoblèm pa ou, e ou dwe vote.*** Lè ou fin vote pa gen garanti ke moun ou vote a pral fè sa ki bon yo. Kidonk se yon pèlen tèt zafè vote sa ye ! E se youn nan rezon ki fè tout moun dwe konnen kisa yon vòt ye, ki moun yo pral vote, poukisa se moun sa yo pral vote, e poukisa yo pa vote yon lòt moun pito? Anfen, kisa yo ap atann moun yo vote a fè pou yo? Tout moun ki gen laj pou vote dwe vote, paske se yon dwa e se yon devwa sivik. Ou dwe patisipe nan lavi politik sosyete kote ou   ap viv la, se responsabilite pa chak sitwayèn avèk chak sitwayen. Demokrasi se lavi an kominote, tout moun responsab tout moun. **Kòman ou dwe vote ?** Vote avèk ; lòd, lespri, konsyans, konesans, eksperyans, esperans ou, nan lapè. Pou moun ou chwazi a, ki pi kapab sèvi ou, fè yon kwa anba non li. Pa vote, pou regrèt demen. **Koze eleksyon:** Zafè vote nan eleksyon se yon senp devwa, men kote demokrasi poko ateri, li se yon sous pwoblèm, yon tèt chaje maten, midi, swa. Yon eleksyon mande yon; atmosfè lapè, lespri entèg, pwosesis legal. Tout moun ki majè kapab vote nan nenpòt ki eleksyon kote yo ap viv la, e nan peyi kote yo ap viv la. Eleksyon se souf ak kòd lonbrik demokrasi a menm. Eleksyon tèlman enpòtan e fragil, se yon **òganizasyon espesyal, endepandan, legal, konstitisyonèl, jis** kou lajistis ki pou òganize tout eleksyon nan peyi a. Chak manm nan òganizasyon sa a, pa dwe yon seri de moun ki san diyite, san pèsonalite, san respè pou tèt yo, moun k ap vòlè, vann sa ki pa pou yo, san vègòy, ti pèsonalite, esklav. Se pa joure, non, se reyalite peyi ak kalite anpil moun ki te pase nan òganizasyon ki konn fè eleksyon an Ayiti. Dapre istwa eleksyon an Ayiti, moun ki konn fè eleksyon yo toujou fini mal, paske yo pa gen karaktè ak figi pou fè travay yo kòmsadwa. Manke adjektif kalifikatif pou kalifye moun sa yo, e pou defini jan yo vrèman negatif pou peyi a. Òganizasyon ki dwe òganize tout eleksyon nan peyi a rele ; **"Konsèy Elektoral Pèmanan"**, se yon enstitisyon ke Konstitisyon an kreye. Men ayisyen tèlman pa respekte tèt yo, yo tèlman gen move mès, pifò eleksyon yo toujou mal pase, e konsèy sa a pa janm pèmanan vre. Tout moun pa vle wè vòlè, yo kondane moun san rezon, yo di yo gen moralite. Men kòman eleksyon yo fè toujou mal pase, si moun yo konnen e genyen moralite konsa ? Eleksyon se miwa sosyete a, se adjektif kalifikatif chak grenn sitwayèn, sitwayen. Eleksyon reprezante nivo demokratik yon sosyete. Eleksyon lib e demokratik nesesè, vital anpil pou sivi yon peyi nan sistèm demokratik la. Depi demokrasi poko ateri lakay pèp la, eleksyon yo kapab toujou mal pase, si pa genyen yon volonte nasyonal. Pou gen bon eleksyon, fòk gen yon K.E.P konstitisyonèl. Lè dat eleksyon yo rive, fòk dat eleksyon yo bay. Fòk gen enskripsyon elektoral. Fòk gen yon lis kandida ki soti, fòk gen kanpay elektoral. Fòk gen sekirite, fòk gen yon atmosfè pou ankouraje moun yo soti, kite kay yo pou yo ale vote. Eleksyon se yon sistèm pou kont li, tèlman li enpòtan. Soti nan kandida yo, pati politik yo, K.E.P a, kanpay la, lajan, enstitisyon endepandan nasyonal ak entènasyonal pou rive sou chak moun ki pral vote. Se sa ki fè yo rele li pwosesis elektoral, oubyen machin elektoral. Si yon sekans, yon pyès ta mal mache tout sistèm lan ap deranje. Sitwayèn, sitwayen se dwa ou ak devwa ou, pou ou vote. Pa janm bliye sa, se pou ou prè pou fè vwa ou pase nan yon vòt. Lè jou a rive pou vote, ou dwe deja pare pou vote. Sa vle di, ou deja konnen ki moun ou pral vote. Ou deja konnen ki pwogram ak ki pwomès kandida ou chwazi a, ou deja fè chwa ou. Jou eleksyon an se pou ou byen domi, abiye ou byen bòzò, pran san fwa ou. Fè nouvèl avan ou soti. Pa bliye kat elektoral ou, si ou pat gen tan konnen nan ki biwo vòt ou pral vote, si se pa sa ki pi pre lakay ou a, ale bonè. Pa kite moun jwe nan tèt ou, pa pran priyè, pa pran kantik. Pa kite moun vini ba ou ni pawòl, ni lajan. Pa fè sa ki ilegal, respekte règ jwèt la. Pou yo pa mare ou, jou ki rezève pou ou egzèse **pouvwa siprèm** ou an. Pa vote de fwa, pa fè move san si ou nan liyn anba solèy, e ou pa kapab vote nan biwo elektoral ou ale a. Mande enfòmasyon, dwe gen moun ki la pou ede ou. Lè ou rantre nan biwo vòt la, siyen non ou, oubyen fè yon kwa nan lis votan ki dwe nan biwo elektoral la, yo ap ba ou yon lis kandida, ou prale nan yon ilizwa, yon kote tankou yon kare, li dwe fèmen. Veye pou moun pa wè pou ki moun ou ap vote, si yon moun ap chache wè, oubyen wè pouki moun ou vote, se yon vyolasyon. Vòt ou a dwe yon bagay sekrè, ou pa oblije di moun, pouki moun ou te vote. Se ou ak konsyans ou ki dwe konnen. Si ou di yon moun, se chwa ou, men pèsonn pa dwe ap chache konnen pouki moun ou vote, menm moun lakay ou. Byen pwòp, chwazi yon kandida pou chak pòs, oubyen yon kandida nan yon lis. Soti nan ilizwa a, mete vòt ou a nan bwat bilten an. Avan ou soti, yo dwe fè ou foure yon dwèt ou nan yon lank ki fò, lank sa a se prèv ou vote deja ak pou fè chelbè. Lank lan ap rete nan dwèt ou pou kèk jou, menm lè ou lave dwèt ou byen lave. Ou sot fè yon gwo travay, pou 2 zan, 4 an, 5 an, 6 an, ou dwe rete ap veye. Sèlman mande Bondye nan syèl la oubyen nan sa ou kwè yo, pou vòt sa a pa tounen yon baton pou ou demen. Depi ou menm sitwayèn, sitwayen konsekan ou fè travay ou byen, se gwo palto yo, ki pou fè travay pa yo, avèk etik epi konsyans. Pou peyi a pa tonbe nan kriz elektoral. Pou gen eleksyon fòk gen yon sistèm an plas pou reyalize li, fòk gen yon K.E.P (Konsèy Elektoral Pèmanan), pou tout peyi a, ki pral etabli B.E.D (Biwo Elektoral Depatmantal), nan tout depatman yo, avèk B.E.K (Biwo Elektoral Kominal), nan tout komin yo nèt, e pou fini, B.V (Biwo Vòt) nan tout lokalite yo. Nan sistèm sa tou, ou pral jwenn ; OFIS, REJIS, BILTEN, LANK, KONTAJ, SANT TABILASYON, MATERIYÈL KONTAJ, REZILTA, SEKIRITE... Apre tout eleksyon toujou gen fèt, avèk moun ki tris tou, men o! Gran jamè pa dwe genyen vyolans. Kapab genyen denonsiyasyon, rekontaj, envestigasyon, dezyèm tou, tribinal, ranvwa rezilta... Travay pa ou sitwayèn, sitwayen, ou te mèt yon senp votan, se veye tout frod, vòl, manipilasyon, moun k ap vote plizyè fwa, tout bagay dwòl, epi pa pè denonse sa, paske se yon krim, se yon vòl. Eleksyon toujou chaje avèk magouy nan tout peyi. Se pousa toujou dwe gen obsèvatè nasyonal ak entènasyonal, mandatè, reprezantan chak pati yo, kandida yo, ki nan kous elektoral la nan chak biwo elektoral yo depi sa posib, pou bon siveyans. Lajan trè enpòtan, si ou pa genyen gwo lajan ou mèt bliye panse pou ou kandida nan eleksyon. Men se pa rezon pou nou vann nanm nou ak lespri nou pou senkòb nan men moun ki panse nou pa moun. Se konviksyon ideyolojik ak fòs karaktè ki fè tout moun ale nan eleksyon pou chanje yon sitiyasyon, pou sèvi pèp la kòmsadwa. Aprè tout eleksyon, pibon zanmi pèp la se opozisyon an. Paske yo pa nan pouvwa a, yo genyen tout rezon pou yo denonse sa ki pa dwat. Pèp la dwe louvri je l lè eli yo ak opozisyon an fè yon sèl.

CHAPIT 3 : POLITIK

Mo politik la soti nan lang grèk, **Politikos** ki vle di **Piblik, nan site a**, **sa k ap pase;** nan vil la, zafè site a, zafè sitwayèn ak sitwayen yo, zafè peyi a, lemonn antye. Politik se yon syans ki etidye, kisa k'ap pase nan sosyete a, e kòman pou li mache pi byen. Politisyen se moun ki fè **lavi** ak **site** a mache e k ap chache fè yo mache pi byen. *Syans sa a, se mèt tout lòt syans*, li mache kole avèk etik. Politik vle di zafè moun tèt dwat, ki byen konnen, diplomasi. Politik se yon ansanm nòm, teyori, pratik ak etik ke moun aprann, pou dirije, pou kontwole, pou sèvi, pou gouvène, li chita sou lalwa, e li baze sou Konstitison. Politik fèt de fason pèsonèl ak piblik. *Rezon ki fè lèzòm ap viv se chache yo ap chache yon demen miyò, e se sèl politik ki kapab bay demen miyò sa a.* Depi nan jenèz panse ki pral bay nesans a mo politik la, Platon te gentan reyalize politik pral bay moun otorite sou lòt moun nan kay, nan fanmi, nan kominote, nan vil, nan peyi, nan kontinan, e nan lemonn antye. E li te kòmanse ap panse sou fonksyonman ak sa ki dwe konstitiye rapò nan mitan moun ki pral viv nan politik la. **Aristòt** li menm tou te vini avèk panse ki pat mache nan menm sans avèk pwofesè li yo. Politik tèlman anpil e konplike, yo di politik se yon ansanm pwosesis, yon sistèm, **"Sistèm Politik"**. Gen anpil nan sistèm politik sa yo ki te egziste depi lantikite. Youn nan pi ansyen dokiman ki soti sou politik, se **Platon** ki te ekri yon liv, ki te rele **"The Republic"**, **"Repiblik La"** kote li te pibliye **Dyalòg Socrates** yo, 380 ane avan Jezi. Kote Socrates t ap poze **keksyon kritik**. Sou tout aspè yon pwoblèm, yon sitiyasyon, yon sikonstans, tankou sou jistis, moral, sosyete, sitiyasyon pèsonèl oubyen piblik, nan lasyans oubyen nan lanati... Socrates t ap pouse moun yo pou yo panse, vizyone, keksyone, reflechi, analize, e kritike pou jwenn ansanm solisyon pou tout pwoblèm ki parèt devan yo, repons pou tout keksyon ki poze. Sitou analize tout sikonstans, dekouvri tout magouy, wè tout konplo ki prezante devan yo, oubyen ki pral gen pou prezante devan yo. Yo rele metòd sa "**Metòd Socrates**". Metòd sa nesesè anpil pou aplike an Ayiti, sitou nan lekòl nan tout nivo, nan radyo, nan legliz... Pou pèmèt peyi a mache nan bèl wout demokrasi ak modènite. Politik amelyore avèk listwa limanite. Evolisyon ki pote nan politik anpil, se konsa nou jwenn ; Politik Nasyonal, Politik Entènasyonal, Jeyopolitik, Mondyalizasyon, Globalizasyon... Depi nan lantikite nou te jwenn anpil gran pansè, gran filozòf ki te konn panse sou ki kalte chanjman, mòd panse, pibon fason pou politik la fèt. Oubyen sou sitiyasyon sosyal yo, kòman pou lalwa aplike, ki aranjman ki dwe pote nan lwa yo lè sosyete a, teknoloji yo, lasyans ap evoliye. Se pa sèl Socrates ki ede moun reflechi, poze keksyon, pote lide, prensip ak teyori pou sosyete a avèk politik la avanse gras ak gwo lide, bèl refleksyon, pisans imajinasyon li yo.

Lantikite :

- Confucius (551 - 479)

- Marcus Tillius Ciceron (106 - 43)

- Socrates (470 - 399)

- Xenophon (427 - 355)

- Platon (427 - 347)

Avan 19th:

- John Locke (1632 - 1704)

- Baruch Spinoza (1632 – 1677)

- Jean-Jacques Rousseau (1712 - 1788)

- Immanuel Kant (1724 - 1804)

- Thomas Paine (1737 - 1809)

- Thomas Jefferson (1743 - 1826)

19 th:

- Alexis de Tocqueville (1805 - 1859)

- Henry David Thoreau (1817 - 1862)

- Karl Marx (1818 - 1883)

- Friedrich Nietzsche (1844 - 1900)

- Georges Sorel (1847 - 1922)

- Leo Strauss (1899 - 1973)

20 th :

- Jean-Paul Sartre (1905 - 1980)

- Albert Camus (1913 - 1960)

- Murray Rothbard (1926 - 1995)

- Jacques Rancière (1940)

- Judith Butler (1956)

- Thomas Nagel (1937)

Sa yo se de twa egzanp, men gen anpil lòt filozòf politik ki drese epi modènize politik avèk filozofi yo. Anpil nan yo ap viv toujou, yo ap fòme, konseye lòt moun sou latè. **Filozofi Politik** se yon syans ki etidye tout sijè ki gen rapò avèk politik, libète, jistis, pwopriyete, lalwa, lalwa entènasyonal, diplomasi… Li etidye tou kòman yo ap aplike politik nan sosyete global nou ap vi jodi a. Nou dwe remake gen anpil pati nan zafè politik sa. Sa vle di tout moun dwe jwenn plas yo, san diskriminasyon, san moun pa. Yon sistèm politik, se yon ansanm teyori ak pratik byen detèmine, byen estriktire sou yon lide, yon filozofi. Pami sistèm politik nou ka site: **Anachi, Repiblik, Oligachy, Demokrasi, Federalis, Diktati, Monachi, Timokrasi, Oligachi, Totalitè, Estratokrasi, Teyokrasi, Miks-Ekonomi**… Nan politik, fòk ou genyen entèlijans pou dirije, manèv pou manevre, pou jere moun, tan ak sitiyasyon. Epi konnen kòman pou ou òganize zafè pèp la, estriktire afè piblik la, sonje pase, planifye prezan, prevwa fiti. **Politik se yon bagay pasif** ; ou jwenn politik nan tout bagay, pa genyen yon domèn politik pa ladann. Li trè difisil pou yon moun viv san ke politik pa enfliyanse lavi li. Politik rantre nan tout ti koze, nan tout ti kwen ; fason ou pale, tande nouvèl, mo w ap chwazi, koulè rad w ap mete, opinyon ou, vòt ou. Men w pa janm pran pa nan okenn aktivite politik, ou endepandan, se konsa **Politik Pasif**. **Politik se yon bagay aktif** ; se lè ou tounen yon fanatik, ou deside defann yon kan, ou rantre nan yon pati politik. Ou kòmanse yon ; batay ideyolojik, eksprime lide ou, ou chita pou aprann politik, patisipe nan kouse elektoral, devni yon kandida, oubyen eli nan yon pòs politik. Lè w ap fè politik aktif se defann w ap defann yon lide, yon filozofi, nan respè règ ak prensip demokratik yo. E ou konprann pa gen rezon, ni nesesite pou gen move aksyon tankou vyolans k ap degrade politik la ; pou fè li tounen yon jwèt mabyal, ki pral kraze sosyete plat a tè. Se lè sa yo pale de **Politik Aktif**. Aksyon politik yo tèlman anpil, li difisil pou ou di ki aksyon ki pasif ak aktif, yo rele yo aksyon ; demi-pasif oubyen demi-aktif. Gen yon sitiyasyon ki kapab prezante ki fè moun ki te konn ap fè politik pasif kouri pase nan politik aktif san pèdi tan, *politik trè* *dinamik*. Politik se tankou yon jwèt damyen, se moun ki genyen plis eksperyans lan, ki respekte règ jwèt la, ki etidye chak mouvman pyon yo nan pati a, k ap manje plis, k ap dam e k ap genyen pati a. Se pa moun ki pi mechan an, ki pi vyolan an. Nan peyi a, politik fèt nan lari a, pèp souvren toujou genyen dènye mo yo, se vwa lari a nèg ki sou pouvwa yo toujou tande. Sa ki pabon pou sosyete a, pou pèp la ak pou moun ki sou pouvwa a. Donk li enpòtan pou gen yon **sistèm petisyon** pou redui manifestasyon ak endiferans leta a pase pliske 50%. Avèk liv sa a, politik nan peyi a dwe kòmanse fèt nan yon wo nivo akademik. *Politik se fason, se rezon tout moun nan yon sosyete deside viv ansanm. Eske yo deside separe tout sa yo posede ? Eske chak koukouy ap klere pou je yo ? Ki fòm leta ki dwe dirije nan yon peryòd detèmine ?* Politik pa dwe ap anbarase lavi okenn moun. Se moun ki dwe mennnen politik. Avèk evolisyon sosyal ki fèt sou latè, politik vini pi bèl, pi satisfezan, pi sivilize, pi efektif, pi demokratik. Politik pa dwe fè moun rayi moun, lennmi moun, fè moun sa ki mal. Politik pa dwe gen plis valè pase relasyon moun ak moun. Politik se yon senp panse, filozofi, vizyon, teyori, se pa lavi, menm lè gen moun ki se politisyen pwofesyonèl ki fè tout vi yo ap fè politik. Nan tout sa n ap fè, se pou nou veye pou politik pa tounen yon bagay toksik k ap rann sosyete a malad, detwi sa ki te konstwi, fè moun kriye, k ap separe pèp la sou pretèks negatif. Politik kapab devlope yon sosyete, konsa tou li kapab detwi yon sosyete. Se pou nan tout sikonstans nou retire tout bagay negatif ki nan politik oubyen politik kapab kreye, pa tolere anyen ki pa legal ki an favè nou.

Politik Piblik ; se yon ansanm aksyon estratejik ke responsab yo planifye, prezante e aplike anvè piblik la nan tout domèn. Tout **Politik Piblik** yo mande anpil **Panse Kritik /Critical Thinking,** avèk **Rezon pou Doute/Reasonable Doubt** kay chak grenn sitwayen. Chak sitwayèn ak sitwayen chak dwe genyen opinyon pa yo ak pwopozisyon pa yo sou tout politik piblik ak ekzekisyon pwojè yo.

Pati Politik: Se yon gwoup moun, yon òganizasyon, ki reyni anba yon menm lide, filozofi politik. Yo antreprann aksyon politik pou yo akonpli lide, filozofi politik yo. Lè yo patisipe nan bon eleksyon ki dwe fèt, ki pral debouche sou yon "**Rejim, Gouvènman Demokratik**" nan yon peyi kote demokrasi djanm ap fleri... Yon pati politik se yon enstitisyon piblik, ki dwe gen estrikti, vizyon, objektif. Pati politik yo dwe chaje avèk aktivit entèn kou ekstèn, pou manm yo kapab aktif e fòme. Pami aktivit pati politik yo dwe fè, nou jwenn: edikasyon politik ak amelyorasyon sosyal tout manm yo, pwopaje plan pati politik la, chache lòt manm, etabli rezo, denonsiyasyon, manifestasyon, fundraising, fè kanpay elektoral... Pati politik ayisyen yo toujou ap pwopoze pou pèp la, men yo pa janm mande pèp la sa yo bezwen. Yo pa pran tansyon pèp la regilyèman. Bi presipal tout pati politik se solisyone pwoblèm pèp la, epi se pou yo konnen pwoblèm sa yo depi nan tèt rive nan pye. Yon pati politik toujou dwe ale pale epi rete konekte avèk pèp la. Yon pati politik dwe konnen kisa pèp la **vle**, kisa pèp la **bezwen**. Aprè pou pati a ale chita pou analize sitiyasyon pèp la pou wè ant sa yo **vle** ak sa yo **bezwen** kisa ki **enpòtan,** kisa ki **nesesè** ? Sitou kisa ki pibon e **reyalizab** nan yon moman presi. Paske se pa tout lè fwa sa pèp la vle a se sa yo bezwen. Sa yo bezwen an se pa tout lè fwa yo vle l. Se pa tout lè fwa ni sa yo vle, ni sa yo bezwen an reyalizab. Kidonk fòk genyen yon rapò ant pèp la ak pati politik yo. Pati politik ayisyen yo dwe konnen konbyen manm yo genyen, kòman chak manm yo ap viv, pou kòmanse aplike plan yo nan lavi chak manm yo dabò. Yon plan nasyonal, yon pwogram pou manm yo devlope tèt yo, paske lè manm yo fò, se pati a ki fò. E sitou yon filozofi, yon ideyoloji, yon **Plan Politik Nasyonal**. Yo tout nèt dwe genyen yon estrikti enstitisyonèl, operasyonèl, dinamik, sistematik. Yo dwe gen yon vizyon nasyonal, entènasyonal, rejyonal, jeyopolitik, mondyal, epi global. Yo dwe modèn, teknik, sipèsonik, yo dwe a pwen sou tout domèn an jeneral. Pami moun ki enpòtan nan kontribisyon yo pote pou politik ak filozofi politik vini pi modèn, nou kapab site de twa, tankou:

- Alan Abramowitz   - Robert Axelrod   - Rand Dyck
- Juan Linz   - Karl Raimund Popper
- Adam Przeworski   - Atilla Yayla   - John Zaller.

Filozòf politik yo anpil, se sa ki fè sistèm politik yo, oubyen tandans politik yo anpil tou. Se pou nou konnen ke tandans politik poko ap sispann pran nesans. Nan yon peyi tankou Ayiti, pati politik donnen pase djondjon men lè yo gen menm tandans oubyen youn soti nan lòt pati politik. Tout tandans ki **Gòch**, **Demokrat**, **Sosyalis** toujou pibon pou mas pèp la, yo pa bay moun ki deja genyen posibilite anpil priyorite. Tandans politik ki pi popilè sou latè yo se: **Gòch; Sant-Gòch/Ekstrèm-Gòch.**

Dwat; Sant-Dwat/Ekstrèm-Dwat.

Demokrasi. Repiblik. Sosyalis. Kominis. Sentris. Konsèvatif.

Responsabilite/Obligasyon Politik: Sa a fè kèk lane depi anpil ayisyen pa renmen respekte prensip avèk ekzekite lòd. Sa ki rann yo **iresponsab** ak tèt yo e devan lajistis. Pa dwe genyen plas pou okenn moun ki iresponsab. Si yon sitwayèn, yon sitwayen konnen moun k ap fè sa ki mal kont lòt moun, li dwe pran responsabilite li, e prezante li piblikman ak prèv pou **byen** tout moun, pou **laverite** ak pou **listwa**. Nou pa dwe ap denigre moun sou baz tripotay ak manipilasyon san prèv. Nou pa dwe ap repete sa nou pa konnen. Politisyen yo dwe pran responsabilite yo pou byen sèvi, yo dwe kenbe pawòl yo, epi respekte papye yo siyen. Lè yo fè yon erè volontè ou pa, yo dwe repare erè a, e aprann de li. Politisyen yo responsab sa ki depann de yo, yo oblije korije yo.

Lajan nan Politik: Lajan fè politik, e politik fè lajan. Genyen yon relasyon kòkòday ant lajan ak politik. Tout bagay depann de lajan, e politik okipe tout bagay nan sosyete a, kidonk lajan kontwole tout bagay nan politik. Si ou pa genyen lajan ou mèt bliye eleksyon, ou mèt bliye rete sou pouvwa a. <u>Finansman pati politik yo pa soti nan koulwa legal leta ak pèp la, yo soti nan fènwa anba tab boujwa reaksyonè ak blan rasis pou fè plis lajan ilegal, souse san mas pèp la ak richès peyi a</u>. Popilasyon an ta dwe ap finanse pati politik yo pou yo travay pou li, men se pa sa ki fèt. Se sa ki fè politisyen yo toujou ap trayi lit pèp la pou lajan avèk avantaj. **Pèp la ta dwe peye politisyen yo pou defann li devan sousè, men se sousè yo ki peye politisyen pou souse san pèp la**. Kontwòl ki pa genyen nan lajan k ap sikile nan politik la dekontwole tout peyi a. E politisyen yo ki bezwen lajan oblije pran lajan nan tout koulè ak tout kalte bwat fatra nan nenpòt ki kondisyon. Anpil politisyen ayisyèn, ayisyen, yo tankou jwè foutbòl, yo jwe nan ekip ki pi byen peye a, yo san etik, san kolòn vètebral, yo pa jwè nan ekip peyi a. Politik pa kapab fèt san lajan, men lajan dwe sèvi politik pou regle zafè pèp la, pou byen kominote a. Lajan pou finanse pati politik yo ak kanpay elektoral yo nan peyi a pa janm klè e pa genyen yon enstitisyon ki regilarize, legalize ak konstitisyonalize finansman yo. Nan peyi a, lajan achte pouvwa ak pòs ofisyèl tankou bòlèt avan tiraj. Sa vle di, politik la ak politisyen yo pap travay pou peyi a, yo ap travay pou moun ki kont mas pèp la, avèk avantaj pèsonèl yo, **sa a dwe chanje**. Finansman pati politik yo dwe demokratik, piblik e legal, pou byen ak bòn sant politik la, politisyen yo ak peyi a. Depi lajan ap bay anba tab san kontwòl se angrè pou magouy ak koripsyon nan politik la, ki pral kraze peyi a. Anpil kandida achte votè, bay yo kleren ak vaksin pou fè dezòd, vote plizyè fwa, gate bon eleksyon, vòlè vòt, fè vyolans sou lòt kandida ak sipòtè yo. Lè demokrasi ateri nan lespri pèp la, se votè yo ki pral achte tout kandida pou fè yo eli, e pou fòse yo travay.

Lidè: Se moun ki toujou devan, toujou ranpli ak lide. Ki gen karaktè zansèt yo, ki pap fè ti figi devan mouche blan. Yon lidè se moun ki toujou nan tèt tout konba, epi k ap montre moun k ap suiv li yo wout pou yo fè. Kalite, moralite, lespri yon lidè nesesè, enpòtan. Kòm yon lidè se moun ki alatèt la, se pa tout moun ki ka lidè. E se pa tout lidè pou ou suiv. Paske gen lidè ki ka ale lage ou nan tou, nan pwoblèm pi devan. Yon lidè se yon moun ki chaje avèk lide; yon vizyonè, yon pansè, yon estratèj. Yon lidè la pou li devan nan tout bagay, epi dèyè nan kèk bagay, lè sa nesesè. Yon lidè se yon responsab, yon moun konsekan. Yon moun ki la pou di laverite, ki pou bay rezon ak moun ki gen rezon, bay tò a moun ki gen tò. Se pa yon magouyè k ap vyole lalwa, yon sitirè k ap kase fèy kouvri sa. Men se yon moun ki gen larezone, yon saj, ki sonje sa ki pase, ki konprann prezan, e ki kapab prevwa lavni pou pran tout bon desizyon. Si yon lidè se tèt li avèk moun ki nan pati pa li a sèlman li wè, li pa wè tout pèp la, moun sa poko yon lidè, li se yon patizan. Yon lidè pa dwe ; egoyis, raysab, rankinye, mechan, imoral. Li pa dwe yon moun k ap pran tripotay nan men moun san analiz, san refleksyon, san poze tout moun keksyon, yon moun ki pa gen etik nan vi li. Paske karaktè, moralite ak vi sosyal yon moun, lidè, ap toujou domine desizyon, konpòtman li. Tout lidè rele pou dirije e lè yo ap dirije, yo pa dwe dirije nan avantaj patizan pa yo sèlman. Tout lidè dwe gen chans yo pou dirije e se pa lè yo rive nan yon pòs pou yo ap aprann dirije.

Opozisyon: Se tout gwoup moun ki nan politik, ki pa nan pouvwa ki an plas la. Ki opoze, ki pa gen menm lide, vizyon, ideyoloji avèk gouvènman k ap dirije a. Opozisyon se yon lòt branch nesesè, esansyèl nan zafè demokrasi. Youn nan rezon ki fè gen opozysion se paske dwe gen pliziyè pati politik, altènans politik, divèjans politik nan tout sosyete demokratik, e paske tout moun pap gen menm ideyoloji politik. Se pou gen bonjan verifikasyon ak balans nan tout milye politik la, ak sosyete a. Ekilib nan espas refleksyon ak desizyon ki pou pran osinon pral pran. Moun ki nan opozisyon yo dwe gen anpil kouraj pou kanpe fèm pou defann dwa yo, ideyoloji yo, fè tande vwa yo, poze keksyon, mande transparans, pa pè kopere, e prè pou patisipe nan gouvènman ki an plas la dapre règ ak prensip demokratik yo. Pi gwo devwa yon opozisyon se pote yon pibon altènatif bay pèp la, nan kritike e veye tout sa gouvènman ki an plas la ap fè. **Wòl Opozisyon** an; *se defann enterè pèp la nan tout sa gouvènman an ap fè, san rankine, san hèn, san move lide pou kraze gouvènman an*. Opozisyon an dwe fè travay li avèk etik, bòn volonte, san enterè pèsonèl. Opozisyon an pa dwe ap fòse yon gouvènman pou li fè erè, men li dwe fòse li fè travay li, respekte règ jwèt la e pote pibon solisyon pase yon gouvènman pou pèp la. Yon moun ki nan opozisyon dwe sensè, legal, jis pase moun ki nan yon gouvènman. Manm opozisyon an dwe gen etik, moun k ap bay bon egzanp, e k ap prepare li, pou li byen dirije nan lòt gouvènman k ap vini an, apre bon eleksyon demokratik fini fèt. **Se pousa yo pa dwe janm nan kraze ak brize**.

Rapò ant Pati Politik yo: Rapò ant pati politik yo nan sistèm demokratik la, vrèman enpòtan. Sitou rapò pati ki sou pouvwa a avèk chak lòt pati yo. Rapò sa dwe baze sou **Demokrasi, Leta ki chita sou Lalwa**, **Konstitisyon**, **Respè**, **Kopersayon**, **Zanmitay...** pou bonè peyi a, bòn mache enstitisyon yo. Pa dwe gen yon rapò chyen manje chyen, se yon sèvis yo ap rann peyi a, pou yon ti tan. Dapre sistèm demokratik la chak pati politik sa yo ap gen pou pran pouvwa a nan tan pa yo, nan bon eleksyon demokratik, nan lè Konstitisyon an plase pousa. Pati politik yo dwe mache ansanm e yo dwe gen bon rapò, tankou tout enstitisyon demokratik k ap mache nan yon sosyete sivilize. Dwe gen òganis kontwòl endepandan pèmanan ki dwe la pou mentni pati politik yo nan plas yo, nan wòl yo. Se youn nan fason pou asire estabilite ak tranzisyon demokratik la, pou demokrasi kapab ateri e fleri.

Abi Otorite/Abi Pouvwa/Trafik Enfliyans: Se lè moun nan leta a, oubyen moun ki gen relasyon ak moun ki nan leta a, ap itilize plas yo, djòb yo pou fè sa ki pa sa, sa ki ilegal. Nan sosyete demokratik la, pa gen plas pou abi ni nan pouvwa, ni nan sosyete sivil la. Ou pa dwe fè abi sou moun, oubyen sou bèt. Sitou moun ki nan menm branch yon pouvwa avèk ou, ki pa pataje menm lide, epi ki pap janm wè bagay yo menm jan avèk ou. Pèsonn pa dwe janm ankouraje ak pwoteje abi sou okenn fòm li ye a.

Abi Otorite/Abi Pouvwa/Trafik Enfliyans; se gwo dosiye, sitou lè yon moun nan pouvwa a ap fè abi sou moun ki nan opozisyon an. Oubyen sou nenpòt ki senp sitwayen, nan sosyete demokratik la.

Abi Otorite/Abi Pouvwa/Trafik Enfliyans ; se malè plandiye pou tout moun. Tout moun dwe konbat bagay sa yo.

Abi Otorite/Abi Pouvwa/Trafik Enfliyans ; se ti frè diktati, se vòl, se koripsyon. Pèsonn nan leta a pa dwe ap sèvi avèk pòs yo, pozisyon yo, pou yo ap vyole lalwa, fè sa ki pabon, oubyen fè sa yo vle. Nan yon leta ki chita sou lalwa, kote dwa moun respekte bagay sa yo pa posib. Se la tout enpòtans <u>Whistleblowers</u> a chita, se lè sa pou moun andedan leta a mete kouraj yo deyò pou denonse tout kalte dosye, malvèzasyon, konplo ke nenpòt moun nan leta a ap komèt. Politik pa yon sektè syantifik pou kale magouyè, raketè, moun san etik, san kolòn vètebral, imoral... Depi pa genyen yon vrè elit ki pou mete estrikti, règ ak prensip, peyi a pap janm devlope. Peyi a bezwen 90.000 politisyen pwofesyonèl nan senk ane k ap vini la yo. Li pa posib pou moun ki; pa chita pou yo aprann, ak pèdi tan pou yo konprann politik, ranmase eksperyans nan dirije moun, viv nan diferan peyi pou goute lòt kilti sou latè beni, devlope yon sans diplomatik, pou yo kapab genyen yon kapasite pou dirije ap eli kòm prezidan. Politik se yon jwèt ki trike, tout otan ou pako aprann jwèt sa a, ou pako dwe rantre nan politik, si ou pa fè sa a, tout fot ap tonbe sou ou. E se pa politik ou ap fè, ou kapab ap fè demagoji avèk twonpri.

Watchdog: Se yon moun, oubyen yon gwoup moun ki la pou siveye kòman moun, òganizasyon, enstitisyon ; prive, piblik, ak entènasyonal nan peyi a ap fonksyone. Yo se pwotektè, gadyen tout moun nan tout rakwen sosyete a. Se **jounalis/ sendika/ denonsiatè/ sosyete sivil** yo di ki plis fè aktivite sa. Men tout moun se gadyen bòn mach sosyete a, si se pa sa sosyete a pap janm byen mache. Se responsabilite tout moun pou fè bon bagay e fòse lòt moun fè bon bagay nan enterè **kominote** a. Si pa gen sitirè pap janm gen vòlè. Se sou do moun sa yo demokrasi ak bòn mache tout sosyete a repoze. Nou pa dwe sitirè move aksyon k ap pase nan sosyete a. Tout gouvènman ap toujou chache fason pou kache enfòmasyon kote yo ap fè bagay ki mal. Tankou: Koripsyon, abi pouvwa, vyolans, vyolasyon lalwa ak Konstitisyon an, vyòl, vòl, manipilasyon, malvèzasyon elatriye. Sèl sen sovè nou nan moman sa yo se anplwaye nan leta yo (whistlesblowers). Anplwaye leta ki renmen peyi a vre pap kite yon moun oubyen yon ti gwoup moun kraze peyi a nan vyole Konstitisyon an, paske se sou Konstitisyon an, Lalwa avèk prensip peyi a kanpe. Yo konnen se yo an premiye, apre pèp la ki pral peye konsekans malvèzasyon moun nan piwo oubyen nan piba pozisyon nan leta a ap fè. Se yon devwa sakre, se yon aksyon ewoyik, pou moun ki nan leta a, ou pa, ki gen enfòmasyon dwe bay yo pou denonse, pou rann sosyete a sèvis, e sove peyi a. Yon gouvènman pa anyen devan peyi a. Tout gouvènman ap pase, men peyi a dwe rete. Moun sa yo ap ede peyi yo anpil, anpil. Men gen kèk moun ki konn fabrike enfòmasyon tou, pou yon rezon oubyen pou yon lòt, pou yo destabilize yon gouvènman. Lè sa rive li pabon ni pou peyi a, ni pou moun lan, ni pou laprès. Paske se laprès ki pral rapòte enfòmasyon sa yo, an premiye. Se pou moun nan gen bon prèv pou li bay, san lòt moun pa konnen. Idantite li pap janm devwale bay pèsonn, e li dwe jwenn pwoteksyon. **Se yon devwa Sitwayen**. Gouvèneman se enstitisyon pou moun veye byen veye, lè ou pa konnen yon gouvèneman kapab mete tout peyi a nan kouri. Se yon gwoup moun ki mete tèt yo ansanm, ki di yo ap defann, planifye, travay pou tout yon popilasyon. Se pou pèp la gen garanti, epi se pou pèp la bay tèt li garanti sou kontwòl tout gouvènman. Eske ou reyalize ; yon gwoup moun ki kanpe pou di ou : sa pou ou fè, sa ki pibon pou ou, kòman pou ou aji, kòm si yo se mèt ou. Se pou nou gen kontwòl, gen kalkil, konnen tout bòn mach a suiv yo, plan avèk aksyon chak gouvèneman chak jou. Se pou nou mande kont, regleman, satisfaksyon, pèspektiv chak enstitisyon nan chak gouvèneman, pou nou ka pwoteje tèt nou, pwoteje peyi a, epi pwoteje gouvèneman an tou. Paske lè nou ap veye, mande eksplikasyon, chache enfòmasyon, fòse chak moun pran tout responsabilite yo genyen, gouvèneman an ap pran men li, epi l ap bay pibon rezilta. Kit se whatchdog k ap travay pou piblik la oubyen k ap travay pou prive a, se fòs envisib ki la pou pwoteje tout moun, Konstitisyon an, lalwa, demokrasi, avèk enstitisyon yo, epi ki kenbe sosyete a jis, egal, vyvab, demokratik. Nan tan modèn sa a, moun pa pran pawòl moun pou levanjil, laverite chita nan detaye koze ; mo pa mo, paj pa paj, chif pa chif. Fòk genyen bon chyen vivan, entèlijan, mechan k ap veye gato a.

Jounalis: Se pwofesyon kote moun ale chache, poze keksyon, verifiye, rekeyi, ekri, trete, rapòte avèk swen pou pale, difize, bay enfòmasyon sou tout bagay ki pase, k ap pase oubyen ki pral pase. Sou tout fòm ki egziste ke moun ap itilize, tankou radyo, magazin, jounal ekri, pale, televize, entènèt... Jounalis yo dwe bay enfòmasyon ki chita sou tout laverite, gras ak bon ankèt yo mennen, san fòs kote avèk objektivite ki se fòs metye a. Se Aleman yo te rele **Johann Carolus** (1575–1634) ki an 1605 nan vil **Strassburg** ki te pibliye premiye jounal ekri sou latè. *Daily Courant* se te premiye jounal ki te soti chak jou nan peyi **Angletè**, nan vil Lond, nan dat 11 Mas 1702 se Elizabeth Mallet ki te pibliye li. Libète avèk dwa jounalis enpòtan anpil pou demokrasi, tankou leta ki chita sou lalwa, Dwa Moun avèk Libète yo sou tout latè beni. Se Jounalis ki la pou rapòte tout kalte enfòmasyon. Nan yon peyi tankou **Angletè** libète laprès gen plis pase 300 an. Jounen

Jodi a, valè metye jounalis la bese, gen anpil rezon ki kite moun kwè ke yo pa fè travay yo byen. Yo plis pran pozisyon pèsonèl. Yo plis ap fè travay pa yo, tankou yo ap travay pou yon pati, oubyen kont yon lòt pati. Enfòmasyon yo pa objektif epi piblik la wè sa souvan. Ou plis santi ke gen kèk Jounalis se reprezantan yon gwoup moun yo ye, tan pou yo bay enfòmasyon yo nan jan yo ye a. Nou konnen ke jounalis yo se katriyèm pouvwa nan sosyete a, devwa yo nan demokrasi a, se mennen *envestigasyon* objektif nan tout domèn. Laprès se katriyèm pouvwa a nan demokrasi. Jounalis yo ki se manm laprès pafwa reprezante sèl fòs konsistan nan demokrasi a dapre istwa peyi a, avèk bon lit ke yo mennen.

Rezèvwa Panse/Think Tank: Se yon enstitisyon, kote yon gwoup moun ki save mete tèt yo ansanm pou yo; panse, *kalkile, chache, konsilte, analize, veye* sou tout pwoblèm ke sosyete a ap konfwonte oubyen pral konfwonte pou *avèti, konseye, pwopoze* tout kalte solisyon pou gentan pote repons vit, vit, prese, prese. Yo pale de **Think Tank** oubyen **Rezèvwa Panse** oubyen **Sant Rechèch**. Nou kapab site de twa bon egzanp, kòm: - thinktank3 - gotothinktank - thinktankphoto – NDRI. Si yon peyi se lòt peyi k ap panse pou li, se yon peyi ki preske fini. Si yon peyi pa gen moun k ap panse pou li, se yon peyi fini. Si yon peyi pa ka panse pou tèt li, se yon peyi ki nan esklavaj. Nou dwe gen moun k ap panse pou peyi a, nan tou kalte domèn. Kit se; agrikilti, ekonomi, sosyal, kiltirèl, filozofi sitou politik, elatriye. Si ou te meprize lekòl, pito ou tounen lekòl, pou ou aprann panse. Pou ou ka vini yon pansè, yon think thank pou sèvi peyi ou, kominote ou, fanmi ou, tèt ou. Youn nan bagay ki fè m mal, se lè mwen tande yon seri moun, ap pale filozòf ayisyen yo mal, yo di; yo pa regle anyen pou peyi a. Eske moun sa yo kapab reyalize kisa filozòf sa yo reprezante, si yo pat la nan kisa peyi a ta tonbe? Filozòf ou pa, nou tout dwe sèvi.

Dwa Moun: Se ansanm dwa ke tout moun genyen sou latè beni, dwa sa yo bay chak grenn moun menm valè, grandè, onè, respè nan peyi yo e nan tout lòt peyi kote yo ka ale. Premiye dokiman ki pale sou dwa moun/dwa de lòm se;

Le Cylindre de Cyrus nan VI èm syèk avan Jezi-Kri, nan peyi **La Perse**. Kote se wa **Cyrus Le Grand** ki t ap gouvène.

Magna Carta 1215.

Deklarasyon Dwa de Lòm 1791.

Deklarasyon Inivèsèl Dwa de Lòm (10 Desanm 1948) oubyen **Dwa Inivèsèl**, se plis pase 30 atik ki te rasanble tout prensip fondamantal, ansanm lwa ki fè tout moun ; *fi, gason, timoun, andikape, granmoun aje*, respekte e respektab sou tout latè beni.

Dwa moun vyole a chak enstan, chak segond toupatou sou latè beni. Dwa de lòm yo tèlman anpil, vital, e fasil pou vyole, se sèl yon siveyans san rete, san gade dèyè, ki pou pwoteje e siveye pou dwa moun respekte san pran souf. Pousa ka rive fèt, gen anpil òganizasyon ki pouse tankou djondjon tout kote sou latè. Yo rele òganizasyon sa yo: **Òganizasyon Dwa Imen, Human Rights Watch, Òganizasyon Dwa de Lom, Enstiti Dwa de Lòm**, genyen ki prive, genyen ki piblik. Se yon sistèm ki mache men nan men, youn avèk lòt pou ede dwa moun respekte nan tout peyi sou latè beni. Pami òganizasyon sa yo, nou kapab site; **CIDH, RNDDH, HRW, UN, AMNESTY INTERNATIONAL**... Ou pa bezwen manm yon òganizasyon pou veye sou respè dwa moun, chak sitwayèn ak sitwayen responsab, dwe veye sou respè dwa tout moun parèy yo, se yon dwa ak devwa natirèl tout moun genyen. Solidarite tout kalte se yon dwa sakre tout moun dwe resevwa nan ; move tan siklòn, aksidan dife, aksidan machin, lanmò, maladi, divòse, abi, vwayaj, razè, oubyen aprè yon revokasyon. Dwa moun ap ogmante chak jou, yon leta dwe demokratik, aktif, responsab, e li dwe trè rich pou reponn a responsabilite li yo.

Sitwayèn/Sitwayen: Se tout moun (gason, fi, timoun ki pral granmoun) ki fè pati de yon sosyete, ki patisipe nan lavi sosyete a, dirèkteman oubyen endirèkteman. Ki mèt tèt li, e k ap jwi de tout dwa ak privilèje tout moun ki nan nenpòt ki sosyete ap jwi... Tout sitwayèn, tout sitwayen yo genyen dwa ak devwa obligatwa ke demokrasi bay yo. "Demokrasi dwe pou piyay, pou tout moun nan tout rakwen nan peyi a." Yon moun devni yon sitwayèn, yon sitwayen, se lè ou gen laj majè. Dapre Konstitisyon an, ou grandèt majè, se lè ou gen 18 an akonpli sou zo bwa tèt ou. Kit ou lakay manman ak papa ou, kit ou lakay ou. Se lè sa ou gen aksè pou jwi tout dwa ak devwa sitwayèn, sitwayen ou, e sitou responsabilite zak ou dwe tonbe sou ou. Nan sosyete a, ou gen lavwa o chapit tankou tout moun. Tout moun dwe ou respè san rezèv. Ou se yon sitwayèn, sitwayen, grandèt majè, respekte, respektab, nasyonal, nasyono, sitou ou dwe yon demokrat nan konpòtman ou. Premye aksyon sivik ou dwe ranpli, se ale fè Kat Idantifikasyon Nasyonal ou, paske leta dwe konnen ou la, epi ou pare pou sèvi. Epi fè volontarya, fè sèvis kominotè, ak ti travay kominal gratis. Ou dwe kòmanse rantre nan tout aktivit sosyal, lokal, nasyonal an jeneral. Chak sitwayèn, e chak sitwayen gen menm valè nan demokrasi a.

Responsabilite Sitwayèn ak Sitwayen yo : *OBLIGASYON...*
Chak grenn moun ki fèt sou tè Dayiti genyen twa responsabilite k ap tann yo. Responsabilite (Sivik, Politik, Ekonomik) anvè : tèt yo, paran yo, fanmi yo, katye yo, kominote yo, vil yo, depatman yo, e peyi a, paske se sou do yo peyi a repoze. Se sa ki fè, dwe gen anpil estrikti tankou lekòl, manje, espò, sekirite, legliz, edikasyon, fòmasyon... ke sosyete a, peyi dwe deja mete la pou garanti devlopman yo e pou yo garanti kontinite sosyete a, peyi a demen. Responsabilite se chaj, chak bon sitwayèn ak sitwayen respekte, respektab konnen pa gen rale kò yo dèyè nan pran responsabilite yo an men. Yo konnen byen pou yo fòme tèt yo, respekte règ ak

prensip, pre pou pwodwi, pare pou sèvi sosyete a, kenbe lapè, lòd ak sekirite toutan. Anplis **tolerans** ke chak sitwayèn, ak chak sitwayen dwe genyen lakay yo san kondisyon. **Entegrite** ak **regleman** dwe kalite tout sitwayèn ak tout sitwayen. Se sa ki pral pèmèt yo pa gen pwoblèm avèk règ oubyen prensip demokratik yo. Paske demokrasi pa janm mache san **tolerans**, **entegrite**, ak **regleman** kay chak grenn moun, se sa ki pral pèmèt ke enstitisyon piblik ak prive yo, mache san pwoblèm nan demokrasi a. E pou fini, se sa ki pral rann peyi a mache san pwoblèm nan wout demokrasi a. Yon sitwayen dwe **entèg** devan Bondye ak devan lèzòm, nan tout sa l ap fè avèk tèt li e avèk tout lòt moun. Lè yon moun **entèg,** sa vle di li onèt, se yon moun yo kapab fè konfyans, li pa pote move non, nan fè sa ki pabon nan demagoji, zak ilegal. Lè yon sitwayen gen **règ** lakay li, sa vle di li pare pou respekte tout prensip ak regleman etabli ki endike kòman yon bagay dwe fèt san gade dèyè. Li pa pè kontwòl nan tout sa l ap fè, li pa gen dwèt long, moun fè li kredi, paske li respekte tèt li. Li pa pè fè revizyon sou sa ki te achte, sa ki te peye, e kòman demache yo, detay yo, te fè fèt, nan sektè prive oubyen nan sektè piblik. Li pa fè koutay, je retyen, fè zero tounen nèf, fè move chèk, move resi, favorize moun pa l e latriye. *Obligasyon sitwayèn se nannan enstitisyon ...*

Sivik : Peyi a bezwen e konte sou chak grenn sitwayèn avèk sitwayen. Chak grenn moun ki fèt nan peyi a se yon valè, yon fòs anplis ki ajoute. Se sa ki fè chak grenn moun dwe byen leve, prepare, edike, fòme, pou garanti fòs e pisans sosyete a, peyi a. Responsabilite sivik yo anpil, se responsabilite ke chak moun genyen anvè sosyete a, tout kalte sèvis, prezans, kontribisyon yo dwe pote. Chak sitwayèn, sitwayen egalego, men fason yo aji, yo travay, pral detèmine enpòtans yo, se sa ki fè li vrèman nesesè pou chak sitwayèn avèk chak sitwayen fè **Travay Sivik,** tankou ; *peye taks, volontarya, benevola, brigad vijilans, manm komite katye, lidè kominotè, chèf de fil, ajan kominotè, ajan devlopman...*

Politik : Responsabilite chak moun genyen lè yo majè, ki nesesè pou kontinite sistèm politik ki te deja an plas la e amelyore li. Se dwa e devwa obligatwa chak moun dwe egzèse, dapre règ ak prensip sistèm demokratik la. Yo toujou di ke ; politik se yon zafè lokal, e mwen ajoute ; *demokrasi se yon zafè familyal.* Li trè nesesè pou tout moun ki vle fè politik ranpli kondisyon pou fè sa a, e ale lekòl pousa a, pou yo pa yon pwoblèm pou sistèm lan demen. Nan fè zafè pa yo, ki depaman avèk sa sistèm lan di. Yo dwe pare tèt yo pou sèvi peyi a, nan pote patisipasyon pa yo, pou bati sistèm peyi a. Yo pa oblije rete tann leta pou fè travay leta. Sitwayen yo se leta, leta se yon gwoup sitwayen, yo chwazi pou fè travay peyi a. Chak grenn sitwayen genyen responsabilite pou ranfòse leta a, e leta a genyen responsabilite pou ankadre tout sitwayen yo. Si leta pa mete lekòl, sitwayen yo, depi yo kapab dwe mete lekòl nan zòn lakay yo. Si leta pa mete lopital, sitwayen ki kapab dwe bati lopital pou kominote yo. Si leta pa fè demokrasi ateri nan peyi a, fòk yon sitwayen ki konnen fè demokrasi ateri.

Ekonomik : Sosyete yo jodi a, kanpe sou ekonomi, leta a menm ap viv sou taks ke chak grenn sitwayèn ak sitwayen ap peye. Konsa se responsabilite chak moun pou kontribye nan ekonomi peye a, pou peye taks, konstwi richès, asire bon kontinite ak Endepandans ekonomik peyi a. Peye taks, se youn nan pi gwo devwa yon sitwayèn ak sitwayen kapab ranpli, e se menm yon onè, yon privilèj pou chak moun peye taks. Lè ou peye taks ou yo, ou patisipe nan konstriksyon peyi a. Moun ki pa peye taks, k ap fè kontrebann pa renmen peyi a. Se pou tout moun peye taks yo.

DWA = DEVWA, DEVWA = DWA / Balans, Ekilib Demokratik ki kenbe sosyete a estab, egalego, san fòs kote.

DWA = PRAN, DEVWA = BAY / Sitwayènte Konsekan.

DWA + DEVWA = DEMOKRASI /\ DWA = DEVWA = RESPONSABLITE = SITWAYÈNTE.

DWA: Se tout règ, avantaj ou posede, aksyon legal ki revyen a ou pèsonèlman. Tout dwa, se privilèj chak moun genyen, ki pèmèt yo gen tout: valè, respè, grandè, onè, bonè tankou tout lòt moun nan nenpòt ki sosyete sou latè kapab genyen. Dwa pou gen lavi, dwa timoun, dwa sivik, dwa politik, dwa ekonomik, dwa natirèl, dwa inivèsèl, dwa sosyal... nan egzèsis dwa yo, pa dwe gen eksè.

1- **Dwa de Lòm;**

Le Cylindre de Cyrus.

Magna Carta Libertatum.

Deklarasyon Dwa de Lòm.

Deklarasyon Inivèsèl Dwa de Lòm.

2- **Leta ki chita sou Lalwa;** se yon leta ki fèt ak lalwa k ap viv pou lalwa, lajistis pa vann nan mache, tout moun egal, san fòs kote.

DEVWA : Se tout règ ou dwe respekte, aksyon legal ou dwe fè, sèvis ou dwe rann, responsabilite legal ou genyen. Nan yon sans, se tout sa ki pa pou ou, ki pou yon lòt moun, pou piblik la. Se tout sèvis, aksyon, obligasyon ki nesesè pou rann, pou fè. Tankou ; devwa pou konsève lavi, devwa kòm timoun, devwa sivik, devwa politik, devwa ekonomik, devwa natirèl, devwa inivèsèl, vote, taks, devwa kominotè... pa dwe gen abi nan egzèsis devwa yo. Nan demokrasi ; **DWA** = **DEVWA**, **DEVWA** = **DWA**, sa vle di chak dwa ou genyen li mache avèk yon devwa. Ou gen dwa viv, ou gen devwa pou respekte lavi. Ou gen dwa sivik, ou gen devwa sivik. **Nan Demokrasi chak moun gen DWA plis DEVWA ki mete yo nan nivo sitwayèn ak sitwayen.** Chak moun dwe jwi dwa yo epi fè devwa yo, pou yo kapab kenbe estati sosyal yo. Nou gen dwa mande kouran, men nou gen devwa pou peye kouran nou itilize a. Si nou pa kapab peye, dwe gen enstans ki pou ede nou peye kouran an. Nou gen dwa ale lekòl, men nou gen devwa peye lekòl la, leta dwe mete lekòl yo gratis avèk taks nou gen devwa peye, oubyen avèk taks yo ap pran sou dyaspora a. Se dwa nou pou nou vote, e se devwa nou, pou nou patisipe nan tout eleksyon. **Peye TAKS se youn nan pi gwo, pi bèl devwa** chak sitwayèn avèk chak sitwayen genyen, yo dwe pran plezi nan peye taks sou tout kalte fòm san gade dèyè. Se sa k ap bay yo valè sitwayèn, sitwayen. Men, yo gen devwa pou veye sou kòman taks yo ap depanse, pou yo pa lave men siye atè. Pou mouche leta pa vòlè lajan taks yo san gade dèyè. Nan demokrasi moun pa janm twò enpòtan, chak moun se yon senp sitwayèn, yon senp sitwayen ki la pou sèvi, nan sosyete a, nan leta a. Depi yon moun panse li twò enpòtan; oubyen li ap fè sa ki mal, sa ki negatif, li pa konnen dwa ak devwa li, li pa respekte règ ak prensip demokratik yo, Konstitisyon an, lalwa etabli yo, enstitisyon demokratik yo ap koresponn avèk li, li ap pèdi valè li, libète li, e privilèj li yo. Sosyete a bezwen sitwayèn ak sitwayen byen ekilibre, yo dwe jwenn bon fòmasyon espirityèl, kiltirèl ak entèlektyèl. An Ayiti, dwa moun pa respekte, leta pa respekte dwa moun e moun yo pa fè devwa yo. Se sa ki rann sosyete a fèb, malad nan eta sa a. Se dwa nou, pou nou mache nan lari a, men nou pa gen dwa jete fatra nan lari a, se devwa nou, pou kenbe lari a pwòp. Li enpòtan pou chak sitwayèn ak chak sitwayen konnen dwa yo ak devwa yo anvè sosyete a. Epi pou leta konnen dwa ak devwa li anvè yo. Li enpòtan pou nou pa neglije dwa ak devwa nou, menm lè nou pa jwenn aksè oubyen posibilite pou fè sa. Se pou nou kreye mwayen yo, pa rete chita ap tann. Pa rete tann leta pou vini ede nou, dayè yo pa bezwen nou, se sèl lajan taks yo bezwen nan menm noun. O.N.G k ap mande sou tèt nou. Li trè enpòtan pou tout sitwayèn ak tout sitwayen konsekan mete tèt yo ansanm pou yo jwi dwa yo e ranpli devwa yo anvè fanmi yo, kominote yo, katye yo, seksyon yo, vil yo, depatman yo, peyi yo. Se pou nou òganize nou pou nou amelyore lavi, prepare yon demen miyò pou pitit nou e devlope peyi a. Se pou nou fòse mouche leta pran responsabilite li anvè nou, lè sa nesesè. Se dwa ak devwa nou, pou mande leta rann kont sou zafè peyi nou. Li enpòtan pou tout sitwayèn ak sitwayen yo konnen ke tè sa a, se pou nou, se pou nou ouvri je nou, pa kite blan sou po, blan anba po vini vòlè peyi a nan men nou. Dwa nou se viv nan lapè, devwa nou se chache, epi kreye lapè nou tout vle viv ladann lan. Dwa nou se pou nou viv nan demokrasi, devwa nou se etabli enstitisyon demokratik yo. Veye pou yo pa ranplase demokrasi pa diktati paske yo gen plan pou fè sa. Dwa nou ak devwa nou se responsabilite nou, li enpòtan pou tout moun veye sou dwa yo ak sou devwa yo pou fè tout moun nèt respekte yo.

Sosyete: Mo sa a soti nan lang laten an, **Societas** ki vle di **Asosiyasyon**, **Rasanbleman**, **Kominote**. Yon sosyete se yon gwoup moun ki gen bon relasyon, k ap viv ansanm anba menm lwa avèk prensip ki etabli, ki gen yon istwa e ki deside travay ansanm pou yon demen miyò. Mo sosyete a genyen anpil valè e li vle di anpil bagay tou. Genyen; sosyete anonim, sosyete modèn, sosyete demokratik, sosyete sekrèt, sosyete sivilize... Chak moun ki fè pati sosyete a, se yon manm enpòtan. Kit sosyete a gen 1.000 moun oubyen 10.000.000 moun chak grenn moun konte e gen menm dwa. Nan ekonomi; yon Sosyete Anonim, yon bisniz, gen moun ki ka gen plis pati, mozo, nan bisniz lan. Nan Sosyete; yon sosyete demokratik gen moun ki gen plis responsabilite pase yon lòt, men kit nan ekonmi, kit nan sosyete a, tout moun dwe genyen menm dwa ak devwa san diskriminasyon. Tout pòt dwe louvri pou enkli chak moun san fòs kote, san distenksyon, san diskriminasyon sou okenn fòm ki kontrè avèk lalwa.

Sosyete Sivil: se ansanm elit sosyete a, gwoup òganize yo ki pa dirèkteman nan politik, ak mas pèp la. Sosyete sivil la se senkyèm pouvwa a, nan klasifikasyon avèk repatisyon pouvwa demokratik yo. Gwoup sa a plis genyen yon responsabilite moral ak lapè, li se dènyè ranpa sosyete a, se nan li tout sitwayen ak pouvwa yo soti.

Kominote: Mo sa soti nan laten **Cum** ki vle di **Ansanm**. Gen plizyè kalte kominote... Kominote, se yon gwoup moun k ap viv ansanm yon kote ki gen anpil bagay ki komen nan mitan yo. Oubyen k ap viv byen lwen men ki toujou kenbe yon ansanm menm valè ant yo. Se nan menm lide sa a, nou tou jwenn mo **kominotè ;** ki se tout sa ki komen oubyen tout sa ke yon gwoup moun genyen yon ti moso ladann. Tankou byen kominotè, oubyen se yon bagay piblik, pou tout moun kapab jwi egalego, tankou fontènn Piblik, plas piblik, pak piblik, plaj piblik ... Tout sa ke leta bati oubyen posede se yon byen piblik, tankou Palè Nasyonal ki se kay tout pèp la se yon byen kominotè, Channmas...

Teyori Modènizasyon: Se yon teyori filozòf yo itilize pou eksplike modènizasyon ki kapab fèt nan yon sosyete. Yo etidye kòman itilizasyon tout resous andedan yon peyi, oubyen yon sosyete kapab devlope pou kont li, oubyen avèk asistans lòt peyi. Yo gade pou wè kisa ki ka ede yon sosyete mache pi byen, ak kòman pwogrè sosyal kapab rive fèt pi vit, pi byen, nan òganize estrikti sosyete a avèk mwayen yo nan yon fòm modèn. *La nou rantre byen fon nan sosyoloji*, se sosyològ Fransè **Emile Durkheim** ki devlope konsèp sou fonksyonalis lan, ki dekri fonksyoneman, epi kolaborasyon tout enstitisyon nan yon sosyete ak kòman yo dwe aji pou kenbe kilti avèk sosyete a ansanm. Se li ki ekri yon gwo liv sou travay ak kòman pou yo òganize travay yo : **Divizyon travay sosyal yo.** Modènizasyon, Globalizasyon, Privatizasyon tout konsèp sa yo mache, konekte ansanm.

Deyontoloji nan Politik: Politik se yon syans, " *nan tout syans, depi pa gen konsyans se yon malè plandye pou tout moun* ". Anplis se moun ki byen konnen politik ki pou pratike l. Se moun ki gen regleman, prensip, ak moral ki pou aktif nan politik, ki pou gen pòs dirijan nan politik. Paske politik se zafè tout moun, menm lè, se yon moun oubyen yon gwoup moun k ap dirije afè peyi a.

Kidonk, tafyatè, magouyè, endisipline, imoral, malfektè, vòlè, eskanmòtè, granmanjè pa gen plas yo sou teren politik. Yo kapab fanatik, sipòtè men se an kachèt paske moun serye pap janm aksepte yo nan premye ran nan zafè politik yo. De twa règ tou senp ke tout politisyen dwe respekte san gade dèyè pou règ deyontolojik yo rive respekte:

1- **Ale lekòl. Chwazi yon filozofi politik e rete avèk li.**

2- **Respè pou tèt ou.**

3- **Respè pou patizan ou yo.**

4- **Respè pou lidè yo ak lide yo.**

5- **Respè pou tout manm sosyete a.**

6- **Respè pou pati ou a.**

7- **Respè pou peyi a.**

8- **Respè pou advezè ou yo ;**
     a- Fanmi yo.   b- Pwopriyete yo.

     c- Pase yo.   d- Prezan yo   e- Fiti yo.

9- **Respè pou Demokrasi a.**

10- **Respè pou Konstitisyon an.**

11- **Respè pou Istwa peyi a.**

12- **Respè pou Limanite.**

Politik se yon bèl syans, se yon bèl metye li ye. Se yon bèl bagay, lè w ap panse pou yon pèp. Lè w ap travay pou rann lavi moun pi agreyab, pi bèl, w ap vote lwa pou amelyore lavi tout moun nan yon sosyete, nan yon peyi. Se bèl bagay, lè ou bay lavi ou pou sèvi lòt moun. Men se pou fè sa ak deyontoloji, mache sou trèze ou pou pa pile katòz ou. Paske politik se tè glise, moun plis sonje sa ou te fè ki mal tan pou yo sonje sa ou fè ki te byen. Nan politik genyen sa pou ou fè, avèk sa pou ou pa fè; 1-**Pa vòlè.** 2-**Pa touye.** 3-**Pa fè bosal.** 4-**Pa fè abi.** 5-**Pa bay manti.** 6-**Pa rete a loral.** Se yon bagay ki fè mal, mizerab pou wè kòman politisyen ayisyen san wont, san vègòy, san deyontoloji sèvi ak tout kalte rezon pou kraze tèt yo, lòt moun avèk peyi a. Se pou chak moun ki nan politik manyè kòmanse reflechi sou sa yo t ap fè, sa yo ap fè, sa yo pral fè, e ki konsekans aksyon yo pral genyen sou peyi a. Nan respekte tèt yo, respekte lòt moun ki nan peyi a, respekte politik la, pou lòt moun kapab respekte yo e respekte peyi a tou. Politik pa dwe yon zouti pou moun ap fè lajan, se asosiyasyon politik avèk ekonomi ki toujou mennen tout gouvènman al gwachat. Politik pa dwe ap divize oubyen patisipe nan divize klas sosyal yo plis toujou. Paske pasyon ki genyen nan batay sosyal se bagay ki dire, e yo dire anpil tan. Nan nenpòt ki klas sosyal politisyen an soti a, li pa dwe egoyis, sitou lè li gen yon pòs piblik nan men li. Yon gouvènman pa dwe egoyis, paske san yon amoni sosyal peyi a pap janm byen mache. Etik nan politik se lanj gadyen politik, se etik la ki pral epanye tout chit, pare tout move kou, e delivre politik la nan tout malè. Konsa tou, etik ap netwaye politik la avèk tout move grenn ki rantre ladann. <u>Yon politisyen se yon sèvitè pèp la. Travay li se sèvi pèp la, yo pa dwe sèvi tèt yo avan. Avan nenpòt moun rantre nan politik yo dwe konprann sa fin e byen.</u> Yon politisyen dwe gen etik, anplis teknik ak teyori li ranmase depi lè li kòmanse fè politik. Yon politisyen dwe yon moun tèt dwat, yon moun ki dwe gen sajès nan egzèsis metye li ki se politik.

Ipokrizi nan Politik: Pa gen anyèn ou fè nan politik pou pa jwenn kritik, tout sa ou fè, ou ap toujou jwenn yon moun pou kritike li. Se pa tout fwa li ka fè li pi byen non, men se pou li ka fè moun kwè li kapab fè li pi byen. Se chache l ap chache tout twou vid, pou li menm li ka jwenn chans pa li, pou li nan plas la yon jou. **Se nòmal, se politik**. Pafwa se moun ki nan pati politik ou a k ap mete fason w ap dirije a deyò. Oubyen yon bon zanmi ou, bouch ou chape ou di yon koze, li tou pwofite mennen ou sou laplas piblik, epi lòt moun ap mete sèl ak piman nan koze a. Men nan demokrasi se yon bagay nòmal pou jwenn bon kritik, move kritik e rezon yo anpil, men se nòmal. Se sa ki fè lè ou sou pouvwa fòk ou gen tolerans. Paske moun ki pa nan pouvwa sa a pap manke kouraj pou kritike ou san rete. Moun ki nan opozysion se tankou tono vid, yo fè anpil bri. Yo la pou siveye tout sa k ap fèt. Yo siveye tout sa ou ap fè. Yo envante tout sa yo pa wè ou ap fè. Lè yo pa konnen sa ou ap fè, yo fè pi mal. Donk li nòmal pou tout moun konnen sa ou ap fè. **Se nòmal, se politik, se demokrasi**. Ou gen devwa mete tout moun okouran sou sa ou ap fè. Tout moun gen dwa jwenn enfòmasyon sou sa k ap pase nan leta a, menm lè yo pa mande. Ou dwe mete enfòmasyon yo disponib pou yo. Pou yo pa akize ou, deske ou ap kache enfòmasyon pou piblik la. Lè ou sou pouvwa, oubyen nan leta, ou genyen pou fè travay ou avèk prensip nan respè tout règ ak transparans, epi kite moun kritike fason yo vle, **se nòmal, se politik, se demokrasi**. Gèn de lè opozisyon an konn gen rezon, si ou tande kritik, li ka vini pibon pou ou toujou. Politik fè ou fè zanmi ak advèsè ye yo, jodi a. Politik fè ou fè advèsè ak zanmi yè yo, jodi a. Li fè mal kèk fwa men se politik. Politik ka sal men li pa dwe janm gen vyolans ladan. Depi vyolans nan politik, jwèt la gate. Ipokrizi se bagay nòmal nan politik. Ka gen chanje kan ak trayizon, men se bagay nòmal. Se sa ki fè ou pa dwe rantre nan okenn bagay ki mal nan politik, paske ou pap janm konnen ki moun k ap mache avèk ou jodi a, oubyen ki moun ki ka kite ou demen. Tout moun ka chanje kan lè yo vle, lè sa pabon pou yo, se sa ki demokrasi a. Ou kapab ap mennen yon batay avèk anpil kamarad de konba, epi se youn

nan yo ki kite ou, li fè ou pèdi batay la. Ou ka gen anpil regrèt, men **se nòmal, se politik, se demokrasi**. Pa janm bliye, malgre tout sa ki ka rive, vyolans pa gen plas nan politik. Ou menm tou ou ka fè erè, ou ka antò epi yon jou ou ka reyalize se ou ki te mal konprann bagay yo, nan yon sitiyasyon byen detèmine. Ou ka pèdi anpil avantaj men ou pa dwe fè vyolans ni sou tèt ou, ni sou lòt moun. Vyolans pa fè sans, ipokrit pa gen konsyans, se bèt ki fè vyolans sou lòt bèt parèy yo. Se pa tout bèt non ki vyolan, menm bèt ki vyolan yo, yo drese yo. Nan sosyete ke nou dwe bati a, nou tout fèt pou konbat vyolans. Paske si vyolans egziste nou tout ap viktim yon jou. Ipokrizi pa yon bon bagay, men li fè ou mache dwat kou ladwati. Paske ou pap konnen ki moun ki ipokrit karesan, ki moun ki pou ou, ki kont ou, vre. Sèlman, fè respè w !
DIRIJAN: TRAVAY / **OPOZAN:** SIVEYE, KRITIKE, PWOPOZE. Se estrateji sa a ki pral debouche sou yon sosyete byen balanse.

Lasyans nan Politik: Politik se yon syans li ye nan li menm. Men lè lòt kalte syans yo ak politik marye, pa gen limit. Youn rantre nan lòt, e yo rantre nan tout aspè nan sosyete modèn nou genyen pou bati a. Lè yo mete tèt yo ansanm yo fè anpil bèl bagay, youn konplemante lòt. Kit se matematik, sosyoloji, jeyografi, istwa, estatistik, sekirite, teknoloji, kalkil pou byen detèmine estrateji ekonomik, kòman pou repati yon bidjè nasyonal, rezilta eleksyon, oubyen kòman pou kontwole sondaj nan yon sosyete... Lasyans toujou bay politik gwo kout men. Nan **Syans Politik** nou jwenn etid sou: dwa, politik, diplomasi, dwa entènasyonal, dwa piblik, dwa prive, jeyopolitik, sosyoloji, istwa, sikoloji, teyori politik, administrasyon piblik, ekonomi, sekirite...

Teknoloji nan Politik: Teknoloji fè politik avanse a gran pa, nan tout aspè ou ka konsidere, nan tout eleksyon, tout sondaj, nan kominikasyon ak piblisite. Teknoloji toujou jwenn yon twou pou li bouche nan politik. Tout kalte revolisyon toujou revolisyone politik. Pa egzanp ; revolisyon endistryèl, revolisyon teknolojik, ak revolisyon entènèt... Yo toujou pote yon diplis nan politik. Konsa politik la vini pi modèn, pi rapid e bay pibon rezilta gras ak teknoloji. Nan jou sa yo, politik fèt sou rezo sosyal, blòg, avèk sipò dijital yo plis pase sou radyo, oubyen sou papye jounal, tankou sa te konn fèt lontan. Men kèk pi gwo rezo sosyal ki pi popilè, kote politik la gaye; **Facebook/Twitter/Youtube/Instagram...** oubyen tou **Blòg.** Telekonferans ak tout lòt rezo sosyal yo se mwayen ki pi rapid nan tan sa pou kandika, politisyen ak tout moun ki nan sistèm lan kominike avèk pèp la sitou fanatik yo e lemonn antiye. Tankou, genyen anpil gouvènman ki prefere mete enfòmasyon gouvènman yo sou rezo sosyal plis pase yo kite laprès vini kouvri yo. Depi yon politisyen pa sou rezo sosyal yo, ou mèt di ke politisyen sa a pa sou latè, oubyen se pa politik l ap fè. Soti sou telefòn avèk fil, tonbe sou pedjè rive sou selilè ak esmatfòn. Soti nan machin a tape tonbe sou konpitè rive sou tablèt, teknoloji mache men nan men avèk politik. Kèk fwa se politik ki kreye mwayèn pou teknoloji rive fèt. Tankou lwa sou finansman bidjè inivèsite piblik yo, ak kredi pou inivèsite prive yo. "**Viv teknoloji** !"

Vyolans nan Politik: Pa gen plas pou vyolans nan politik. O! Gran jamè pap janm genyen plas pou vyolans nan politik. Men keksyon n ap poze, kote vyolans soti li rantre nan politik konsa? Se pou nou konbat vyolans sou tout fòm. Peyi a fini kraze se paske vyolans rantre nan politik. Si nou ta pran yon ti tan pou reflechi sou konbyen mal, sou konbyen san frè ak sè nou ki tonbe pou radòt politik, nou ta kriye. Politik se yon jwèt tankou foot-ball, pa dwe gen bosal, pa dwe gen lese frape ladan. Apre tout krim, apre tout move aksyon, tout manifestasyon pou kenbe pouvwa, jou pou nou bay pouvwa a, nou bay li kanmenm. Moun pa kenbe pouvwa nan fè krim, vyole Konstitisyon an, oubyen règ ak prensip demokratik yo, egzanp yo twòp anpil devan nou. Nou kondane pou nou fè inyon. Pou gen altènans nan politik la, tout moun dwe jwenn chans yo. Tout moun dwe viv, nou dwe viv ansanm, youn dwe responsab lòt. Vyolans se bagay pou nou tout konbat tout kote li prezante, sou tout fòm, sitou nan politik se la li fè plis dega. Pousa a rive fèt byen, se tout pèp la ki pou kolabore ansanm:

1- **Se pou tout moun leve kanpe kont vyolans sou tout fòm.**

2- **Pa rantre nan okenn asosiyasyon malfektè, pou fè vyolans pou okenn rezon.**

3- **Pa ankouraje vyolans sou okenn fòm, pou okenn rezon.**

4- **Pa pwoteje vyolans pou regle zafè pèsonèl ou.**

5- **Pa favorize vyolans pou enterè pèsonèl ou mache.**

6- **Pa janm aksepte vyolans sou okenn fòm, pou okenn rezon, sou okenn moun, oubyen sou tèt ou.**

7- **Denonse vyolans sou tout fòm li prezante e nenpòt moun k ap fè li, pou ou pa viktim kanmenm demen.**

8- **Pa itilize vyolans pou okenn rezon, pou okenn bi, kit ou te gen rezon, kit ou pat gen rezon, kit sou timoun, kit sou granmoun, kit sou etranje, kit sou kanmarad ou.**

9- **Lè ou fini kreye vyolans ou pap kapab kontwole li.**

10- **Vyolans pa fè sans.**

Depi yon moun sibi vyolans, se tout moun ki sibi vyolans, ou mèt kwè m. Nan sosyete demokratik nou vle konstwi a, pa gen plas pou vyolans. Youn nan rezon ki fè toujou gen vyolans nan politik peyi a, se paske gen yon move lespri ki toujou danse nan tèt politisyen yo. Se lespri **RENMEN TOUT.** Apre lanmò Desalin, ke yo te touye paske li pat dakò santiman pran tout la. Tout pwoblèm politisyen yo kòmanse avèk lespri pran tout, yo pa ka kontwole. Gen nan zansèt yo ki te vle pran tout, se pousa yo te touye Desalin. Yo te vle tout pouvwa, tout lajan, tout espas nan lavi sosyal, ekonomik, e politik la, egzanp yo klè devan nou. Eske nou santi kote mwen ye avèk nou la. Tout gouvènman ki anime avèk lespri sa a, toujou mal pase, paske lespri sa a kontrè ak moralite. Koze **renmen tout** la avèk **vyolans** lan se manifestasyon pwoblèm sou metriz demokrasi a tou, pwoblèm sa a prezante akòz mank fòmasyon avèk edikasyon. Paske moun ki pa genyen yon bon nivo konpreyansyon toujou kouri sou fè vyolans pou yo ka rezoud pwoblèm yo. Se paske yo pa kapab konvenk tèt yo, ak lòt moun ki anfans yo sou kòman yon pwoblèm prezante, ki pibon fason ak direksyon pou pran pou rezoud li. Oubyen pou fè apèl ak lòt moun ki pi konnen pou jwenn solisyon, pou nou avanse sou wout demokrasi a ansanm. Nan demokrasi fòk gen altènans politik vle ou pa. Kidonk vyolans yon gwoup moun ta fè, ap kanpe tann li pi devan, se sa ki fè li pibon pou okenn moun pa janm fè vyolans. Depi 1804 jiska 2015, tout aksyon politik nou yo genyen vyolans, se sa ki fè nou nan eta sa a. Demokrasi nou vle konstwi a pa fèt pou li gen vyolans kòm materyo ladan. Se yon bagay nòmal pou nou jwenn moun ki pa dakò avèk nou, pa vle wè nou, oubyen ki rayi nou. Men li pa nòmal pou n ap fè vyolans sou yo, pou yo ap fè vyolans sou nou, nou pa nan yon rakbwa, oubyen nan yon sistèm ki antidemokratik. Nan demokrasi, pouvwa pa vle di chwal manman ak papa ou, pa konprann ou pral pran li pou toutan, sa pap mache, egzanp yo twòp devan nou. Se yon chans ou jwenn pou sèvi peyi ou, pou yon ti tan ki pa twò long. Anpil moun pa konprann, yo pa reyalize se yon djòb yo ap fè epi pou yo ale. Se konsa li ye nan peyi kote demokrasi ateri, tout moun konnen valè yo genyen nan demokrasi. Politik se tankou yon legliz, yo pa k ap mete ou deyo, sèlman si ou fè yon bagay ki mal tankou vyolans. Yo pap pè rale zèl vès ou mete ou deyò, oubyen priye sou tèt ou pou demon vyolans lan soti. Fason pou evite vyolans nan aksyon politik yo, se ; respekte règ avèk prensip yo ki etabli. Moun ki pa gen nivo nan demokrasi toujou kouri pou fè vyolans nan sosyete a, nan politik la, paske yo pa gen kapasite pou reflechi, konprann, konvenk tèt yo ak lòt moun. Lè gen yon ekip moun k ap di, ki mekanis ki dwe itilize pou detwi moun k ap defann dwa yo nan yon sans oubyen yon lòt, se yon gwo pwoblèm li ye. Anpil ayisyen panse ke yo plis pase yon enstitisyon, yo panse ke yo ka ranplase enstitisyon yo, oubyen kraze yo pou nenpòt ki rezon. Sitou pou kenbe pouvwa, pou yo bay moun yo vle pouvwa, se yon erè grav pase aksan grav. Moun pa dwe ap deside ki moun ki dwe gen pouvwa, se enstitisyon yo ki la pou fè eleksyon, pou pèp la eli moun li vle, pou moun ki eli yo gen pouvwa. Se pa wòl dirijan yo sa, wòl yo se sèvi peyi a anba kontwòl Konstitisyon an, lalwa epi kite yon istwa. Ou menm k ap fè vyolans nan politik se kraze ou ap kraze politik. Ou menm k ap fouye twou pou moun nan politik, se nan menm twou sa ou pral tonbe demen. Moun sa yo k ap fè tout kalte zak vyolans nan politik, yo dwe pa konnen ke gen tribinal nasyonal ak entènasyonal ki la pou jije, kondane epi mete yo nan prizon kòmsadwa, se pa yon jwèt timoun. Vyolans pa gen plas nan sosyete demokratik nou an, sitou nan politik, pwen ba. Pou pa genyen vyolans nan politik peyi a dwe genyen yon bon **Altènans Politik** solid. Pou pa genyen ; chire pit, pati kraze, chak lidè pran yon kantite manm, divizyon ant de bon kamarad konba, fòk genyen règ ki etabli, rasyonalite, moralite, bon sans, ladrès ak etik. Lè pa genyen ase pati politik se yon pwoblèm, men lè genyen twòp tou se yon lòt gwo pwoblèm. Se pousa avan chak moun jwe patisyon pa yo, chak aktè aji nan sans pa yo, fòk règ jwèt la etabli. Pou pa genyen plenyen demen, fòk gen yon **Echèl Politik** nan chak gwoup, platfòm, ak pati politik pou chak moun an jeneral.

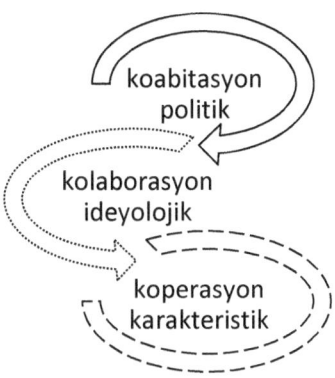

Sitiyasyon Politik : se relasyon, aksyon, reaksyon, konsekans, chak jou nan lavi chak kretyen vivan avèk fanmi yo, zanmi yo, sitwayèn ak sitwayen k ap viv nan peyi a, ak tout lòt kote sou latè.

Sitiyasyon Politik :

> Pèsonèl_
>
> Familyal__
>
> Lokal_____
>
> Kominal_____
>
> Depatmantal_____
>
> Nasyonal_____
>
> Rejyonal_____
>
> Entènasyonal_____
>
> Kontinantal_____
>
> Global_____ ki dwe chita sou ;

Etik, Moral, Legalite, Lojik, Konstitisyon, Entènasyonal, Lapè.

Mele ak ; istwa, politik, ekonomi, enterè, tan, sikonstans ak lajan.

Diplomasi : dwe premye pa e dènye rekou chak moun nan relasyon sosyal, ekonomik, sitou nan tout sitiyasyon politik yo. Paske nan lavi a, ou fin konnen pase, ou poko fin konnen prezan, e ou pap janm kapab konnen demen. Pa janm di jamè nan lavi a.

Enstabilite Politik : Enstabilite vle di yon bagay ki pa estab, ki pa dwat, ki pa nan eta nòmal li. Ou pa konnen ki lè li bon, ki lè li pabon. Ou pa kapab prevwa anyen, ou pa konnen si demen li ap anwò oubyen anba. Nan **ekonomi**, enstabilite bay tout kalte **depresyon**. Nan **sosyete** a enstabilite bay **kansè**. Nan **politik** enstabilite bay **emoraji**. Nan **devlopman** enstabilite bay **anemi**. Fason ki pi senp, pi fasil pou kraze yon peyi se kreye enstabilite politik ladan maten, midi, swa. Sous enstabilite anpil, yo kapab nasyonal, entènasyonal, yo vini sou tout kalte fòm ; provoke, oubyen pa erè. Men gen yon sèl rezilta, kraze peyi. Istwa politik peyi a, pwouve ke enstabilite se pi gwo lennmi devlopman. Demokrasi avèk enstabilite se lèt ak sitwon, youn pa vle wè lòt, kote demokrasi ateri enstabilite pa kapab rete la. Depi apre Lendepandans enstabilite ap ravaje peyi a. Enstabilite natirèl kou enstabilite moun kreye ; *koudeta, diktati, debakman etranje, lagè ant depatman yo, tranzisyon demokratik ki pran pliske 29 an, nan manifestasyon maten, midi, swa, tranbleman tè, siklòn...* Pibon fason pou fèmen van enstabilite se prevni li sou tout fòm li toujou prezan, sou tout fòm li kapab vini prezant yon jou. Tankou siklòn, tranbleman tè... Nou rann nou kont ke nou anba menas sa yo chak jou Bondye nan syèl la mete. Kidonk se pou nou pare nou, sa vle di ; prevni pibon pase geri, chanje mantalite moun yo avèk fòs edikasyon. Fè yon plan evakyasyon pou si anka pa ka. Pou nou prevni enstabilite politik se pou nou kreye yon **S**ant **A**sistans **P**revansyon **E**nstabilite (**S.A.P.E**). **S**ant **A**sistans ak **P**revansyon **E**nstabilite a, ap la pou **asiste** moun ki gen pwoblèm prive oubyen piblik. **Prevni** enstabilite sosyal, politik, ekonomik, ekolojik ki se pi gwo malè plandye pou devlopman peyi a. Sant sa ap la pou travay avèk tout aktè politik yo, pou konnen pwoblèm yo avan yo pran lari pou fè deblozay tribò babò. Sant sa a dwe la pou li rekeyi tout kalte fòm; doleyans, plent, demand, denonsiyasyon, avèk revandikasyon tout kalte k ap soti nan sosyete a, tou patatou nan peyi a. Sant sa ap la pou akonpaye tout moun, viktim ou pa, moun ki gen pwoblèm sosyal, ekonomik, sant, ekolojik, politik... Avan pwoblèm yo pran lari, agrave, konplike. Sant lan ap la pou chache solisyon avan pèp la pran beton an, fè manifestasyon, grèv ki pral kreye enstabilite pou peyi a, ki pap bon pou pèsonn. Sant sa a dwe endepandan, e nasyonal, li dwe denonse sektè ki bloke e ki kreye pwoblèm yo, apre ankèt yo ki dwe byen pibliye.

Dinamik Politik : se relasyon nan mitan diferan antite politik yo, ki pou fè youn respekte lòt, pou fè enstitisyon yo byen mache. Paske youn kapab pini oubyen rekonpanse lòt, nan eleksyon oubyen nan manifestasyon. Se pousa dwe genyen ; respè, etik, pwofesyonalis, tèt ansanm, lanmou, lapè... nan mitan tout sektè politik yo. Kòm sosyete nou an pa chita e fonksyone sou tout règ, prensip demokratik yo, lalwa e sitou Konstitisyon an, dinamik politik lan pabon. Tout kalte ; vyolans, gouvènman pa janm kapab fini manda, opozisyon, manifestasyon toutan, eli ki pa fè travay yo, eleksyon pa kapab fèt a lè, blan yo ki toujou vini ban nou leson yo vle, pa genyen antant politik, peyi a divize nèt, akòz move dinamik. Fòk Konstitisyon an respekte, fòk demokrasi a ateri, pou dinamik lan chanje, pou Ayiti sove. Nati politik se yon bagay ki ipokrit, rebitan, engra. Moun ki vle kenbe pouvwa politik, moun ki twò renmen pouvwa politik, ki pa vle kite politik la dinamik, politik ap toujou kouri avèk yo. Se rezon sa yo ki fè politik sansib.

Entèraksyon nan lavi Politik: Yo toujou di politik an Ayiti se zafè lanmò, se zafè mechan, se zafè magouyè, depi ou rantre ou pap soti vivan. E, *depi ti konkonm t ap goumen ak berejèn, depi lè gran gran papa papa mwen te jèn*, fason ke moun fè politik an Ayiti se bagay tèrib. Kòm yo konsantre tout bagay sou politik, politik achte lavi moun, ak sosyete a lajan kontan. E se rezon sa menm ki fè ke peyi a nan eta sa a, *twòp politik*. Se tankou ; twòp sèl nan yon diri kole ak pwa, twòp piman nan yon legim fèy, twòp

83

sik nan yon kleren, twòp dlo nan yon labouyi. Gras avèk pwogrè nan demokrasi, politik pa dwe gen vyolans ladan l. Entèraksyon moun ak moun nan politik dwe yon bagay nòmal san bosal. Nan demokrasi pa dwe gen mechanste, arestasyon san kondisyon, gwo ponyèt, vòlè eleksyon, trayizon... Demokrasi mete nivo tout moun egalego pou entèraksyon an kapab; *senp, swa, dous, bon, demokratik* pou tout moun. Li pi fasil pou wè yon moun ki pa sou pouvwa ke moun ki sou pouvwa ap fè wòklò, ap pale anpil, fè denonsiyasyon, ap mete kouraj li deyò, ke moun ki nan pouvwa a. Paske moun ki nan pouvwa a pa ta renmen yo akize l de gwo ponyèt, moun k ap fè lwijanboje, yon diktatè, abizè pouvwa, move grenn, moun k ap sèvi ak pouvwa pou regle kòz li avèk lòt moun. Li konnen li la pou l sèvi, e pouvwa a pa la pou toutan, se sa demokrasi ye. Pa bliye; mefyans, trayizon, arestasyon ilegal, koken, koudeta, konplo, diktati, move eleksyon, abi otorite... se bagay sa yo ki rann entèaksyon nan politik la deteryore, ki mete tout aktè yo dozado, ki fè peyi a malad li kouche sou do, se bagay sa yo ki anpwazonnen lavi sosyal la. Se pa aksyon pou moun dwe ap ankouraje pou kèlkeswa rezon an, nan kèlkeswa sikonstans lan, se pou etik, moralite, konfyans, konsyans, pwofesyonalis pran premye plas nan relasyon politik yo. Se moun nou ye ! Tanpri, aji tankou moun, reaji tankou moun. Entèraksyon nan lavi politik dwe chita sou enterè politik, e tout enterè politik dwe baze sou kalkil politik. Tout moun nan politik se enterè yo, yo ap chache e se nòmal. Men enterè pèsonel pèsonn pa dwe vini avan enterè nasyonal la. Tout kalkil politik yo ki pral bay rezilta "enterè politik", yo dwe moral, legal, demokratik, epi konstitisyonèl. Tout enterè ki pral jwenn dwe rezilta konpromi e non konpromisyon ant pouvwa yo, pati politik yo, e politisyen yo. Sispann fè mètdam oubyen pran angajman kay dyab... aksyon sa yo ap gate politik la.

Moralite nan Politik: Moralite trè esansyèl, se yon obligasyon elemantè nan lavi chak grenn sitwayèn avèk sitwayen. Nan politik menm, se pa pale. Si yon moun pa gen moralite li pa dwe ap mache sou moun, li pa dwe gen okenn responsabilite nan fanmi li, nan kominote li, nan sosyete a. E li pa dwe menm rantre nan pawòl politik. Politik se responsabilite moral, responsabilite se chaj, pote responsabilite tout yon kominote, tout yon pèp, lè ou pa gen lisidite, moralite se yon malè plandye total kapital. Yon moun ki pa gen moralite kapab fè tout bagay ki mal, yon moun ki pa gen moralite nan politik se yon maladi pou demokrasi a, se yon anòmali pou sosyete a. Konstitisyon an bay tout moun posibilite pou poze kandidati yo pou nenpòt ki pòs nan leta a. Men se moralite moun yo, karaktè yo, ak istwa yo ki pral detèmine ki moun ki dwe nan yon pozisyon oubyen yon lòt. Konstitisyon an se yon Konstitisyon demokratik, li pat ap janm mete baryè pou moun poze kandidati yo. Men li mete lwa pou korije moun ki pa gen bon konduit, pou moun k ap fè aksyon san moralite, moun ki pa genyen pèsonalite. Yon eli, yon anplwaye leta se yon sevitè nasyon an, li dwe yon modèl. Li pa dwe yon imoral, yon tafyatè, yon bangochè, yon kòriptè, yon raketè. Tout move erè yon politisyen kapab fè sou sèn politik la, kote tout sosyete a kondane li. Li toujou rete sou sèn politik la, san okenn pinisyon, oubyen eskiz. Li pa janm aprann de erè li a, li vini pi mal jou apre jou nan fè plis erè e nan fòme lòt politisyen pou fè menm erè yo. Se konsa sistèm politik lan vini ranpli avèk politisyen san etik, konsyans avèk moralite. Moralizasyon nan politik se yon benefis pou tout peyi a, se konsa moun ki nan leta yo ap devni, sèvitè, lidè ki gen lisidite, bon kalite pou regle zafè peyi a. Lajan taks yo ap sispann pèdi, kòripsyon ap fini, moun pap kouche moun pou djòb ankò. Ayiti pap peyi ki pi kòronpi nan kontinan an, e youn nan peyi ki pi kòronpi sou latè. Raketè pap yon tit, rakèt pap nan chak ministè yo, kòripsyon pap tounen yon metye, patizaneri pap yon bagay legal. Se rezon sa yo ki fè demokrasi pa kapab ateri, peyi a pa estab, sosyete a pa kapab ini. Li difisil nan yon peyi pòv pou moun gen moralite, li preske enposib pou nan mizè sa a pou pa gen koripsyon. Men se aksyon sa yo k ap detwi sosyete a, e k ap kreye mizè. Patronaj, rekonpanse zanmi oubyen fanmi ak lajan oubyen travay san kalifikasyon se yon zak imoral nan politik. Demokrasi ateri kapab mete moralite nan politik la, avèk nan lavi politisyen yo pou sove peyi a, frè m ak sè m yo!

Rekonsilyasyon Nasyonal:

Rekonsilyasyon se aksyon kote yon moun rebyen, oubyen antann yo avèk lòt moun yo te fache. Avan rekonsilyasyon nasyonal la, li enpòtan pou gen yon rekonsilyasyon pèsonèl. Pou yon moun rekonsilye avèk lòt moun, fòk li rekonsilye avèk tèt li avan. Lè pèp la reyalize premye pa rekonsilyasyon an dwe soti lakay chak moun, yo ap rekonsilye avèk tèt yo, e rekonsilyasyon nasyonal la ap fèt. Nou gen yon sosyete ki divize, depi apre Lendepandans pou rive jodi a, chak jou divizyon an ap grandi. E gen moun ki te di ; *fòk yo divize nou, pou yo domine nou.* Yo te di sa, yo fè l, e pitit pitit yo ap kontinye fè l. Se sa ki fè" … nan mitan nou pa fèt pou gen trèt, se san zansèt nou yo ki te koule… Apre chak moun fini rekonsilye avèk tèt yo, rekonsilye avèk lòt moun ap vini fasil. Kidonk rekonsilyasyon nasyonal la ap posib. **Rekonsilyasyon Nasyonal**, oubyen **Konferans Nasyonal** se kafou devlopman nasyonal la. Konprann byen, pa gen benefis pou pèsonn lè peyi a dechire, lè gen enstabilite, lè gen diktati. Lè demokrasi ateri lakay chak ayisyen, yo ap gen kapasite pou yo rekonsilye avèk tèt yo e avèk lòt moun. Rekonsilyasyon nasyonal la ap posib sèlman lè demokrasi ateri lakay chak ayisyèn avèk chak ayisyen.

Dyalòg Nasyonal: Se yon chita pale oubyen negosiyasyon ant de moun k ap chèche yon akò. Li nesesè pou dyalòg nasyonal la fèt. Oubyen se pou tout moun respekte Konstitisyon an, lalwa peyi a avèk prensip demokrasi a. Konsa tout moun ap rekonsilye, dyaloge, ini nan non Ayiti. Kit dyalòg la fèt, kit li pa janm fèt, kit rekonsiliyasyon an fèt, kit li pa janm fèt, depi sitwayèn yo avèk sitwayen yo pa deside respekte Konstitisyon an, lalwa peyi a avèk demokrasi a, peyi a ap toujou nan menm pwoblèm yo. Anpil efò fèt pou gen yon dyalòg nasyonal, rekonsiliyasyon nasyonal, inite nasyonal san rezilta. Paske popilasyon an ; pa rekonsilye ak tèt li, li pa gen konesans sou respè Konstitisyon an, lalwa peyi a, avèk demokrasi ki pa ateri.

Mwen pare pou m dyaloge avèk plise pase 192 pati politik yo.

Manifestasyon: Se yon rasanbleman moun nan yon espas pou eksprime yon bagay, tankou sa ki fè yo mal … ***pasifikman***. Se yon **dwa** fondamantal ke pèp la genyen pou li eksprime l, sou yon sijè, kont yon sitiyason byen detèmine. ***Manifestasyon se yon dwa sakre ak yon devwa endispansab***. Premye manifestasyon ki te fèt nan listwa limanite, se te Ejipsyen yo kite fè l nan lane 1152 avan **Jezi-Kri** nan vil **Dair El-madina.** Kote moun yo t ap mande pou wa Ramsès III manyè kale yo lajan yo a, lè yo te deside kanpe travay**.** Yon manifestasyon se yon aksyon ke yon gwoup moun fè, kote yo pran lari, yo ap manifeste kont youn oubyen plizyè desizyon, aksyon ki fèt oubyen ki pral fèt. Lespri ki dwe dèyè yon manifestasyon, dwe <u>pwotestasyon</u> e non jamè, jamè <u>afrontman</u>. Manifestasyon se yon aksyon sitwayèn, sitwayen yo antreprann pou fè yon mesaj pase avèk ; pawòl yo, pankat yo, bandwòl yo. Epi prezans yo nan lapè avèk respè pandan manifestasyon an. Pa dwe genyen derapaj ni bò kote manifestan yo, ni bò kote Lapolis, ni bò kote moun ki pap manifeste, pou lapè kapab blayi nan sosyete a. Yon manifestasyon dwe yon mobilizasyon pasifik kont yon kontradiksyon sou yon sijè pou evite sitiyasyon sa a agrave. Yon manifestasyon mande anpil preparasyon ak depans tankou :

1-Òganizasyon :

Pou ou ka rive òganize yon bon manifestasyon, ou dwe rasanble anpil moun, planifye dat la, pakou a, a kilè ou vle kòmanse, a ki lè ou dwe fini, ki kote w ap kòmanse, e ki kote w ap fini. Ou dwe fè tout moun ou kapab konnen sa a. Ou dwe voye lèt bay lapolis, pou fè li konnen ke w ap òganize yon manifestasyon, ou dwe ba li pakou a. Dapre lalwa ou sipoze rete tann repons lapolis, lapolis dwe prezan jou manifestasyon an, pou akonpaye manifestasyon an sou pakou a, e pou asire ke tout bagay byen pase nan lapè.

2-Fonksyonman :

Manifestasyon nan yon peyi tankou Ayiti, gen anpil bagay ki toujou pase, pa gen moun ki janmè pote responsabilite sa ki pase yo. Manifestasyon dwe gen sivilite ladan, respè youn pou lòt, pou byen avèk pwopriyete tout moun nan manifestasyon an, sitou pou tout moun ki pa nan manifestasyon an. Lapolis dwe aji tankou pwofesyonèl nan respekte tout manifestan. Manifestan yo dwe respekte Lapolis kòmsadwa. Youn nan dwa ak devwa sa yo pa janm respekte, lè dwa ak devwa pa respekte tankou nan tout lòt evènman se dezòd a gòch, a dwat. Nou dwe pasifye tout fason nou fonksyone nan manifestasyon yo, nou dwe aji kòm bon demokrat, sitou lè n ap fè revandikasyon nou yo pase. Lè genyen manifestasyon peyi a pa bezwen bloke pousa. Manifestasyon yo dwe fonksyone nan demokrasi san derapaj ki pabon pou pèsonn.

3-Konpòtman :

Manifestasyon pa yon moman pou moun kraze, brize, vòlè, bat moun, arete moun, mete dife, kraze vit machin. Epi rann espas piblik la envivab, tankou kote ki te gen lagè. Ensekirite nan yon sosyete se yon wout a de sans. Nan manifestasyon, moun yo dwe fè revandikasyon yo pase, menm lè yo an kòlè, san yo pa dwe kraze, san yo pa dwe brize. Demokrasi nou vle genyen an, leta ki chita sou lalwa nou vle bati a, nou dwe pwouve volonte sa a nan tout sikonstans, chak jou, nan chak aksyon n ap fè. Pa janm bliye : "*nou se frè ak sè*", chanje konpòtman nou. Pa pote plis pwoblèm lakay nou, nan fè afwontman ak lòt gwoup moun oubyen ak lapolis. Tanpri souple pa pran sa ki pa pou nou. Si nou jwenn yon objè atè pa malè, pote li nan pòs polis ki pi pre lakay nou an, objè sa gen yon mèt. Menm jan nou t ap nan tout lapenn si se nou ki te pèdi yon objè, se konsa mèt objè sa nan lapenn. Pa chache kont avèk lòt moun. Pa batay, kraze, brize pou yo pa arete nou, tout bagay sa yo se apse sou klou. Mwen konnen ayisyen se moun ki gen anpil emosyon. Men nou pa kapab kontinye ap fè tout manifestasyon tounen dechoukay, se konsa peyi a fin kraze nan men nou. Manifestasyon nan peyi nou toujou gen derapaj, voye wòch, kouri, kase tèt, arestasyon, zak maspinay, kawotchou k ap boule, gaz lakrimojèn, malere ki pèdi vit machin yo, elèv lekòl ak inosan ki viktim, konpòtman sa yo pabon. Boule kawotchou pa egzanp, bay gwo pwoblèm sante ak anviwonmantal, li pabon ditou pou nou kontinye ap boule kawotchou pou nenpòt ki rezon. Se konsa tou gaz lakrymojèn bay gwo pwoblèm sante, li aji direkteman sou lavi moun ki respire l yo. Li ka touye moun sa rapid rapid, si moun sa pa jwenn swen nan menm moman an. Se yon gwo pwoblèm ke nou dwe solisyone ansanm. **Se yon wont lè nou pa kapab asire dwa, devwa ak sekirite frè ak sè nou yo**. Se sa ki fè blan yo ap toujou prezan nan peyi a. Nou poko konprann ke nou responsab tèt nou, e nou responsab lòt yo. Kit yo dakò, kit yo pa dakò ansanm avèk nou se youn nan objektif liv sa. Se pou tout moun konprann, aplike règ ak prenisp demokratik yo pou konpòtman yo chanje. Sitou nan manifestasyon, pou manifestan tounen sitwayèn ak sitwayen ki vrèman responsab.

4-Abiman :

Manifestasyon toujou fè anpil wout, sitou Ayiti wout yo pa fin twò bon pase sa. Se pou nou mete tenis/souliye, jean/pantalon ak mayo/chemiz. Pa mete talon kikit ou byen souliye byen chè. Paske kapab toujou genyen derapaj, pakou manifestasyon yo konn anpil. Mete chapo oubyen kepi, mache avèk mouchwa nan men nou, paske ap gen anpil solèy. Mete kòb nan pòch pou pran transpò piblik si ankapaka. Pa kite kay nou, pitit nou, nan nenpòt ki kondisyon, pou lè nou tounen pou nou pa jwenn plis pwoblèm.

Suiv konsèy tout moun k ap òganize manifestasyon an, pou nou konnen ki rad pou nou mete avèk ki konsiy nou dwe suiv. Gen kèk fwa òganizatè manifestasyon an kapab genyen yon mesaj yo vle voye, oubyen yon siyfikasyon yo vle bay, ak rad ki sou manifestan yo. Yo k ap deside chwazi yon abiman, koulè espesyal. Pa janm bliye ; abiman, koulè moun pote nan yon manifestasyon enpòtan.

5-Revandikasyon :

Tout revandikasyon jis, pou moun k ap fè revandikasyon an pase a. Nan manifestasyon, moun yo revandike tout kalte fason. Yo revandike ak ; pawòl, pankat, son, chante, jouman, viv, aba. Nan peyi Dayiti cheri nou an, depi gen yon manifestasyon, tansyon manifestan yo toujou monte nan dènye degre. Manifestan yo fè revandikasyon yo pase tout fason yo konnen, yo chwazi, oubyen ki apropwiye nan moman an. Sitou lè yo an kòlè menm, se sa yo bliye yo pap di, yo pa fè. Lè yon gwoup moun ap revandike, li enpòtan pou gwoup sa a aji; nan respè lòt moun, nòm sosyal yo, avèk demokrasi a. Men fason pou tout manifestan yo dwe chwazi pou fè revandikasyon yo pase klè nan lapè san malè, san piman;

1- **Ekriti / Pankat / Mayo / Trak / Bandwòl.**

2- **Eslogan / Pawòl Piman Bouk / medya sosyal.**

3- **Vaksin / Rara / Refren Popilè / Chanson.**

4- **Karikati / Mas / Espray / Grimas.**

Grèv: Lè yon gwoup sitwayèn ak sitwayen nan sosyete a kanpe yon travay, yon aktivit pandan yon tan. Pou yo kapab: pwoteste, denonse, manifeste pou fè demann pou yo jwenn plis kòb, meyè kondisyon travay, meyè tretman, respè dwa, beze pri, pou yo fè mobilizasyon nan zafè politik, pou yon rezon oubyen pou yon lòt. Gen plizyè nivo nan yon grèv, grèv la kapab rete nan yon sektè oubyen li pwopaje nan plizyè lòt sektè, jiskaseke li rive tounen yon grèv jeneral nan yon sektè, li kapab pran yon nivo nasyonal tou. Konsa tou grèv la kapab pran yon touni lafen. Kote moun nan sektè k ap fè grèv la nan sousi pou jwenn rezilta rapid, pou atire opinyon piblik la deside rete yon kote, sitou nan lye ki konsène a, pa manje, pa bwe jiskaseke yo jwenn rezilta. Gen ladan yo ki konn mouri sou kont moun ki pa vle negosye a, otè pwoblèm lan. Pami diferan aspè grèv la kapab pran, nou jwenn: **Grèv Sektoryèl. Grèv Jeneral. Grèv Lafen. Grèv Nasyonal.**

Enstitisyon Demokratik ak Dwa Moun sou tout latè beni:

RNDDH. NDI. CIDH. UIP. World Forum for Democracy. Freedom House. UN. OEA. WFUNA. FIDH. CEDH. NEHRO. Amnesty International. The International Forum for Democratic Studies. JCPA. Conciliation Resources. Democracyconvention. Journal of Democracy. World Movement for Democracy. NED.

Volontarya: Mo volontarya soti nan mo laten **Voluntas** ki vle di **Volonte.** Se sèvis volontè moun bay a yon moun, yon kominote, yon enstitisyon a yon bon pri. Pou sitiyasyon peyi nou Ayiti, volontarya dwe yon aksyon ke tout moun dwe antreprann. Pou patisipe nan sove peyi a, *kwè m si nou vle, si nou pa mete men depi jodi a nan tout travay nou gen pou nou fè, demen travay sa yo ap plis pou nou. Sa ki pral mande plis lajan, plis tan, plis efò.* Volontarya se tankou yon konbit. Chak katye sipoze gen yon komite pou reyalize kèk travay ladan ki merite fèt. Nou konnen byen ke leta pa genyen mwayen oubyen chwazi katye yo vle pou fè travay sa yo. Travay ki nesesè, elemantè, preliminè, tankou netwaye, debleye, lari devan bò kay yo. Tankou nimewote kay yo, avèk non ri, oubyen zòn yo. Yon seri de ti travay kominotè, epi prepare plan pou plase sèvis piblik yo. Elèv, etidyan, jèn nan bon pozisyon pou fè travay volontarya. Dwe gen yon **Volontarya Sivik (V.S)** ki pou mete bon regleman avèk rekonpans pou volontarya nan peyi a. Moun ki nan dyaspora a kapab fè volontarya...

Benevola: Soti nan mo laten, **Bene Volus** ki vle di **Bòn Volonte**, oubyen **Bene** ki vle di **Bien** epi **Velle** ki vle di **Volonte**. Se yon aksyon volontè san peye, ke yon sitwayèn, sitwayen ki nan yon òganizasyon oubyen yon travay prive oubyen piblik bay yon lòt asosiyasyon, yon kominote gratis ti cheri, san kontrent. Ou kapab fè benevola nan lopital, legliz, nan meri, lekòl, azil kominal... Ou kapab fè benevola nan domèn ou konnen, oubyen ou fè benevola nan yon domèn ou pa konnen avèk sipèvizyon yon lòt moun.

Kòman Sosyete lakay mache? Sosyete lakay mache, nan fason pou gen rezilta sa nou wè yo, *se chak koukouy klere pou je yo, egoyis, mechansete, maji, konplo, mizè, povrete, tout zak negatif...* gen anpil ayisyen depi yo mete tèt yo ansanm se pou kraze. Pou nou chanje, nou dwe kite tout bagay negatif, tankou; divizyon, konfli, imoralite, enjistis, ilegalite... Refleksyon an senp, men se demach pou jwenn rezilta yo ki konplike. Keksyon; koulè, batay nan mitan klas yo... dechire peyi a an gwo, men; enjistis, dezòd, kòripsyon, edikasyon... dechire peyi a an detay. An nou pa di, se entèl ki koupab nan akizasyon san envestigasyon, e nan pa pran leson nan aksyon ki te pase. Nou dwe reyalize, si se te lòt kan an ki pat bon sèlman, nou t ap nan yon meyè plas. Kidonk peyi a t ap bon a 50%, men se tout peyi ki pabon. Rezilta a senp, se nou tout ki pabon. E menm si nou bon, se dwa ak devwa nou pou nou ede sa ki pabon yo. Kilti ayisyen an, se pa yon kilti ki pwogresis. Se pa manti, moun yo pa travay, renmen wè pwogrè, yo demontre sa a, nan pa renmen wè pwogrè pou lòt moun. Anpil ayisyen pa vle wè lòt moun evolye, menm frè yo, sè yo, kouzen yo, kouzin yo, ale vwa pou zanmi ak moun yo pa menm konnen. Youn mare lòt, youn bare lòt, malerezman se nan sa yo pifò. E se yon mal nasyonal. Jenerasyon pa m lan dwe divòse avèk move kalte eritaj, mechansete sa yo. Se pou nou voye jete tout sa nou konnen ki pabon nan sosyete a. Demokrasi se pibon remèd ki egziste pou moun sa yo, demokrasi dwe ateri nan sosyete a pou moun sa yo kapab chanje. Chanje tout sa ki pabon yo pap janm fèt avèk yon sèl liv, avèk yon sèl emisyon radyo... Se yon pwosesis, maryaj ant demokrasi avèk kilti nan peyi a ki pou fèt. Kilti ayisyen an fè m temwen kòman fanmi detwi fanmi, kòman fanmi mete avèk etranje pou detwi fanmi, akòz rayisab, anbisyon ki abite lakay yo. Kote peyi a ap fè devlope avèk santiman sa yo, pratik mechan sa yo, lè demokrasi ateri tout maladi sa yo ap geri. Pou pèp la sispann detwi pwòp tèt li, pou moun kapab viv san kè sote, pou moun sispann mouri san eksplikasyon, pou lavi a kapab fè sans, demokrasi dwe ateri. Pa gen yon mal ou fè ou pap peye sa, men poukisa ou oblije fè mal la? Anpil moun ki konnen m ap ekri li sa a, yo mete nan tèt yo mwen bezwen prezidan, san reflechi ; hèn, anbisyon, rayisab... monte nan tèt yo. Eske ou konsa zanmi k ap li liv sa a, si ou konsa ou dwe chanje, pèp ayisyen an dwe soti nan sèk visye sa a. Nou pa dwe ap selebre malè, defèt moun pou okenn rezon. Si ou pa vle moun avanse, moun pap vle ou avanse tou, youn nan nou pap fè yon pa, se sa ki kraze peyi a. E se la chanjman an dwe kòmanse, lakay chak grenn ayisyèn ak ayisyen. Sosyete lakay pa estriktire, pa gen moun ki konnen egzateman sa pou yo fè, ki lè, ki jou, ki moun ki devan, ki moun ki dèyè... Kòman echèl sosyal la mache, kisa ki reji echèl sosyal la. Ki direksyon, kisa ki negatif tout moun ap konbat, kisa ki pozitif tout moun ap chache? Nou tout deja konnen ke direksyon sosyete lakay se desann l ap desann, men eske n ap rete la, nan twou nou ye a. Se pa mwen ki pral fè nou wè ke plas nou pa la, sa vle di an nou kòmanse, yon lòt sosyete san pèdi tan. Premye bagay pou nou fè, se tande lòt la, kite li dirije nou pou yon aktivite, jiskaske aktivite a fini. Pa tire kòd, ni chache kraze aktivit a, an nou mete men pou nou fè yon sèl. Epi n a ban m rezilta. Nan sosyete lakay pa genyen yon estrikti solid, ki an plas pou kontwole ; lafanmi, lekòl, legliz, kominote, katye, sikonskripsyon, komin, chèf lye, vil, depatman, peyi a. Estrikti sosyal, ekonomik, politik yo pa egziste, an nou bati yo sou yon modèl. Modèl pa tout moun pap ka pase nan menm tan. Se pou nou dakò sou modèl ki preske pafè a, ki pibon an, sa ki fè plis sans ak jistis la, sa ki pi demokratik la. Nan sosyete lakay kominote yo pa mache men nan men. Sitwayèn avèk sitwayen yo pa viv an amoni avèk tèt yo, avèk lòt sitwayèn, sitwayen e avèk lanati. Se pa de move istwa negatif, malefik k ap boujonnen depi sosyete lakay te pran nesans e ki kontinye nan sosyete lakay; "...*Yo pa bay moun valè oh, nan lakou lakay, alon lakou fragil oh, se lakou lakay ...*" "*... ou nan yon echèl ou ap rale monte, yon lòt anba ap rale ou desann ...*" Pou peyi a chanje, se chak grenn moun ki pou chanje, pou kominote a solid, bèl, anfòm, devlope. Se chak grenn sitwayèn avèk sitwayen ki pou mete men nan men, san okenn move lespri, mantalite, manyè malefik, negatif... Se rezon sa ki fè, mwen pa janm nan konpetisyon avèk pèsonn. E mwen toujou ap poze tèt mwen keksyon sou nati, bi ak lespri kilti ayisyen an. Tankou fason katye yo fonksyone pabon. Pa egzanp; yon katye kapab sal, e li gen plis pase 50 jèn gason, plis pase 75 jèn fi, 30 gason byen pòtan, 30 fanm vanyan, 25 grandèt, 200 timoun. Kòman fè plis pase 410 moun deside pa mete ansanm pou fè lavi yo bèl. Nan travay ansanm, nan retire fatra, pentire, mete nimewo nan kay, ekri non ri yo, bale wout ki devan lakay yo. Lè resi gen yon gwoup jèn ki deside mete tèt yo ansanm pou netwaye yon rigòl ki plen rabouch, pou evite yon inondasyon pandan nenpòt ti lapli. Yon lòt gwoup moun nan menm katye a entèdi yo fè sa a, ba yo gwo presyon, ak menas lanmò paske yo ap tann yon O.N.G, oubyen leta, pou vini peye yo pou fè sa a. San yo pa reyalize ke yo menm, fanmi yo, anpil lòt moun kapab mouri, avan leta oubyen O.N.G vini fè lajan, dilatwa sou do yo. Yo pa reyalize ke leta, O.N.G yo ap vini fè foto yo, pran non yo, diminye yo, ba yo pote non, fè politik, imilye yo avan yo ba yo, yon minimum satisfaksyon apre anpil tan. Yo mal bay pèp la nosyon sou devwa ; leta, demokrasi, politik, kominote, ak sou kòman pou viv nan sosyete a. Ki wòl chak sitwayèn, chak sitwayen, ki rezon, ki bi chak moun nan yon kominote. Leta se nou, **se pèp la ki leta a**, kòman nou fè ap tann yon moche leta ? Yon kanal dlo, ki la pou wouze jaden plizyè peyizan, se pa leta ki dwe an premye vini netwaye li. Se pa leta ki dwe konnen ki lè pou yo repare wout yo, se responsabilte chak moun nan zòn nan an premye. Se chak moun ki pou degaje yo, *mete tèt yo ansanm*, kòmanse, epi pou mouche yo rele leta a akonpaye yo. Wòl leta se **akonpaye**, **bay direksyon**, **fè lwa**, **mete lapè**, **kreye travay**, **pran taks san gade dèyè**. Leta soti andedan nou, si leta pa travay, li revyen a nou. Se nou ki dwe bay ton a leta, nou pa wè kòman nou chanje leta jan nou vle gras ak demokrasi. **Alyenasyon** ak **Ipokrizi** ki lakay anpil ayisyen tèrib, lè yo ap aji e lè yo ap reaji. Youn nan feblès anpil ayisyen, se depi yo pran panse yon bagay, yo mete nan tèt yo bagay la deja fèt, yo pap veye, yo pap verifye, yo pap balanse lide, pwosesis ak rezilta yo. Demokrasi mete aksan sou kòman sosyete lakay dwe mache nan enplike chak grenn moun kòrèkteman nan **travay kominotè** yo avèk **patisipasyon politik** yo.

Ki peyi ki vrèman zanmi Ayiti? Nou deja konnen ki peyi, ki zanmi Ayiti, e ki peyi ki pa zanmi Ayiti. E sitou ki peyi yo pa vle nou fè zanmi pou nou pa devlope. Jou nou fè zanmi avèk peyi sa yo, n ap sou wout devlopman an. Nou pa timoun, se nou ki pou deside zanmi nou ak lennmi nou. Epi yo zanmi peyi yo pa vle nou zanmi yo, wi. Pa janm bliye pitit rasis ap toujou rasis, pa janm bliye tè sa a, se revolte nou te revolte nou te mete blan deyò pou pran l, yo pap janm padone nou. Paske pa gen padon pousa zansèt nou yo te fè yo. Pitit, pitit yo jodi a ap toujou vle mete nou nan esklav depi yo jwenn chans lan. Pa janm bliye. Pa kite vant nou panse pou tèt nou nan peyi a, ak lakay yo. Men se pa sa ki di, tout blan se rasis, nou dwe chache zanmi nou, ak sa ki pa rasis yo.

Ki plas chak Ayisyen ak chak Aysiyèn nan peyi a? Tout pitit peyi a enpòtan, se tankou yon chenn. Tout may nan chenn nan enpòtan. Depi youn pa la, oubyen youn nan nou fèb, chenn lan ap gen pwoblèm. Nan sosyete demokratik la tout moun gen menm dwa ak menm devwa, san retire yon yota. Tout moun dwe viv men nan men, zepòl ak zepòl pou peyi a vanse. Zansèt nou yo te batay pou nou, pou tout ayisyen. Chak ayisyen responsab pou tout ayisyen nan respè tout dwa ak tout prensip sosyal, imen, demokratik, e natirèl. Pa gen ayisyen deyò, ni ayisyen andedan. Se istwa nou ki konte, se pa koulè, ni sitwayènte, oubyen ki kote nou rete. Nou ka chanje tout bagay nan kò nou, nou ka retire san nou, men nou pa kapab chanje istwa nou. Nan kèlkeswa peyi ke nou te ka ye, se pou nou konnen ke plas nou, se nan mitan tout lòt ayisyen li ye. *Nan mitan nou pa fèt pou gen trèt, se san zansèt nou yo ki te koule...* Istwa nou, se nou, pa gen manti nan sa.

Ayisyen dwe soti nan yon batay fizik pou rantre nan yon batay entèlektyèl! Istwa peyi a gen anpil peryòd ki make pa batay fizik, vyolans ayisyen ap fè sou ayisyen. Pou yon rezon, oubyen pou yon lòt, men toujou gen menm rezilta negatif pou tout peyi a. Nou dwe jodi a menm, kouri kite tout kraze, brize, voye ale, ale tounen, sa yo ki fini ak peyi a. Se paske moun yo pa gen yon nivo edikasyon, ki pou fè yo chita ansanm pou regle pwoblèm yo. Manifestasyon dwe dènye rekou yon pèp. Men an Ayiti, gen manifestasyon pou tout kalte rezon, paske moun yo panse se konfwontasyon, batay fizik, ki pral rezoud pwoblèm yo. Manifestasyon se dwa ak devwa tout moun, men gen kondisyon. Se plis yon pwoblèm pap travay tou wi, menm pwoblèm sa a, li retounen sou do pye edikasyon rapid. Paske si edikasyon moun yo te elve, yo t ap reyalize ke moun, leta pap fè pou yo. Se pou yo kreye pwòp vi yo, biznis yo, avni yo. Yo dwe rantre nan yon batay entèlektyèl, se lespri yo ki dwe travay pou batay avèk pwoblèm yo. Anpil moun nan pèp la poko reyalize ke politik se preske pawòl kremòl, pawòl anlè, bèl diskou, pawòl pou fè titit dodo, epi ki ranpli avèk manti, fò espwa. 80 % pawòl politik se pwomès, e 75% pwomès sa yo pap janm respekte. Pi mal 60% nan pwomès yo pa kapab respekte, 90% lavi moun yo pap ka chanje vre ansanm, donk gen 10% sèlman k ap jwenn yon mant avèk pwofitè san kè yo. Tout batay, vyolans, pou pouvwa oubyen pou politik se pèd tan. Kit se enèji, lajan, ale, tounen, kapote, chavire, chanje bak peyi a, se kout frèt nan dlo. Politik pa mande pou gen vyolans, tèt cho, dechoukay, non pa di tou, mezanmi. Se kalkil, estabilite, tèt frèt, transparans, koperasyon, patisipasyon, respè règ ak prensip demokratik yo, Konstitisyon, lalwa, pou yon sosyete ka kanpe djanm. Se pou sosyete a pran tan pou li konnen kote li ka ale, kote li gen mwayen pou li ale, ki moun ki ka mennen li kote sa, kilè, kòman, pou konbyen tan, e latriye... Se pa ti kal koze ki genyen nan mete yon estrikti sosyal, ekonomik, demokratik sou pye. Nou pa ka pran moun ki pa konnen pou dirije nou epi se lè yo sou pouvwa, yo ap aprann. Se pou nou tout, oubyen pifò nan nou reyalize ke batay fizik, manifestasyon, voye ale, pa gen plas yo nan sosyete a, e sitou nan politik. Tout batay la dwe fèt nan ; chita pale, tèt kole, kote bon kalkil, filozofi, teyori, etid, estrateji, pwojeksyon, aplikasyon, teknoloji ak lasyans ap frape pou limyè devlopman k ap briye, pou nou soti nan fènwa mizè sa nou ye la.

Gouvènman : Se yon sistèm administratif ki la pou jere zafè peyi a pou yon tan, anba kontwòl yon premye minis. Prezidan an chwazi yon premye minis ki se chèf gouvènman an. Ansanm ak prezidan an, premye minis lan chwazi avèk prekosyon yon kantite minis kalifye pou ede l jere tout zafè peyi a. Genyen plizyè tip gouvènman, an Ayiti tip gouvènman ki genyen an se yon **Repiblik** 1804-1987-1991- tranzisyon **Demokrasi Reprezantatif**. Prezidan an la pou respekte e fè respekte Konstitisyon an, veye e fè enstitisyon yo pi byen mache. Pousa a, li dwe genyen yon premye minis, avèk yon kantite lòt minis. Minis yo se manm kabinè a, e chak minis dwe genyen anplwaye kalifye e ki genyen etik pou sèvi pèp la depi nan dènye sitwayen an pou rive sou prezidan an.

Gouvènans: se yon seri pwosesis ki pral debouche sou yon seri desizyon, e fason desizyon yo pral aplike e enfliyanse piblik la.

Bòn Gouvènans : se yon tèm kalifikatif yo bay yon gouvènman pou kalifye kòman l ap fè enstitisyon piblik yo mache ak kòman li ap jere resous yon peyi. E sitou ki kalte bon pwogrè li reyalize.

Movèz Gouvènans : se yon tèm yo bay yon gouvènman k ap vòlè lajan peyi a, k ap kraze enstitisyon piblik yo, ki divize ak lòt pati ki fòme leta a, ki fin likide resous peyi a bay etranje san gade dèyè.

Wòl Gouvènman : an se jere zafè peyi a, kreye kondisyon pou tout pwomès Konstitisyon an fè yo kapab respekte. E kontinye bèl viktwa zansèt nou yo te fè a byen wo nan figi tout blan sou latè. Yon peyi se yon eta, nan yon eta genyen moun k ap dirije l. Leta a gen twa pati ; **pouvwa ekzekitif, pouvwa lejislatif, pouvwa jidisyè**, yo endepandan, yo egalego, se sou do yo chaj peyi a chita.

Chanjman nan Demokrasi ak nan Politik : Nan politik lè ou pa vle yon bagay, ou chanje l. Pibon fason pou chanje yon sitiyasyon nan politik ak nan demokrasi, se ; òganize, mobilize, sansibilize, moun ki konsène tankou ou. E ou kapab kreye yon Komite pou Aksyon Politik. Avèk komite sa a, ou kapab rasanble moun ak lajan pou chanje sa ou vle a. Nan ; *eli* tout moun ki pataje menm lide avèk ou, pou ale fè chanjman an, fè revandikasyon, pwopoze lwa, e rive vote lwa pou reyalize chanjman ou vle a. Pèp la pa dwe janm rete esklav leta ak gouvènman an pou pote okenn chanjman. Dayè, se pèp la ki pou fè chanjman yo, men li dwe travay avèk leta. E nan demokrasi, se pèp la ki dirije tout bagay nan ; politik la, ak peyi a. Se pousa, li enpòtan pou chak sitwayèn ak sitwayen yo konnen valè yo, wòl yo nan chanje sa ki pou chanje. Se pou pèp la aprann mande chak moun nan twa pouvwa yo regleman. Se pou pèp la mande pouvwa ekzekitif la ak pouvwa lejislatif la pou rann kont chak jou nan chak bagay, kidonk tout pèp la dwe fè menm travay sa a. E se pou pèp la trennen pouvwa jidisyè a devan tribinal pou bay regleman, sou sa ki pa klè, ak jis. Pou ou pote chanjman, fòk ou **kwè** nan sa ou ap pwone a, fòk li **moral**, **legal**, **demokratik**, li dwe **benefisye** majorite moun ki konsène yo. Nenpòt moun nan peyi a kapab pote tout chanjman demokratik yo, nan fè *Aksyon Dirèk San Vyolans*, nan konsyantizasyon pasifik.

PAKÈT DEVLOPMAN POU AYITI

(DEMOKRASI-AGRIKILTI-EKONOMI)

SIMEN DEMOKRASI:

Apre plis pase 25 an pa gen moun, ki kapab kanpe pou di ke demokrasi vrèman enplante nan tout peyi Dayiti. Verite a mezanmi, sèke moun ki ka fè travay sa pa vle. Moun ki vle yo pa kapab. Pliske 75 % nan popilasyon an pa konnen ki sa mo demokrasi a vle di, kote li soti, ki istwa l, kòman li fè rive an Ayiti. Poukisa li la, ale vwa pou yo aprann li, konprann li, mete li an pratike, e fòse lòt sitwayen, eli, anplwaye leta, anplwaye pouvwa yo, manm gouvènman an jeneral pou pratike li kòmsa dwa. Depi nan nesans demokrasi pou rive nan pisans ke demokrasi genyen kounye a sou latè li pran anpil tan. Gen anpil batay, okazyon favorab ki bay demokrasi triyonf li gen jounen jodi a, kote tout pèp sou latè pote kontribisyon pesonèl yo. Demokrasi se yon kilti, kòm nou pat genyen sa nan kilti nou, kòm se yon eksperyans, yon tranzisyon n ap fè. Kidonk li nesesè pou ke nou byen enplante li nan kilti nou. Pou li vini rantre nan kilti nou, sa ap pran tan, sa ap pran lajan. Nou dwe simen demokrasi nan tout kwen nan peyi a, si nou vle Ayiti vini yon peyi kote demokrasi ap fleri. Se nan chak kwen peyi Dayiti, chak jou endistenkteman ke demokrasi dwe simen. Menm si demokrasi ka pa chwa tout moun, se demokrasi ki mande sa ankò. Men nou dwe mete demokrasi disponib pou tout moun. Pousa reyalize, nou dwe kerye: **SANT DEMOKRATIK**.

Sant Demokratik (SD): Sant sa yo ap gen pou **konstwui**, **konfigire**, **administre** dapre yon **PLAN NASYONAL DEMOKRASI**, pou tout peyi a san pati pri. Se pou rezon sa, se yon **Komisyon Nasyonal**, non pa yon komisyon gouvènmantal ki pou gen responsabilite pou fè travay sa. Avèk travay sa, demokrasi ap kapab byen enplante nan peyi a, an nou tou pwofite marye demokrasi ak lòt pwogram ki pou mete peyi a sou wout devlopman, tankou: **1- Agrikilti. 2- Ekonomi. 3- Alfabetizasyon. 4- Desantralizasyon.** Dwe gen yon direktè, yon administratè, yon sipèvizè, pliziyè ajan demokratik, ak yon gadyen lokal la ak materiyèl yo. Sant sa yo ap gen dokiman ekri, videyo, cd, dvd, kasèt avèk **Plan Nasyonal Demokrasi** a. Popilasyon an ap gen pou li rantre lib pou suiv;

- **Klas** ; Klas I, II, III, IV, V sou Demokrasi, Leta ki chita sou Lalwa, Dwa de Lòm, Konstitisyon, Dezantralizasyon, Kòd Penal Ayisyen, Lalwa Ayisyen, Ekonomi, Agrikilti, Devlopman... kou sa yo ap vrèman enpòtan e yo ap gen Egzamen avèk Sètifika apre chak klas.

- **Pwogram;** Fim, Envite espesyal, Deba, Fèt espesyal, Jounen Nasyonal, ak Jounen Entènasyonal, Fèt Nasyonal, Fèt Patronal, Wòl, Teyat e latriye.

- **Seminè** sou; Demokrasi, Leta ki chita sou Lalwa, Dwa de Lòm, Desantralizasyon, ak Egzekisyon pwojè; *leta, prive, O.N.G, kominotè*, Touris, e Devlopman *tout zafè pèsonèl*.

- **Analiz Sesyon;** sou anpil sijè k ap bwase bil chak sitwayèn avèk sitwayen yo tankou; Demokrasi, Politik, Eleksyon, Ekonomi, Agrikilti, Jistis, Sekirite nasyonal, entènasyonal, Leta ki chita sou Lalwa, Dwa de Lòm, Sosyete, Enprevi...

Sitiyasyon nan tan prezan tout kalte, sitiyasyon nan tan fiti tout kalte. Youn nan metòd refleksyon ke nou kapab itilize pou ede moun yo reflechi e louvri je yo, se **Metòd Socrates** la, ki trè rapid, sitou ki bay bon rezilta.

Men tout patisipan yo ap gen pou achte liv ke yo ap sèvi yo, si yo ta vle kenbe liv sa yo lakay yo. Paske se prete yo ap ka prete liv yo pandan yo nan **Klas, Pwogram, Seminè, Analiz Sesyon.** Yo dwe remèt liv yo pou lòt moun ka jwenn yo pou sèvi. Travay sa a enpòtan anpil, genyen moun ki pa vle demokrasi ateri lakay pèp la, pou kenbe li nan sou devlopman, mizè, enstabilite, kawo pou li fini pa tonbe nan esklavaj ankò. Yo di gen plis pase 56% nan pèp la ki pa konn li, yo di pèp la se nèg, yo pa kapab fè demokrasi. Lennmi demokrasi nan peyi a anpil, sitou moun ki toujou ap di se yo ki nimewo en nan demokrasi. Men ki kantite moun ki dwe benefisye pwogram sa yo nan chak depatman, e plis moun ankò:

Tablo sou Depatman/ Kapital/ Sifas/ Popilasyon (2011):

Depatman	Kapital	Sifas	Popilasyon
Latibonit	Gonayiv	4,895	1, 070,397
Sant	Ench	3,597	565,043
Grandans	Jeremi	3,100	337,516
Nip	Miragàn	1219	266,379
Nò	Kap Ayisyen	2175	564,002
Nòdès	Fòlibète	1698	300,493
Nòdwès	Pòdepè	2,094	445,080
Wès	Pòtoprens	4,595	3, 093,698
Sid	Jakmèl	2,077	449,585
Sidès	Okay	2,602	627,311

Sous: IHSI

Tablo sou Demokrasi avèk Pakèt Devlopman yo:

Demokrasi	**Alfabetizasyon:** I, II, III, IV, Sètifika, Enfòmatik.
Demokrasi	**Desantralizasyon.**
Demokrasi	**Sosyal, Politik, Ekonomi, Sante, Teknoloji.**
Demokrasi	**Sekirite Nasyonal/Lame Endijèn.**
Demokrasi	**Etid :** Teknik, Pwofesyonèl.
Demokrasi	**Agrikilti:** Elvaj, Lapèch, Yogout, Fimye...

SOUS: Dieury Dumas, Think Tank Democrat Inc.

Sou-Sant Demokratik: Nou kapab jwenn **Sou-Sant Demokratik** tout kote, pa egzanp anba tonèl, sou plas piblik, nan legliz, anba peristil, nan lokal piblik oubyen prive. Chak **Sou-Sant** yo ap gen youn oubyen plizyè ajan demokratik k ap gen pou travay ansanm. Sa pral depann de ki kantite moun ak lokasyon **Sou-Sant** sa yo ye. Yo dwe louvri pou tout moun, pou moun ki nan leta, ki bezwen konnen plis sou fonksyoneman sistèm demokratik la. Pou moun ki nan opozisyon an ki bezwen konnen kòman sistèm demokratik la fonksyone. Anrichi konesans yo plis sou lavi politik, fè plis rechèch sou gouvènman ak sosyete sivil... Pou gran piblik la an jeneral, ki ta bezwen konnen plis enfòmasyon sou politik, demokrasi... yo dwe konnen plis pou yo kapab jije travay moun ki nan gouvènman ak moun ki nan opozisyon an. Se la tout kalte dosye politik, achiv, librari, dokiman sou demokrasi, politik nasyonal, entènasyonal. Sa ki pase, inovasyon ki fèt nan Politik, Demokrasi, Leta ki chita sou Lalwa, Dwa de Lòm... se la yo dwe chita. Se kote, lekòl, fòmasyon, laboratwa politik, klas tout kalte nivo, pozisyon, pwomosyon dwe ap fèt sou sistèm demokratik la an jeneral, avèk politik nasyonal, entènasyonal, diplomasi...

Tout **Sant Demokratik** yo dwe rete kòm espas piblik, lib, e ki pa gouvènmantal, ke O.N.G, taks peyi a, ak patikilye dwe finanse pou avanseman Demokrasi, Leta ki chita sou Lalwa, Dwa de Lòm... Sèlman lè ap gen kèk aktivit pou rantre lajan nan kèk okazyon ki mande sa. Sant sa yo dwe gen pwogram, pou moun ki bezwen konnen zafè : Piblik, Demokrasi, Leta ki chita sou Lalwa, Sosyete Òganize, Devlopman, Estrikti Sosyal, Dwa de Lòm, Konstitisyon, Leta ak Sèvis piblik, Sektè prive, Sendika, wòl ak definisyon anplwaye leta, dwa ak devwa Sitwayen, eleksyon, Lapolis, Lajistis... Dwe gen pwogram nan Sant lan ak posibilite pou Sant lan deplase moun pou ale fè seminè, ak lòt aktivit nenpòt kote ki bezwen sa. Tankou lekòl, legliz, klèb, asosiyasyon, peristil, festival, fwa, espektak... Demokrasi se menm nan tout etap nan lavi sosyal. Nan nenpòt ki sosyete, nan nenpòt ki gouvènman, nan nenpòt ki peyi avèk diferans grandè, responsabilite nan chak pòs, nan chak konpatiman gouvènman an, oubyen nan sosyete a. **Sant Demokratik Nasyonal** la, **Sant Demokratik Depatmantal** yo, **Sant Demokratik Rejyonal** yo, **Sou-Sant Demokratik Seksyon Kominal** yo, ap la pou travay avèk moun nan zòn, seksyon, vil, depatman k ap gen manm ki reyini nan **Sou Sant Demokratik** yo. Kantite **Sou-Sant Demokratik** sa yo ap depann de demografi ak kantite moun k ap viv nan zòn yo. **P.N.D** avèk estrikti nasyonal ki pral deplòtonnen sou teritwa nasyonal la, ap yon sipò vital pou desantralizasyon an. Tout Sou-Sant yo ak lòt Sant yo ap an rezo e konekte ak **Sant Nasyonal Demokratik** la. Yon konsèy ayisyen ap gen pou dirije. Sant Nasyonal sa a ap gen kontak sere sere avèk tout lòt òganizasyon, lòt enstitisyon demokratik sou latè beni.

Estrikti Pwogram Nasyonal Demokratik la:

1-**SDN**
10-**SDD**
42-**SRD**
140-**SKD**
570-**SSKD**

Sous: Dieury Dumas, Think Tank Democrat Inc.

140 Sant Kominal Demokratik (SKD): Lekòl, Legliz, Gagè, Peristil, Mache, Estasyon machin, Pòs Polis, Sant Sante. **42 Sant Rejyonal Demokratik (SRD):** Lekòl, Legliz, Gagè, Peristil, Mache, Estasyon machin, Pòs Polis, Sant Sante. Anplis de tout kote sa yo, **SRD** yo ap gen pou desèvi tout kote ki merite sa. **10 Sant Depatmental Demokratik (SDD):** Lekòl, Leglis, Gagè, Peristil, Mache, Estasyon machin, Pòs Polis, Sant Sante, Plas Piblik. **1 Sant Nasyonal Demokratik:** Ap gen pou li gen kontwòl sa tout lòt Sant Demokratik nan peyi a ap fè. Se Sant sa k ap gen pou voye materiyèl, enstriksyon, lajan, enfòmasyon, ajan demokratik e latriye bay tout lòt sant demokratik yo. **193 Sant Demokratik**, avèk 10 moun pa sant, n ap bezwen 1930 moun, plis 570 ajan demokratik k ap pou sèvi SKKD ki pap gen lokal. An total nou pral bezwen 2500 moun k ap konpoze ak 500 pwofesyonèl epi 2000 ajan demokratik. 500 pwofesyonèl yo ap gen pou fòme 2000 ajan demokratik yo. Konsa yo ap konnen yo byen, yo ap konnen ki fòs yo e ki feblèz yo. Pou yon evalyasyon pi konfòm lè yo ap gen pou voye yo sou teren an. 500 pwofesyonèl sa yo, ap gen pou pran fòmasyon nan enstitisyon demokratik k ap travay an Ayiti kòm aletranje. Yo ap gen pou jwenn sètifika, avèk pwomès ke yo ap kontinye avèk etid demokratik ak syans politik yo.

Reprezantasyon estrikti P.N.D:

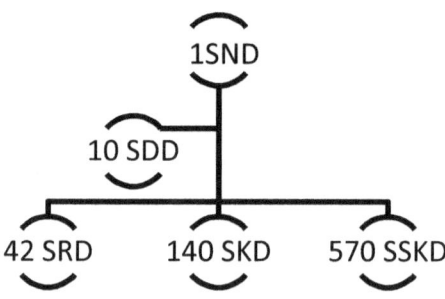

Sous: Dieury Dumas, Think Tank Democrat Inc.

Objektif Sant Demokratik: Objektif sant sa yo, se pou mete bon demokrasi a tè bay pèp la, avèk tout sa ki akonpaye sistèm demokratik la. Tankou sa ki rele Dwa de Lòm, Leta ki chita sou Lalwa, Sitwayènte, Valè ak Wòl chak sitwayèn avèk chak sitwayen nan peyi a, e latriye. Yo pral genyen pou enplante demokrasi nan kat kwen peyi a dapre sa Konstitisyon nou an mande, sitou nan;

1- Aprann pèp la tout règ ak prensip nan demokrasi, politik, eleksyon, dwa, devwa yo nan sosyete a. Ki etik yon moun dwe genyen nan politik aktif ak pasif nan sosyete a.

2- Enstwi manm ki la yo, moun ki pral manm pati politik yo ak lidè pati politik yo sou kisa politik ye. Kòman ak ki fason politik ka fèt, kòman politik mache, ki sistèm yo ka mete an plas pou fè politik yo avanse. San enfliyanse, san fòse yo ale nan yon pati politik detèmine. Avèk tout enstriksyon ki pral gen pou bay yo, patisipan k ap pran pa nan fòmasyon sa yo, yo dwe soti avèk yon Sètifika.

3- Fòmasyon sa yo dwe estratejik e dirèk. Yo dwe baze sou Demokrasi, Politik, Leta ki chita sou Lalwa, Eleksyon, Dwa de Lòm... men yo kapab genyen lòt sijè ki vini ajoute;

a- Òganizasyon.   b- Mobilizasyon.   c- Aksyon.

d- Kontribisyon.   e- Jesyon.   f- Kolaborasyon;

nan tout zafè ki marye ak politik, nan sistèm demokratik lan avèk tout sa ki genyen rapò ak **Lit kont povrete**, **Devlopman; Sosyal, Kominotè, Rejyonal, Depatmantal, Nasyonal e menm Global**. Kolaborasyon an dwe ede lespri linyon fè lafòs la tounen nan lespri tout ayisyèn avèk tout ayisyen yo an jeneral. **Linyon Fè Lafòs**.

4- Ranfòse, rentabilize, jesyon ak Kontwòl sou aksyon ak aktivit **Plan Nasyonal Demokrasi** a ap fèt nan tout peyi a, pou bonjan rezilta ak pwogrè. Rantre **Plan Nasyonal Demokrasi** a nan tout egzamen ofisyèl yo.

5- Plis ankouraje avèk sipòte tout patisipasyon fanm nan pwosesis etablisman bèl **Plan Nasyonal Demokrasi** a. Envite medam yo rantre pifon nan batay pou Ayiti chanje. Ba yo plas nan Sant yo, paske depi yon fanm demokrat, tout kay li ap demokrat. Kit papa, kit pitit, kit lòt fanmi ak zanmi k ap viv andedan kay la tout moun ap tounen demokrat. Mwen konnen bèl medam vanyan m yo, ap mete demokrasi nan wèl tout moun nan kay la.

6- Anplwaye estrateji pou objektivite kapab blayi nan fason enfòmasyon ak kominikasyon ki pral bay nan tout laprès la. Nan sousi pou kenbe laprès la objektif, pou pa genyen move enfòmasyon ki pral mete pèp la nan erè, mete peyi a nan enstabilite. Pèsonn pa dwe ap enfliyanse laprès.

7- Respekte; dwa, devwa, propriyete, opinyon, relijyon, oryantasyon, sèks, chak grenn moun nan sosyete a san distenksyon, san diskriminasyon nan prive kou nan piblik.

8- Ankouraje tout moun, sitwayèn yo sitou pou yo rantre nan politik. Pou yo kapab patisipe nan ; pati politik yo, nan politik piblik peyi a, sendika, òganizasyon kominotè, klèb jèn yo, aktivite kominotè, aksyon sivik, ajan piblik.

9- Bay desantralizasyon an enpòtans, jarèt avèk priyorite, nan pwosesis demokratik la pou nou kapab kontwole transparans ak rantabilite nou fè nan sistèm demokratik la. Konsa n ap gen chemen ki deja trase pou nou reyalize devlopman ekonomik ak sosyal nan tout peyi a.

Pou nou rive enplante bon demokrasi nan tout peyi a, pou nou ranfòse feblèz ki kapab prezante, ak egziste, e pou nou reyalize objektif sa yo nou bay enpòtans yo vit, vit, san pèdi tan, nou dwe:

1- Mete yon **Pwogram Nasyonal** pou kontwole pwogrè demokrasi a, nan rekonpanse, reprimande moun yo. Fè konferans deba; nan radyo, televizyon, jounal ekri, avèk magazin, e sitou nan tout rezo sosyal yo.

2- Bay anpil kou seminè, kote ekspè ayisyen ak etranje ki soti nan tout lòt peyi ap vini pale, pataje konesans, ak eksperyans yo sou demokrasi. Ak fason politik fèt nan peyi pa yo, e kòman yo rive mete sistèm demokratik lan kanpe lakay yo. Kalkile ki nivo demokrasi a ye nan peyi a, kisa ki dwe fèt, kisa ki rete pou fèt nan travay sa. Tankou sa rive fèt nan tout kalte etableseman sistèm, estrikti modèn yo.

3- Pibliye magazin, jounal, liv, avèk deplian sou demokrasi ak tout dokiman ki gen rapò ak demokrasi. Tankou Konstitisyon ki an vigè a, Lalwa, Kòd Penal ayisyen ak Dwa de Lòm. Pou elèv ak etidyan fè rechèch. Pou granmoun, timoun, fanm kou gason ka genyen yo nan men yo maten, midi, swa an kreyòl. Pou yo ka konnen dwa ak devwa yo nan sosyete a, dwa ak tandevwa lòt konsitwayèn, konsitwayen yo. Konsa demokrasi a pap gen tout pwoblèm aplikasyon li genyen an. Moun ap konnen byen ki diferans ki genyen ant demokrasi ak diktati. E, se konsa sèlman pou peyi a estab, pou nou demare sou bèl wout devlopman nou tout ap tann lan.

4- Travay sa anpil, pou nou rive fè li, nou dwe konte anpil sou benevola ak volontarya. Kote tout pitit peyi a ap travay ansanm. Se konsa n ap rive reyalize gwo travay sa;

A- Plante demokrasi vrèman nan tout peyi a. **B**- Pratik demokratik la, ap tou kòmanse fèt ant ayisyèn avèk ayisyen depi nan aplikasyon **Plan Nasyonal Demokrasi** a.

Kòd konduit Sant Demokratik yo:

sant demokratik yo dwe : amikal, toleran, kote tout moun ap viv ansanm. Kote moun ap vize pwogrè ak chanjman. E se pou yo ale nan menm sans ak sosyete a pou prezans yo ka parèt a klè. Pou moun yo kapab eksprime yo byen, egzèse talan yo, di sa yo panse, pou tout moun ale pi devan. Se moun ki konnen ki pou ala tèt pou nou pa fè tenten, grennen jilbrèt. Se pou tout moun konnen plas yo e ki wòl yo nan sosyete a. Sant yo dwe kanpe king avèk tout kalte pwoblèm ki ka prezante kote yo ye, pou sipòte, pote sekou, soutni, anime katye, e latriye. Tout lidè, tèt de pon, notab, grandèt, notè gen plas yo nan sant demokratik yo, nan tout rakwen yo pral plante. **P.N.D** a dwe akonpaye pwojè sosyal, ekonomik... Ki dwe pou retire moun nan mizè, batay kont pwovrete, e ankouraje avansman manm ki nan Sant yo pou yo rive pi wo nan echèl sosyal lavi a, nan nenpòt ki direksyon yo chwazi. Dwe genyen yon anbyans zanmitay, kè kontan andedan sant yo. Travay an ekip esantyèl. Pa dwe gen lespri negatif, moun ki gen ansyen vye mès lontan lakay yo. Tankou; bay kout lang, egoyis, move karaktè, pale fò, fè estipid. Tout moun k ap travay nan sant yo dwe aji tankou pwofesyonèl nan nenpòt ki sikonstans. Yo dwe moun ki gen etik, avèk lanmou pousa yo ap fè a, pou moun yo ap sèvi yo, pou lòt moun yo ap frekante chak jou yo. Pa dwe gen lespri rayisab, kote moun ap kache enfòmasyon pou lòt moun pa avanse. Pa dwe gen pwoblèm pèsonel k ap vini regle andedan Sant yo. Fòk gen yon disiplin ki estrik, kòrèk, paske moun ki nan Sant yo dwe sèvi kòm egzanp pou sosyete a. Pa bliye sosyete a ap gade, jije konpòtman tout moun. Sosyete a ap bay nòt e kreyon li pa gen gòm. Sant yo dwe pare pou resevwa tout kalte envite nasyonal, tankou entènasyonal, estajyè, volontè, inivèsitè, etidyan, sitwayèn, sitwayen, eli lokal yo e latriye. Kidonk fòk Sant sa yo byen ranje pou tout okazyon. Se pou sant yo demokratik, koul e aktif. An reyalite sant sa yo ap gen pou bati chak grenn moun nan zòn kote yo ye a, anretou pou moun sa yo kapab ede nan bati peyi a. Se pousa, travay sa a dwe yon travay nasyonal, total kapital.

Kòman pou fòme yon Òganizasyon Popilè?

Fòme yon Òganizasyon Popilè se yon bagay fasil, se yon dwa ak yon devwa sitwayen, se yon patisipasyon sivik ak politik esansyèl. **Premye pa;** se konnen kisa ou vle fè, kisa ou renmen, ki batay ou vle mennen, ki pwoblèm ou vle rezoud, ki objektif ou. Kòman ou pral fè òganizasyon an mache nan wout demokrasi a pou pèp la. **Dezyèm pa ;** se jwenn yon patnè, youn ap mennen 5, 5 ap mennen 10. Pou pipiti, ou ka kòmanse avèk 11 moun, ou menm avèk 10 lòt moun. Kòmanse rale moun nan kominote a dèyè ou... **Twazyèm pa ;** chache konsèy, rann li legal, ak lajan pou li mache. Epi ou kòmanse rasanble moun, fè reyinyon, pale sou objektif yo. Fè lòt moun konnen. Ale chache lòt moun, lòt moun ki nan menm zòn nan, k ap konfwonte menm pwoblèm avèk ou. Jwenn yon kote pou reyi, reyi kay zanmi, manm yo, plas piblik pou fè plis moun konnen sa ou ap fè. Sitou ankouraje moun yo pou yo vini patisipe. Yon òganizasyon Popilè se yon bagay nòmal, se yon dwa sivik, dwa politik tout moun genyen pou patisipe nan lavi sosyal, politik peyi yo. Pèsonn moun pa dwe pè anyen pou rantre, patisipe nan nenpòt **Òganizasyon Popilè** ki respekte tout règ ak prensip demokratik yo, lalwa avèk Konstitisyon peyi nou an. Paske dapre Konstitisyon an, tout sitwayèn ak sitwayen gen dwa sivil ak politik. Yo gen dwa poze kandidati yo pou nenpòt ki pòs politik, teknik, administratif nan peyi a. O.P se sous pati politik yo. **Òganizasyon Popilè, O.P**, oubyen **Grassroot** : se ansanm moun ki pa devan bann politik la, men k ap viv tout reyalite sosyal, politik, ekonomik yo. Yo rele yo "**baz popilè**", "**ban dèyè**", **òganizasyon pwogresis, òganizasyon peyizan, asosiyasyon fanm...** Yo trè enpòtan, yo vital menm pou tout eli yo ak demokrasi a. Lè gen eleksyon se yo ki pran devan bann nan pou mobilize moun pou ale vote pou, oubyen kont yon kandida. Se **O.P** yo tou ki se baz tout Platfòm, Mouvman, Aksyon, Pati Politik ki nan Sistèm Demokratik la. Tout **O.P** yo dwe anrejistre nan leta. Yo dwe gen bon relasyon avèk lapolis, mete sèvis yo disponib a kominote kote yo ap viv yo, avèk diyite, fratènite, ak lanmou san mezi. Yo dwe genyen etik, jistis, sivilite nan tout sèvis yo ap rann piblik la.

Konpromi se ti frè Politik!

Tout moun nèt an jeneral fè politik pandan tout vi yo, e mwen pral demontre nou sa. Ki moun ki pa janm achte yon fwa nan vi li? Lè ou bezwen achte, gen plizyè machann k ap vann sa ou bezwen an. Men, kòman ou fè pou chwazi yon machann pou achte, poukisa se machann sa ou chwazi. E lè ou rive devan machann sa a, sa ou di li, sa li di ou, se politik. E desizyon ou pran pou achte e machann lan deside vann ou an se yon konpromi. Pou chwazi yon fi, koulè fi a, kote li rete, sa l ap fè, gwosè l, wotè l... se politik. Lè ou jwenn plizyè fi ki tonbe nan menm seleksyon ou an, se yon konpromi ou fè pou chwazi fi ou vle a. Konpromi nan lavi nou se yon bagay pèsonèl, nou kapab fè li si nou vle. Men konpromi nan politik, sitou nan demokrasi se yon bagay esansyèl, e oblibatwa. Tout divizyon ki genyen nan sosyete a, nan politik la, se paske moun yo pa konnen enpòtans ak nesesite zafè konpromi an. Konpromi pa vle di demagoji; konpromi dwe fèt nan legalite ak etik, men demagoji se bagay ki ilegal e san vègòy. Konpromi fè plis byen ke mal, tout moun ki fè konpromi pou peyi a mache se yon ewo nasyonal. Konpromi vle di; pèdi yon tikal, pou genyen yon tikal pou yon sitiyasyon kapab debloke. Sa ki fè konpromi pa kapab fèt pou peyi a mache; se demagoji, rayisab, mechansete, zafè pèsonèl... Nan politik piblik pa dwe gen mechansete, egoyis, pa dwe gen zafè pòsonèl k ap regle. Zafè peyi a, politik la, pa dwe ap soufri akòz yon moun oubyen yon gwoup moun, zafè peyi a dwe vini avan zafè tout lòt moun. Men moun ki sou pouvwa yo, gen responsabilite pou fè peyi a mache, kidonk yo dwe pare pou fè konpromi plis, paske tout bon rezilta ki fèt, tout sitiyasyon ki debloke, se yo k ap resevwa plis felisitasyon. Yo toujou di; *disiplin se bon bagay, se sa ki pou fè afè ou mache. Men konpromi se bon bagay, se li ki pou debloke yon sitiyasyon*. Tout moun k ap fè politik dwe aprann e prepare pou fè konpromi, pou yo pa yon zouti dezagreman nan sistèm lan, konpromi se ti frè politik!

Baz Sous Konfli: Tout baz sous konfli nan peyi a gen twa pati. **Elit-Outsider-Pèp**. **Elit** la (minorite moun ki genyen majorite kapasite yo), yo pa konekte ak **Pèp** la (majorite moun ki genyen minorite kapasite yo) nan okenn nivo. **Pèp** la, ki se mas popilasyon an vini pi fèb, paske **Elit** la pa kore **Pèp** la, sa ki vini kreye de fòs feblès, ki vini bay **Outsider** a. **Outisider** a (rezilta divizyon ant elit la avèk pèp la), ki se yon feblès **Pèp** la ak **Elit** la vini kouvri vid, divizyon ant **Elit** la ak **Pèp** la nan peyi a. Depi 1950, se **Outsider** k ap pran pouvwa an Ayiti. Kòm **Outsider** yo se feblès, rezilta yo bay se katastwòf. Apre 1986, tout eleksyon pou prezidan, se **Outsider** ki pase. **Elit** la toujou fè yon fason pou voye yo ale. Se baz sous konfli sa a ki kraze peyi plat a tè. Solizyon an se konekte **Elit** la ak **Pèp** la, e **Pèp** la ak **Elit** la. Pou korije feblès, **Outsider**, anòmali, ak men blan yo, nan lavi avèk nan sistèm pèp ayisyen an pou tout bon. Sosyalman, politikman, syantifikman, teknikman, ekonomikman nou dwe mete lòd nan sistèm nou an. Chak gwoup moun yo dwe konnen wòl ak responsabilite yo. Youn pa dwe ranplase lòt, ni rantre nan meli melo kont enterè majorite nasyonal, oubyen avèk etranje. Baz sous pwoblèm peyi a pa sèlman soti andedan peyi a, men yo plis soti andeyò peyi a. Akòz de istwa peyi a, ak moun ki vle vòlè, domine, rasis ki nan lòt peyi. Aprè yo fini rache nou nan peyi Lafrik yo, pou yo dechire nou, pou nou pa janm ini. Yon mechan ki te rele **Willie Lynch** te ekri yon seri règ ki ta dwe fè nèg ak nèg divize sou tout bagay toutan. Avèk yon lòt teyori ki di: **divize pou reye**, ki kreye mizè pèp la. Kidonk, sous konfli yo, se lè outsider yo, elit la, ak mas pèp la pa jwe wòl yo. Lè blan mechan fòse ayisyen aprann divizyon, e divizyon rete nan yo pou pa ini yo avèk frè ak sè yo sou baz diferans ki pap sèvi youn nan yo. Lè blan ap divize nou pou domine nou. Tout se sous baz konfli ak pwoblèm k ap bwase bil peyi a, fòse moun pati, mare pye peyi a nan tab kay lòt peyi, fè nou mache ajenou devan rasis. Nou dwe kòmanse mete lòd nan sosyete a, nan kòmanse konbat tout fòm divizyon. **Elit** politisyen peyi a dwe fòme, estriktire, pwofesyonalize, modènize pou byen yo avèk byen peyi a. Gen plizyè tip konfli; konfli istorik ki te fèt kite pou nou, konfli politik nasyonal nou konpose pou nou, ak konfli politik entènasyonal pote pou nou. Nou dwe konnen byen ke lennmi an se pa ayisyen, men se blan yo, etranje yo. Nou chaje avèk dezakò nan mitan nou, nou dwe aprann kontwole yo, tankou tout lòt pèp sou latè. Nou kite dezakò nou yo; deraye, degrengole, dekole, nèt ale, ki vini tounen anpil konfli k ap detwi nou, se pou nou mete tèt nou ansanm. Mank edikasyon ak egoyis, fè ayisyen pa edike ayisyen parèy yo, ak kite yo nan erè pou yo kapab eksplwate pwòp frè ak sè yo. Se paske yo rayi pwòp tèt yo, yo wont egzistans yo, ki fè yo aji konsa. Se rezon ki pi senp lan, paske ki lòt rezon ankò ki pou eksplike; demolisyon, divizyon ak ying-yang sa yo nan sosyete a, depandans peyi a, ak feblèz pèp la. *Konble baz sous konfli yo!*

Emisyon radyo, televizyon: yo dwe gen règ avèk prensip ekri pou moderatè, envite, entèvenan ak patisipan yo, ki dwe **ekri**, **pibliye**, e **distribiye**. Kòm pa genyen anyen ki estriktire nan peyi a, anpil emisyon radyo ak televizyon gaye, e yo pa pote kontribisyon yo kapab pote yo, *"pou yo fè dezòd, yo pa mete lòd"*. Moderatè yo pafwa pèdi kontwòl deba a, envite, patisipan yo pran pale lè yo vle, e valè tan yo vle. Lè yon moun mande yon mosyon, li pa respekte 30 segond lan. Se yon defisi demokratik, ki pral fè yo; kenbe pouvwa, kenbe lajan ak byen leta, kenbe laverite, kenbe peyi a pou li pa avans, epi kenbe moun pou yo pa pwogrese. Tout emisyon yo dwe konometre, chak moun dwe pale youn apre lòt... Fòk radyo yo kenbe kasèt emisyon yo fè pou listwa ak laverite. **Pran responsabilite nou, demokrasi se yon kilti, nou dwe kiltive!**

ANALIZ POLITIK/ANALIZ DEMOKRASI:

Kisa ki politik la, kisa ki fè l, kòman pou fè l? Politik se yon rapò fòs. Demokrasi se aplikasyon règ ak prensip. Politik se yon fòs ki kapab fè byen, konsa tou li kapab fè mal. Eta peyi a ak pèp la, se rezilta dirèk politik ki mal fèt, yon sistèm ki pa janm kapab etabli, demokrasi ki poko ateri, ak lennmi peyi a toujou genyen... Moun ki fè pati elit politik la, pa amelyore li, estriktire li, kidonk li gaye, li mal mache e se yo ankò toutan ki viktim. Reyalite a, pa gen etranje k ap vini ede nou, se pa enterè yo pou nou avanse, nou konnen sa a... Se elit politik la ki dwe avèk yon lespri san mezi amelyore, elve politik la ak demokrasi a ki pwòp a kilti nou, peyi nou. Paske mwen pa kwè se vle nou vle kenbe politik la, demokrasi a, pèp la ak peyi a, nan eta sa a. Se konsekans enkapasite pou etabli yon politik ki gen etik, ak bati yon sosyete demokratik ki fè nou anba grif blan, e se yo k ap fè nou viv. **Lè yon politisyen ap pale, toujou tande sa l ap di yo, pa janm bliye sa li pa di yo, koute sa li anvi di, pa janm kwè yon politisyen san prèv, kesyone l, analize l, fè li kredi maten pou apre midi. Pèsepsyon ou genyen sou yon politisyen se reyalite a 60%.** Pi bèl kalite nan demokrasi; dwa ak devwa ou dwe respekte sou tout gouvènman. Demokrasi bon pou tout moun ansanm, se pousa tout moun nan nenpòt ki pozisyon dwe byen veye sou aplikasyon demokrasi. Demokrasi pa kapab defann tèt li, se sitwayèn ak sitwayen yo ki dwe veye maten, midi, swa sou sante ak kalite demokrasi a pou pwòp byen yo. Si ou aksepte rantre nan konpromi pou pase anba pye règ ak prensip demokratik yo, se tèt ou, ou ap fè mal. Demokrasi se zanmi ou, politik ki pa respekte Konstitisyon an, lalwa règ ak prensip demokratik se lennmi ou. Nan demokrasi se pèp la ki gen pouvwa, ki peye moun ki nan leta a pou travay pou yo. Politisyen yo dwe esklav demokrasi a. Nan demokrasi tout politisyen se reprezantan, zouti, restavèk, travayè lakay pèp la. Demokrasi se fason moun viv ak moun, politik se fason yo dirije.

CHAPIT 4: EGZÈSIS DEMOKRATIK

EGZÈSIS DEMOKRATIK #1

<u>Demokrasi egal Tolerans:</u>

Kòm **demokrasi se yon kilti**, yon mòd de vi... E youn nan pi gwo karakteristik, ki pi fondamantal kay tout demokrat se tolerans. Tolerans ki dwe tanperaman, kapasite, kalite tout demokrat, tout sitwayèn, sitwayen modèn. Frè m ak sè m yo, kòmanse ranplase **VYOLANS** pa **TOLERANS**. **DIKTATI = VYOLANS, DEMOKRASI = TOLERANS, TOLERANS ≠ SITIRANS**. Se pou nou kòmanse kiltive tolerans lakay nou nan ; *aprann tande lide kontrè, aksepte lòt moun ki diferan, anbwase lòt kilti, respekte dwa ak devwa tout moun an jeneral, repouse tout move lide ki pa gen konsyans, legalite, egalite, etik, lanmou, moralite, laverite...* **Politik se yon syans**. Politik se pa boul bòlèt. Politik chita nan liv, nan reyinyon, tout kalte deba. Politik se pa ; jwèt koken, jwèt danjere, si ou pa pwason ou pa rantre nan nas... Politik se tankou yon jwèt titato, chekè, mab, kote moun ki byen jwe ap genyen, e moun ki jwe mal ap pèdi. Moun k ap fè koken yo, yo ap kenbe yo. Moun ki pa jwe ditou pap janm genyen, yo ap pèdi malgre yo pa jwe. Paske enterè yo deja nan jwèt la deja. Moun k ap fè vyolans yo menm, yo ap mete yo deyò, yon jou kanmenm lajistis ap kontre avèk yo. Se pousa degaje ou, kou mèt janjak, ale kouri dèyè konesans pou ka konprann demokrasi, epi fè politik. Lè yon moun pa konnen sa ki rele politik, yo toujou vle mete vyolans devan pou fè zafè politik yo mache. Nan demokrasi pa gen bagay konsa, demokrasi mache ak tolerans. Lè pa gen tolerans, gen konfli, kriz, enstabilite, lè pa gen tolerans pa gen konpromi. Men konpromi pa vle di demagoji, e tolerans pa vle di sitirans sou okenn fòm, ak pou okenn rezon. **Demokrasi egal Tolerans**, politik se yon syans. Pou fè politik nan demokrasi se pou ou gen tolerans lakay ou, se pou ou gen konesans. Tout pati politik yo dwe aprann manm yo sa ki rele demokrasi e kòman pou fè politik. Yon Pati Politik dwe yon lekòl, avan tout lòt bagay li kapab reprezante. Premye bagay ke tout Pati Politik dwe verifye lakay chak moun ki vini chita nan Pati a, se tolerans. Ki se premye leson, tout paran dwe bay pitit yo depi yo kòmanse pale. *Tolerans fè ou yon moun ki **GRAN**, ki **KLASIK**.*

Tolerans dwe andedan chak sitwayèn, chak sitwayen nan chak sa yo ap fè;

1- **Nan rapò kotidyen yo.**

2- **Nan rapò sosyal yo.**

3- **Nan rapò politik yo.**

4- **Nan rapò ekonomik yo.**

5- **Nan rapò inivèsel yo.**

Eske se yon bagay nòmal pou yon senatè fin bat yon etidyan ak men l, epi fòse l monte machin li pou bat li ankò, apre yo te gen yon bouch louvri? Eske senatè ak depite yo kapab ap rantre nan espas lajistis pou libere ak fòs yon akize, ki nan men lajistis, menm lè akize sa yo lajistis ta arete yo ilegalman? Si yon senatè, yon depite ki pèsonifye demokrasi a pa konnen kòman pou li konpòte li an demokrat nan yon sitiyasyon kèlkonk. Kòman ou vle pou mas pèp la konnen kòman pou li konpòte li. Si yon senatè, yon depite pa yon demokrat an 2015 n ap viv la. Eske ou panse yon senp sitwayèn, yon senp sitwayen nan Gran Ravine, Site Soley e latriye ap yon bon demokrat. *Se yon bagay terib pou an 2015 pou moun ap bat moun, moun ap joure moun, moun ap degrade moun, moun ap akize moun san gade dèyè, se prèv vivan ki montre nivo nou nan demkrasi, kote demokrasi pako ateri.* Li klè pou tout moun ke ; **tolerans pa vle di sitirans**, paske sitirè pi mal pase vòlè.

115

Se pou nou rann nou kont ke demokrasi a, se pale nou pale li, se aloral li ye. Nou poko kapab aji tankou demokrat, demokrasi poko janm ateri nan nou. Demokrasi poko ateri lakay prezidan, li poko ateri lakay senatè, li poko ateri lakay depite, li poko ateri lakay politisyen amatè. Kòman ou vle pou li ateri lakay senp sitwayèn avèk sitwayen, ki pa gen bon nivo ledikasyon pou reflechi avan yo aji. An nou analize degre tolerans nan sosyete nou an, ki se kiyè bwa k ap bwase bouyon demokratik la nan sosyete a. An nou pran tanperati beton an ki se tèmomèt politik la, pou nou wè si demokrasi ateri an Ayiti. Kite nou mete gwoup sosyal yo ansanm, konpare yo, fè sondaj sou yo, epi n ap rann nou kont, a ki nivo demokrasi avèk tolerans nou aloral. **Travay sa a se yon travay konsyantizasyon ke chak sitwayen dwe fè, pou avansman li e avansman kominote kote l ap viv la.** Yon moun ki pa gen yon *KONSYANS EGZAMINATRIS*, pou egzamine lespri li, aksyon li, pawòl li, se yon entoleran. Entolerans kreye konfli, mennen diktati, kreye gwoup ame paralèl, kraze enstitisyon yo, touye pitit peyi a, voye yo ale nan kanpe lwen, ravaje agrikilti a ak ekonomi a, manifestasyon... Tout moun nan peyi a sibi vyolans, se pousa, tout moun dwe kanpe kont tout kalte vyolans. Nan sosyete nou an, pa dwe gen plas pou moun ki awogan, moun ki pa kapab kontwole nè yo. Moun ki toujou sou tansyon, moun ki pa konnen kòman pou yo pale avèk timoun oubyen granmoun. Pou gen respè devan kras se benyen pou benyen. Kidonk pa kite kwen pou awogans. Ranplase awogans pa tolerans, souple. Nou tout ap fonse pou fè politik. Nou bezwen chèf, nou vle kenbe pouvwa. San nou pa gen okenn baz demokratik, sosyolojik, politik e menm baz elemantè pou sèvi moun, e sèvi avèk moun ki se tolerans. Nou dwe toleran, e bay moun plizyè chans pou yo repenti.

➤ JWÈT POU OU.

1- Depi jodi a, voye je ou nan tout sosyete a, sitou sou tèt ou, pou detekte tout moun k ap fè vyolans. Kote ou ka entèvni pou korije, fè sa rapid, rapid. Eske demokrasi kapab konte sou ou pou ede sosyete a vini toleran?

2- Ale pran enfòmasyon sou tout pati politik ou kapab, gade sa ou pi renmen an epi chwazi youn. Tou pwofite rantre ladan li kòm manm, eske ou tande ?

3- Kisa demokrasi vo nan vyolans?

4- Kisa politik dwe fè fas ak vyolans ?

5- Eske ou panse, se yon verite : Demokrasi=Tolerans, Diktati=Vyolans ?

6- Si yon gwoup moun deside fè vyolans, eske ou panse repons pa ou se vyolans li dwe ye ?

7- Eske granmoun dwe ap bat granmoun pou yon rezon oubyen pou yon lòt ?

8- Ki nivo tolerans ou ?

9- Eske ou aprann kritike aksyon ou, avan ou poze yo, pandan ou ap poze yo, apre ou te fini poze yo?

10- Eske ou panse ke tolerans kapab pote lapè, avèk estabilite ak devlopman nan tout peyi a ?

Politisyen: yon politisyen pa dwe ap pale tankou yon awogan, yon moun san lisidite, yon dekole, yon awousa, yon raketè. Yon politisyen pa dwe mete lajan avan moun, enterè pèsonèl avan enterè kominote a. Yon politisyen dwe yon toleran men pa yon sitirè, yon politisyen, se yon ajan lapè, yon rasanblè, yon estratèj.

EGZÈSIS DEMOKRATIK #2

Demokrasi Chita sou Filozofi Sosyal:

Demokrasi soti nan de mo grèk; **Demos, Kratos**. Se yon filozofi sosyal ki pran nesans pou amelyore sitiyasyon sosyal tout moun, e ki baze sou lide; *pouvwa se pou pèp la li ye, se pèp la ki kenbe pouvwa a*... Depi nan imajinasyon demokrasi, pase nan kreyasyon demokrasi, pou rive nan aplikasyon demokrasi, se filozofi sosyal k ap dirije chak mouvman yo, chak etap yo, nan istwa limanite. Kit se filozòf politik, politisyen, teyorisyen, analis, pansè, kritik, lidè pati politik, chèf gouvènman... pote anpil gwo filozofi, lwa, lide, panse, inovasyon, nouvote nan demokrasi. Fòk nou konnen lòt politisyen, ekriven ak filozòf politik sou latè, pou konparezon. N ap viv nan yon vilaj global, sa k ap pase nan kanton bò lakay, oubyen nan bouk la, li pa pran tan pou lemonn konnen li. Kidonk, fason n ap aji ak fason nou fè politik regade lòt moun sou latè.

Moun pou nou sonje ki bay nesans a demokrasi:

1- SOLON

2- CLEISTHENES

3- PERICLES

4- ARISTOTLE

Moun ki patisipe pou Demokrasi ka ye sa li ye jodi a :

1- **Solon** (638 - 558).

2- **Cleisthenes** (570 - 558).

3- **Pericles** (495 - 429).

4- **John Locke** (1632-1704).

5- **William Penn** (1644 - 1718).

6- **Baron de Montesquieu** (1689 -1755).

7- **Jean Jacques Rousseau** (1712 - 1778).

8- **Thomas Paine** (1737 - 1809).

9- **Alexis-Charles-Henri Clérel de Tocqueville** (1805 - 1859).

10- **Thomas Jefferson** (1743 - 1826).

11- **Mahatma Gandhi** (1869 - 1948).

12- **Giuseppe Mazzini** (1805 - 1872).

13- **J.S. Mill** (1806 - 1873).

14- **Emmeline Pankhurst** (1858 - 1928).

15- **Millicent Fawcett** (1846 - 1929).

16- **Martin Luther King Jr.** (1929 - 1968).

17- **Mikhail Gorbachev** (1931).

18- **Nelson Mandela** (1918 - 2013).

19- **Jean-Bertrand Aristide** (1953).

20- **Barack Hussein Obama** (1961).

21- **Dieury Dumas** (1984).

Pawòl selèb sou Demokrasi:

1- Democacy gives everyman a right to be his own oppressor. James Russell Lowell.

2- Democracy is the superior form of government, because it is based on a respect for man as a reasonable being. John F. Kennedy, *Why England Slept.*

3- Le véritable progrès démocratique n'est pas d'abaisser l'élite au niveau de la foule, mais d'élever la foule vers l'élite. Gustave Le Bon - 1841-1931 - Hier et demain.

4- L'amour de la démocratie est celui de l'égalité. Montesquieu - 1689-1755 - L'esprit des Lois – 1748.

5- De même que je refuse d'être un esclave, je refuse d'être un maître. Telle est mon idée de la démocratie. Abraham Lincoln - 1809-1865 - Fragment autographe.

6- La démocratie est d'abord un état d'esprit. Pierre Mendès-France - 1907-1982 - La République moderne.

7- Le suffrage par le sort est de la nature de la démocratie. Le suffrage par le choix est de celle de l'aristocratie. Le sort est une façon d'élire qui n'afflige personne; il laisse à chaque citoyen une espérance raisonnable de bien servir et de proteger sa patrie. Montesquieu - 1689-1755 - De l'esprit des Lois – 1748.

8- La démocratie est la meilleure revanche. Benazir Bhutto.

9- Education is the most powerful weapon which you can use to change the world. Nelson Mandela.

10- Eternal vigilance is the price of liberty. Thomas Jefferson.

15 Septanm chak ane, se **Jounen Entènasyonal Demokrasi**.

Kèk gran pwofesè nan tan demokrasi modèn lan:

1- Martin Kilson.

2- Preston Williams.

3- Sheldon WOLIN.

4- Nelson Mandela.

5- John Dunn.

6- Steven Levitsky.

7- Nancy Rosenblum.

8- Colin Hay.

9- Anthony Giddens.

10- Robert Alan Dahl.

11- Charles E. Lindblom.

12- Larry Diamond.

Kòman Demokrasi mache ? Kòman Demokrasi rive Ateri, Etabli nan yon peyi? Demokrasi mache nan respè règ ak egalite prensip yo… Li sikile nan tout kwen yon peyi, se san ak nanm peyi a, e li mezirab. Demokrasi se yon filozofi ke elit la, eli yo pote bay pèp la, yo fè li tounen kilti yo. Yo fè lekòl, aprantisaj, enstiti ak pote enfòmasyon bay chak grenn moun nan peyi a san mank. Pou fè demokrasi ateri nan yon peyi, e pou li etabli kò l nan lavi moun yo ak nan kilti pèp la, fòk gen yon *mouvman nasyonal entansifye*, yon *kanpay demokrasi efikas*, san mezi, soti nan ti bebe yo pou

121

rive nan granmoun yo, nan tout peyi a, pandan *3 zan*, ak pwosesis akonpayman nan; lekòl, legliz, medya, enstitisyon piblik ak prive yo, yon plan nasyonal demokrasi, ak enstans pou bon kontwòl... Nan demokrasi pa gen okenn desizyon k ap pran sou teritwa peyi a san; deba piblik, pwopozisyon lwa, vòt eli yo, rezilta vòt la an piblik pou modifikasyon, dèle avan piblikasyon avèk aplikasyon desizyon sa a pou li tounen lwa, oubyen pou amande yon lòt lwa.

> ## JWÈT POU OU.

1- Ki pawòl selèb ou pi renmen nan tout pawòl ki di sou demokrasi? Kòman yo pran yon desizyon nan demokrasi?

2- Kisa Montesqieu te di sou abi pouvwa, e kòman pou yo rezoud sa? Ki moun ki pale plis de demokrasi an Ayiti?

3- Kisa Benazhir Buto te di sou demokrasi?

4- Fè yon ti bwase lide ak zanmi ou yo, sou 7 pawòl selèb ou pi renmen e poukisa sou demokrasi?

5- Kritike pawòl selèb sa ke Abraham Lincoln te di: *Demokrasi se pou pèp la, avèk pèp la, e pa pèp la?*

6- Ki pawòl selèb pa ou sou demokrasi ak dwa moun ?

7- Ki gouvènman ki pi demokratik ki te pase an Ayiti?

8- Bay twa moun ki bay lavi yo pou chanje yon kòz fondamantal nan peyi yo?

9- Nan sa ou konnen, ki diferans ki egziste ant Nelson Mandela ak Mahatma Ghandhi nan lit ke yo t ap menm pou pèp yo?

10- Analize demokrasi an Ayiti, dekri feblèz ak fòs ou wè ki genyen nan demokrasi nan peyi a? Kisa ou vle fè pou ede ?

Zanmi pa m, konesans se limyè :

Kòman pou yon sitwayen fè pou li konnen kòman pou li jije chak gouvènman ki an plas, pou konnen si yo ap byen mache ?

Yon sitwayèn, yon sitwayen dwe jije dirijan li yo dapre bonjan ankèt avèk regleman ke enstitisyon demokratik yo ap fè, e avèk analiz pa li. Se pa nan voye monte, pwopagann, nan manti, koripsyon. Tout yon popilasyon pa kapab lage tout responsabilite peyi a bay yon gwoup moun, epi yo kanpe ap gade, chita rete tann. Li enpòtan pou yon sitwayen konnen si peyi a ap byen mache. Si pa genyen men kache dèyè, k ap fè malfezan. Tout sitwayen gen dwa mande otorite yo kont, sou tout kalte pwojè, aksyon yo ap fè, sou kijan yo ap fè travay yo. Tout sa ou wè yon gouvènman ap fè, se pa janm pibon fason an pou tout pèp la. Ap toujou gen rakèt, retay, koutay kanmenm. Lè youn nan pouvwa yo achte yon lòt pouvwa avèk taks peyi a, se yon trè movèz nouvèl pou pèp la. Pa kwè pawòl nan bouch leta, toujou mande leta regleman. Pèp la dwe toujou chache tande pawòl nan bouch opozisyon an, paske yo pap kache pou gouvènman an. E lè opozisyon an ap denonse gouvènman an, ak lè gouvènman an ap denonse opozisyon an, li toujou pibon pou pèp la. Men fòk je pèp la louvri, branche zòrèy li, pou konprann ki jwèt k ap jwe. Pa bliye pèp la pa dwe fè okenn dirijan, politisyen, anplwaye leta kado. Pèp la fè yo pi gwo kado ki ka egziste deja. Pèp la ba yo yon vòt, ki se konfyans li. Pèp la eli yo, peye yo, bay yo tout sa yo bezwen. Se pou pèp la chache konnen, sa k ap pase, se konsa pou yo gen limyè sou sa k ap pase vreman, se pou byen pèp la. Pa penyen lage bay pèsonn. Konesans se limyè, ou dwe chache limyè.

EGZÈSIS DEMOKRATIK #3

Demokrasi nan Lemonn:

Tablo nivo Lapè ak Demokrasi sou Latè pou ane 2014 la:

Nimewo	Peyi	Eskò
1	Iseland	1.189
2	Danemak	1.193
3	Ostri	1.200
4	Nouvo Ziland	1.236
5	Swuis	1.258
6	Fenland	1.297
7	Kanada	1.306
8	Japon	1.316
9	Beljik	1.354
10	Nòvèj	1.371

Sous: Global Peace Index

Nimewo	Peyi	Eskò
152	LaRisi	3.039
153	Nò Korea	3.071
154	Pakistan	3.107
155	Repiblik Kongo	3.213
156	Repiblik Sentral Afrik	3.331
157	Soudan	3.262
158	Somali	3.368
159	Irak	3.377
160	Sid Soudan	3.397
161	Afganistan	3.416
162	LaSiri	3.65

Sous: Global Peace Index.

Global Peace Index (GPI): se yon òganizasyon global ki gen pou misyon, kalkile nan tout peyi sou latè nivo lapè avèk demokrasi chak ane. Ayiti se nimewo 92, sa vle di Ayiti se 92 ème peyi pami 162 lòt peyi avèk yon eskò de 2.075, pou ane 2013. Pou ane 2014 la, Ayiti pase nan plas 99, avèk yon eskò 2.217, Ayiti se nimewo 7 pami 12 lòt peyi nan rejyon an. Tandiske U.S.A se nimewo 101 pami 162 lòt peyi avèk yon eskò 2.137.

Center for Systemic Peace (CSP): fonde nan lane 1997, se yon òganizasyon mondyal k ap gade kisa ki fè vyolans nan politik nan 167 peyi nan lane 2013. Yo analize sistèm global la ak feblès ki genyen ladan l nan tan globalizasyon an, e siveye sou eta lapè nan lemonn. Yo analize peyi ki nan lapè, peyi ki nan lagè, eta ekonomi mondyal la. Yo bay rezilta rechèch yo pou ede lemonn. Yo pibliye magazin sou yon seri enpòtan sijè ki kapital sou avansman lemonn. Yo gen enfòmasyon ki egziste depi lane 1800 pou rive nan lane 2014. Men kòman yo mezire demokrasi, yo itilize yon metòd ki rele "**Polity IV**", ki genyen 5 keksyon prensipal:

1- Konpetitivite nan rekritman pwofesyonèl yo.

2- Konkou pou pwofesyonèl yo jwenn travay.

3- Kontrent kadre pwofesyonèl yo jwenn.

4- Kontrent patisipasyon pati politik yo jwenn.

5- Konpetitivite pati politik yo.

Moun k ap kritike pral di; *monchè zafè demokrasi sa a, se yon koze blan, se ewopeyen ki fè l, se ewopeyen sèlman ki kapab aplike li, se ayisyen nou ye demokrasi pa fèt pou nou*. Men, gade moun sa yo byen, gade rad ki sou yo, soulye ki nan pye yo, machin yo ap kondui. Mande yo, kisa yo te manje maten an, mande yo ki moun ki fè telefòn yo ap pale a, televizyon yo ap gade yo, radyo yo ap tande yo. Mande yo kisa yo manke ki fè yo enferyè a lòt moun kote demokrasi ateri. An nou pa bay yon seri panse ki negatif enpòtans ak moun k ap fè panse sa yo. Pa kite lespri rayisab ak lahèn ranpli kè nou pou anyen. Ayisyen kapab fè tout sa nenpòt lòt pèp sou latè ap fè. Nou dwe divòse ak santiman enferyorite, ki fè ayisyen panse ke blan siperyè pase yo. Liv sa a kapab mete tout ayisyen sou menm pye demokratik, e mete pèp ayisyen an sou menm pye demokratik avèk tout lòt pèp sou latè.

> ## JWÈT POU OU.

1- Ki peyi ki pifò nan demokrasi?

2- Ki peyi ki pi fèb nan demokrasi?

3- Ki peyi ki fè plis bri ak demkrasi sou latè?

4- Ki peyi ou kwè ki te dwe nimewo 1 nan demokrasi?

5- Ki plas Ayiti nan klasman peyi ki gen demokrasi ladan yo nan lemonn?

6- Konbyen fwa ou pran tan pou reflechi sou demokrasi?

7- Kisa ki merite fèt pou demokrasi kapab ateri nan peyi a, e ranje manyè panse tout pèp la?

8- Eske filozofi demokrasi a se pou yon sèl gwoup moun li dwe ye?

9- Konbyen peyi sou latè ki gen yon fòm demokrasi lakay yo?

10- Ki eta demokrasi ye nan lemonn lan, lè ou ap konsidere nivo lapè nan chak peyi?

Responsabilite: Tout moun ki pa vle pran tout responsabilite yo nan sosyete a, e fòse lòt moun pran tout responsabilite yo, poko konprann sa ki rele demokrasi, e pap patisipe nan bati demokrasi.

Zanmi pa m, tanpri, reponn mwen.

Zanmi pa m, kisa ou ta renmen pote kòm kontribisyon bay kominote kote ou ap viv la ? Fè kominote a konnen sa.

Zanmi pa m, kisa ou ta renmen fè pou devlope zòn kote ou ap viv la ? Fè moun nan zòn lan konnen sa.

Zanmi pa m, kisa ou reprezante nan zòn ou ap viv la ?

Zanmi pa m, eske ou se yon bon moun bò lakay ou ? Kontinye bon pou tout moun, se yon don Bondye pa bay tout moun.

Zanmi pa m, konbyen moun ou te ede nan yon sitiyasyon difisil ? Konbyen moun ki nan sitiyasyon difisil, ou pral ede ?

Zanmi pa m, si peyi a bezwen sèvis ou eske ou disponib ? Kisa ou ap rete tann ?

Zanmi pa m, kote ou wè leta pa fè travay li nan kominote a, ede leta. Ede leta, se ede tèt ou an premye.

Zanmi pa m, chanjman ou ap rete tann lan, se ou ki pou pote l...

Zanmi pa m, mwen se frè ou, ou se frè m, ou se sè m. Nou pa oblije dakò sou tout bagay, men nou oblije renmen youn lòt san manti, paske nou genyen menm manman ki se; Ayiti Cheri.

Zanmi pa m, lemonn pa fonksyone san entènèt ak teknoloji. Li t ap bon anpil si ou mete yon ti konesans sou enfòmatik, ak teknoloji nan lavi ou. Eske ou bezwen yon lekòl konsa pou ale ?

Zanmi pa m konbyen tan ou fè avèk yon moun nan lespri ou, ki te fè ou yon mal, oubyen yon bagay ki pat fè ou plezi ?

Zanmi pa m eske ou se yon moun ki kolaboratif ?

Zami pa m, eske ou se yon moun ki sansib pou pwochen ou?

Zanmi pa m, lavi prive ou pa entèrese m, men lavi patriyotik ou enpòtan pou mwen avèk tout lòt moun nan peyi a, konsa tou ou kapab entèrese nan ede lavi patriyotik lòt patriyòt ou yo.

Zanmi pa m, eske ou panse ke devlopman peyi a pase pa devlopman lòt moun, avan devlopman pa ou ?

EGZÈSIS DEMOKRATIK #4

Kronoloji Demokrasi:

Pa gen moun ki vrèman konnen ki kote listwa kòmanse, yo chwazi yon dat ki enpòtan epi yo kòmanse la. Men yo toujou rekonèt ke se yon kote yo kòmanse, gen plis istwa ki te deja la. Se menm teknik sa yo anplwaye pou yo kòmanse avèk istwa demokrasi.

Nan Lantikite Demokrasi te egziste byen avan ke Grèk yo te rantre li nan lavi politik ak sosyal yo. Yo rele sa Demokrasi Primitif. Nan peyi yo jwenn **trase lide** demokrasi avan La Grès:

Mesopotani	India
Sparta	Athens
Oseani	Mond Arab.

Nan Peryòd Istorik (I-V èm syèk); Rasin demokrasi nan peyi *LaGrès* ta sanble kòmanse pouse avèk yon nèg ke yo te rele **Cleisthenes**. Zotobre sa a, te yon moun rich, men li te vle yon lavi miyò pou mas pèp la ke moun rich parèy li yo te konn toupizi, souse, itilize, meprize san rezon, san reflechi, ki te konn boulvèse sosyete a. Demokrasi pran nesans nan bon refleksyon moun tèt dwat ki konprann valè lavi moun. Avan mo demokrasi a te vini nan bouch moun te gen **TIMOKRASI**, epi te genyen **PLUTOKRASI**.

Timokrasi: soti nan de mo grèk, **Time** ki vle di **Onè, Valè**, epi **Kratia** ki vle di **Prensip, Règ**. Nan sistèm sa a, se sèlman moun ki te gen kay ak pwopriyete prive sèlman ki te kapab pami moun k ap dirije yo. Kote lanmou pou onè te prensipal presip nan tan sa.

Plutokrasi: soti nan de mo grèk, **Ploutos** ki vle di **Richès**, epi **Kratos** ki vle di **Prensip, Règ**. Kote moun ki pi rich yo te konn itilize pouvwa lajan, pou yo vini pi rich, enfliyanse lavi sosyal la, nan kenbe pouvwa antre yo. Te tèlman genyen enjistis nan mòd de fonksyonman sosyete sa yo, ke lespri Libète, Egalite, Koperasyon,

Patisipasyon, Transparans, Dwa, Jistis… pou tout moun te anvayi lespri moun ki te konn ap reflechi sou lavi moun ap mennen nan vil **Atèn**. Te tèlman gen pwoblèm, tout chanjman, oubyen filozofi yo te vini avèk yo pou mete lòd nan dezòd. Pou bay lavi a yon bon direksyon, pou fonksyonman sosyete a fè sans, pat bon. Oubyen te gen fòs kote, pwoblèm yo pat kapab rezoud. Se konsa yon bon jou **Cleisthenes** vini avèk mo **DEMOKRASI** a.

DEMOKRASI:

Kòm nou deja konnen demokrasi soti nan de mo grèk, **Demos** ki vle di **Pèp**, epi **Kratos** ki vle di **Pouvwa**, depi nan **5 èm syèk** avan **Jezi Kri**. Nan sistèm sa a, se pèp la ki genyen pouvwa a, e ki bay li a moun li vle pou reprezante li. Nan jenèz demokrasi a, sitwayen Atèn yo te konn reyini nan yon **Ecclesia** ki vle di **Asanble,** pou yo diskite e vote sou zafè politik, sosyal, ekonomik yo… Demokrasi a te *pi* e *dirèk*, nan patisipasyon ak eleksyon. **Pericles** se yon lòt moun rich ki te nan gouvènman **Atèn** lan ki te pote anpil kontribisyon nan devlopman demokrasi a, moun nan epòk la te plis konnen. **Solon** te pote kontribisyon pa li tou nan voye demokrasi monte. Apre kèk tan yo pat pale de demokrasi ankò. Paske vil **Atèn** nan peyi **LaGrès** pat genyen lavwa o chapit. E peyi *Lawòm* pat gen yon sistèm demokratik. Se te yon Repiblik, avèk yon wa, se sistèm sa ki te fin anvayi latè… Men te toujou gen anpil konba pou egalite, jistis, dwa moun… kote moun te konn goumen kont esklavaj, avèk tout kalte lòt sistèm abi toupatou sou latè beni. Te konn genyen anpil bèl viktwa tankou **Spatakus** nan peyi *Lawòm,* men se pat yon mouvman libète, yon filozofi ki t ap mache chanje lavi moun nan chak peyi sou latè.

Nan 6 èm syèk; Silendre Siris la / Le Cylindre de Cyrus.

Nan 13 èm syèk; Magna Carta.

Nan 18 èm syèk; Revolisyon Fransè, Deklarasyon Inivèsèl Dwa Moun.

Se nan 19 èm syèk; an 1846, **George Grote** te ekri yon liv sou *LaGrès* ki te rele "**A History of Greece**", "**Yon istwa sou peyi LaGrès**" ki te fè moun retounen dekouvri demokrasi ankò, avan kelke lòt evènman. Men moun te toujou ap goumen pou libète, egalite, fratènite, dwa tout moun pou yo egalego.

Se konsa, zansèt nou yo ki te soti jis nan peyi Lafrik ki pat menm konnen ni li, ni ekri, ki pat janm tande pale de demokrasi, yo te batay pou libète. Yo te mete peyi a lib pou yo, ak tout lòt moun sou latè ki t ap chache yon kote pou yo viv lib tankou tout lòt moun, se pousa yo te rive fè **Revolisyon 1804** la. Ki se youn nan pi gwo moman desizif ki make demokrasi, tout moun ap pale de li a. Nou pote gwo kontribisyon nan evolisyon libète, egalite, fratènite, avan moun sa yo ap vin pale nou de demokrasi, ...

Nan 20 èm Syèk ; apre premiye gè mondyal la sou latè, gwo depresyon nan lane 1930 ki te tonbe sou tout latè te frape evolisyon demokrasi. Diktatè te kanpe sou tèt zòtèy yo nan Lamerik Latin lan, Ewòp, ak tout kote yo te kapab. Se menm sitiyasyon an ki te prezante apre dezyèm gè mondyal, sitou nan blòk Ewòp Santral ak blòk Ewòp Lès la. Apre se batay pou dekolonizasyon ak dwa moun ki pral bay demokrasi jarèt li sou tout latè. Nan lane 1970 yo, apre kominis te sou wout pou tonbe, demokrasi pral vale teren tout kote sou latè san gade dèyè.

Nan 21 èm syèk; lan menm, van demokrasi frape tout bariyè peyi nan monn **Arab** la atè, li rantre. Peyi tankou **Ejip, Tinizy, Barèn, Yemèn, Jòdan, Siri,** nan yon sèl sezon konsèvatè vole gagè, oubyen nan pou vole gagè. Yo bay sa yon ti non jwèt: "**Tunisia Effect**" oubyen "Efè Tinizy". Kounyeya se **E-demokrasi,**

oubyen **"Theory of Deliberative Democracy/ Deliberative Fora"** **Teyori pou Liberasyon,** k ap pale sou twal entènèt la. Sa vle di se demokrasi elektronik, demokrasi nan tan reyèl, demokrasi nan tan prezan, demokrasi k ap elaji tout zèl li san gade dèyè sou **CyberSpace/Entènèt** la. **"Minpublic"**, "**Politik Elektronik.**

Dokiman sou Demokrasi:

1- **Magna Carta :** **The Great Chapter,** ki vle di **Gran Chapit la.** Se youn nan pi gwo dokiman ki te ekri sou libète, demokrasi, li te ekri an laten, se **Archbishop Stephen Langton** ki te ekri li e **King John** ak bawon li yo te siyen li nan lane **Jen 1215** e li te genyen **63 atik** konsa. Yo di « The **Magna Carta** oubyen The **Charter of Liberty, Chapit Libète** oubyen **Cornerstone of Liberty, Fondasyon Libète** ».

2- **Deklarasyon Dwa Moun ak Sitwayen:** Se youn nan deklarasyon ke Asanble Nasyonal nan peyi Lafrans te vote nan dat **1 Daout 1789**. Pou kalme pèp la, ki te soulve pou reklame dwa li, nan sosyete mechan ki t ap toupizi li, itilize li tankou bèt, tankou byen prive yo san rete.

3- **Deklarasyon Endepandans Ayiti:** te pi gwo revolisyon ke yon pèp pa janm fè sou latè. Zansèt yo te kraze lame blan Fransè a plat atè. An nou pa bliye ke nan tan sa lame Fransè yo te pi gwo lame sou latè. Pou rele peyi a chè mèt, chè mètres. Se te nan dat, **1 Janvye 1804,** apre gwo revolisyon sou latè paran nou te fè ansanm.

4- **Deklarasyon Inivèsèl Dwa de Lòm:** Nan dat ki te **10 Desanm 1948**, tout 58 eta manm Konsèy Jeneral Nasyonzini yo te siyen I nan peyi Lafrans, nan vil Pari nan palè Caillot. Tout peyi ki siyen dokiman sa a dwe respekte li.

> JWÈT POU OU.

1- Ki pi gwo dokiman ki te ekri sou demokrasi nan lane 1215?

2- Ki kote demokrasi pran nesans?

3- Ki moun ki papa demokrasi?

4- Kisa timokrasi vle di?

5- Kisa demokrasi vle di?

6- Kisa plutokrasi vle di?

7- Ki moun ki te ekri Magna Carta a?

8- Ki kalte moun ki te siyen Magna Carta a?

9- Nan ki ane yo te siyen Magna Carta a?

10- Ki diferans ki egziste ant Deklarasyon Dwa de Lòm ak Deklarasyon Dwa Moun?

11- Ki diferans ki egziste ant Deklarasyon Dwa Moun ak Sitwayen avèk Deklarasyon Dwa Moun?

12- Ki pèp nwa ki te fè pi gwo revolisyon sou latè beni?

Kalkil Politik: mande 3 bagay; lisidite (tande, wè, konprann), epi kapasite pou li ak pou ekri, pou ede ou aji pou chache ki kote enterè ou ye nan jwèt politik la. Se taktik, fòm ak fon pou ou ye.

EGZÈSIS DEMOKRATIK: #5

<u>Demokrasi nan Rapò Moun avèk Moun:</u>

Demokrasi egziste menm se pou reglemante rapò moun avèk moun. Se paske rapò moun ak moun pat bon ki fè filozofi demokrasi vini yon reyalite. Rapò moun ak moun se bagay ki konplike anpil, paske moun konplike. Se sa ki fè ke tolerans se youn nan pi gwo trè karakteristik tout demokrat sou latè. Rapò ; fanm ak gason, rapò paran ak pitit, rapò vwazen ak vwazin, rapò frè ak sè, rapò frè ak frè, rapò sè ak sè, rapò moun pòv ak moun rich, rapò moun nwa ak moun wouj... dwe chita sou demokrasi. Nan rapò moun ak moun trè karakteristik ki vrèman enpòtan yo se: **respè, tolerans, egalite, koperasyon, konpreyansyon, lapè, sivilite, patisipasyon, amitye, lanmou, fratènite**... Demokrasi sitou Dwa Moun trase limit ki dwe egziste nan rapò moun avèk moun. Moun pa dwe iltilize moun tankou esklav, moun pa dwe ap bat moun. Moun pa dwe ap eksplwate moun sou okenn fòm, moun pa dwe fè okenn aksyon ki pou diminye valè, grandè moun pou okenn rezon, sou okenn pretèks. Nan sosyete demokratik la, rapò moun ak moun pa dwe gen fay, ni mankman sou respè dwa, diyite, valè, grandè, bonè chak moun depi yo tonbe nan vant manman yo, diran lavi yo, jis yo mouri. Rapò moun ak moun, se miwa demokrasi a nan yon sosyete demokratik. Demokrasi se yon kilti ki kòmanse depi nan timoun jouk rive nan granmoun. Pa genyen moun ki fèt tou diktatè, rasis, mechan. Se aprann yo aprann sa lakay yo, nan sosyete kote yo leve, nan lekòl yo. Trè karakteristik ke yon timoun devlope lakay li lè li ap jwe avèk lòt timoun ap rete lakay li jis lè li gran moun sou baton. Se sosyete a, lekòl yo, otorite yo ki pou veye ke timoun sa rantre nan sistèm demokratik modèn lan. Pou timoun sa pa devni yon malè plandye pou tèt li avèk tout sosyete a demen. Divèjans, inegalite, divizyon ki genyen ant klas sosyal yo ak enkapasite, volonte leta pa genyen pou redui eka, disparite sosyal, ekonomik fè gen anpil rayisman, move konprann k ap dechire tisi sosyal la. Epi rann rapò moun ak moun nan tout konpatiman sosyal la malouk. Pa gen moun ki pale Anglè, Fransè, Mandaren, Alman oubyen nenpòt ki lòt lang, si li pa aprann li. E se pa fasil pou li bliye pale lang sa a. Konsèp; Dwa Moun, Demokrasi, Leta ki chita sou Lalwa, se depi nan fanmi ou, andedan lakay ou, ou dwe aprann sa fen e byen. Ou dwe dakò respekte dwa tout frè ak sè ou yo, devwa tout frè ak sè ou yo. Ou dwe konnen kote dwa w kòmanse, kote l fini. Ou dwe konnen kote dwa lòt yo kòmanse e kote yo fini, kòmanse sou manman, papa, frè, ak sè k ap viv nan menm kay avèk ou. Ou dwe chache lapè, lanmou, kominikasyon, sajès... pou viv avèk yo. Demokrasi nan lavi frè avèk sè, se bagay ki pozitif, se lanmou, se fratènite, ki dwe mache nan venn youn pou lòt. Lè ou ap gade **Seleksyon Nasyonal** la k ap jwe gen yon chalè, yon dife ki nan kè tout pèp ayisyen an, paske se nou tout ki nan batay la. Lè yon jwè ap reprezante Ayiti nan nenpòt ki kategori espò, tout pèp la ini, gen yon fòs ki plis pase nou, ki mare nou ansanm. Nou retwouve noumenm nan jwè sa a. Se demokrasi sèlman ki ka fè nou gen menm lanmou sa, menm chalè sa, menm dife sa nan kè nou pou tout frè avèk sè nou chak jou nan tout bagay, nan nenpòt ki sikonstans, sitou moun ki pa nan menm kan ideyolojik avèk nou. Lè nou sonje ke demokrasi mete nou tout egalego, san mank, san fòs kote. Demokrasi nan lavi frè avèk sè, fè lèn renmen lòt avèk menm lanmou an san manti. Respekte dwa ak devwa frè ak sè ou yo se pibon fason pou asire ke dwa ou ak devwa ou respekte. Demokrasi nan lavi frè ak sè nou yo se zouti pou bati yon sosyete demokratik, yon peyi estab ak yon ekonomi ki pisan. Demokrasi nan lavi frè ak sè se fason pou mete lapè ak konpreyansyon nan mitan popilasyon an. Nou dwe respekte frè ak sè nou yo, ba yo valè yo merite, bay jistis pou nou resevwa jistis, bay pouvwa pou nou resevwa pouvwa. **Altènans... se transmisyon demokrasi a.**

> ## JWÈT POU OU.

1- Kòman ou konpòte ou andedan lakay ou ?

2- Eske ou se yon demokrat avèk moun lakay ou ?

3- Eske tout moun lakay ou yo byen konnen kòman pou yo konpòte yo anvè tout lòt moun, nan respè tout nòm demokratik yo, ak nan respè tout dwa de lòm yo?

4- Eske ou dakò pou pataje règ avèk prensip demokratik ou jwenn nan liv sa avèk tout lòt moun ou konnen yo?

5- Eske ou panse se yon bon taktik pou ou aji avèk moun tankou yon bon demokrat menm lè yo pa viv avèk ou tankou bon demokrat ?

6- Bay senk trè karakteristik ki egziste nan relasyon ou genyen ak frè ou, ak sè ou dapre valè demokratik yo?

7- Eske ou aksepte tout frè, ak sè ou yo fason yo ye a ?

8- Eske gen frè, oubyen sè ou ki pa gen valè nan kay la?

9- Eske ou respekte dwa ti frè, ti sè ou yo ? Eske ou konnen dwa ou avèk devwa ou anvè yo tout ?

10- Eske li posib pou ou ap vyole dwa moun ki pa anyen pou ou, eske ou kwè, patisipe nan altènans demokratik yo ?

11- Si ou t ap bay sosyete a yon nòt pou rapò moun ak moun dapre prensip ak règ demokratik yo, ki nòt ou t ap bay sosyete a, ak peyi a?

12- Kritike tèt ou nan rapò ou ak tout lòt moun ou konn gen rapò, kisa ou reyalize? Kisa ou ta renmen amelyore ?

EGZÈSIS DEMOKRATIK #6

Demokrasi nan mitan Elèv Lekòl:

Lekòl se kote tout moun pase premye pati nan vi yo. Yo ale lekòl byen bonè pou yo kapab jwenn edikasyon, fòmasyon pou yo devni moun yo vle demen an. Nan lekòl toujou gen ti dife volan, elèv ki toujou ap bay pawòl sou lòt. Pou yon rezon oubyen pou yon lòt. Gen elèv k ap mache gate zanmi ak lòt elèv, pou dan griyen, paske yo poko gen konprann lakay yo. Konsa tou, gen elèv k ap fè lòt elèv gate zanmi ak lòt elèv parèy yo, pou tout kalte rezon. Mwen te pase lekòl tou, istwa lavi lekòl se gwo istwa. Se nan lekòl karaktè tout moun fèt, se nan lekòl avni tout moun prepare. Pafwa se nan lekòl anpil move eskperyans konn fèt, souvni lekòl kenbe tout moun jouk yo mouri. Pi gwo fòmasyon yon moun kapab jwenn nan lekòl se fòmasyon demokratik. Demokrasi se rèy lapè, tèt ansanm, moralite, sitwayènte e se nan lekòl ke tout baz demokratik yo dwe poze kay tout elèv nan tout kalte klas. Li enpòtan anpil pou elèv yo konnen kòman pou yo viv ant yo nan lekòl. Nan lekòl; ou pa dwe fè raysab, lennmi, tripotay, pran poul nan egzamen, fè elèv batay youn avèk lòt oubyen youn nan plas lòt. Se devwa tout pwofesè pou veye, e aprann elèv yo viv ansanm, tankou frè ak sè. Ministè edikasyon nasyonal la, asosiyasyon lekòl prive yo, avèk lekòl piblik yo dwe òganize pwogram pou konekte tout elèv lekòl nan peyi a ansanm. Pou pa genyen yon lespri divizyon nan mitan yo, e pou kreye **"konsiyans kolektif"** peyi a. Yo dwe konnen kòman elèv lòt peyi yo ap viv, e fè kontak avèk yo. Demokrasi dwe ateri nan mitan tout klas sosyal elèv lekòl peyi a. Chak elèv dwe yon ajan lapè, yon elèv ki pozitif, yon moun ki konn viv. Si yon elèv pa vle zanmi ou, se yon bagay nòmal, ou pa dwe rayi li pousa, oubyen gen pwoblèm avèk li pousa. Se lavi a ki mande sa a, e se mòd de eksperyans sa yo k ap prepare ou pou afwonte lavi a demen. Konsa tou, ou ka pa vle zanmi avèk yon elèv, men kòm yon elèv pozitif, yon ajan lapè, yon bon demokrat pa demontre sa. Li toujou pibon pou tout moun zanmi ou, oubyen ou demontre ke tout moun se zanmi ou. Menm lè ou pa kite tout moun konnen zafè ou, e ou dwe seleksyone tout bon zanmi ou yo ak anpil entèlijans, epi pridans. Se pa tout moun ki dwe pibon zanmi ou. An verite ou pap janm jwenn tout moun renmen ou. Men ou menm se pou ou viv tankou tout bon demokrat, pou respèkte yo e ede yo. Mete lapè, lanmou, amitye nan mitan tout moun, tout kote ou kapab. Pap gen rezon valab pou rayi yon moun e pou moun rayi ou. Ou ka gen diferans avèk li, oubyen pa dakò ak sa li fè. Men sa li fè jodi a, pa gen anyen ki di l ap fè menm bagay la demen. Kidonk se pou bay tout moun chans pou yo chanje. Pa bliye timoun jodi, granmoun demen, kamarad de klas jodi, anplwaye demen, zanmi jodi, zanmi demen. Se sa ki fè mwen renmen e mwen sonje tout kamarad de klas mwen yon anpil. Pa janm bliye, se yon bagay nòmal pou fè erè, men depi ou rekonèt erè ou, se pou ou kouri vit repare yo, e mande eskiz. Sa ap fè ou gran, e ou pap ka mezire grandè ou. Kèk fwa se pou ou bese pou ou ka leve pi wo. Se yon bagay nòmal pou ou twonpe ou, tout moun k ap twonpe yo, men se yon bagay ekstraòdinè lè yon moun rekonèt li te twonpe. Nou dwe bay tout moun tan pou yo reyalize erè yo, san nou pa kenbe yo nan kè oubyen mal aji avèk yo. Se bèl bagay lè zanmi nou te fè nan lekòl rete zanmi nou pou tout lavi, tout istwa nou, tout enfans nou makonnen ansanm, e youn pap kite lòt nan move moman. Sa vle di avni elèv yo kòmanse depi sou ban lekòl yo, nan relasyon youn avèk lòt. Si demokrasi te nan mitan elèv lekòl ayisyen pandan 2 jenerasyon ki sòt pase yo, ayisyèn ak ayisyen t ap viv byen, Ayiti t ap bèl.

> JWÈT POU OU.

1- Ki premye zanmi lekòl ou te fè depi ou premye ale lekòl? Ki premye zanmi lekòl ou sonje ou te fè ?

2- Ki premye elèv ki te pibon zanmi ou, ou sonje jouk jodi a, oubyen ou toujou zanmi avèk li jouk jodi a?

3- Ki elèv ou te fè yon bagay mal ou regrèt, e ki elèv ki te fè ou yon bagay mal ou regrèt jouk jodi a tou?

4- Eske ou te yon bon elèv nan klas ou te fè yo, eske ou te yon bon elèv pou lòt elèv ki te nan menm klas avèk ou?

5- Si ou gen chans pou w pale ak chak elèv ki te nan menm klas avèk ou, depi ou te kòmanse ale lekòl, kisa ou t ap di yo ? Ki kalte souvni ou kenbe de tan ou te pase lekòl ?

6- Ki mesaj ou bay pitit ou ki lekòl, sou kòman pou ou yo konpòte yo avèk lòt elèv parèy yo, avèk pwofesè yo?

7- Eske yo aprann ou reflechi, kritike, analize, nan lekòl ou, eske yo aprann ou chache solisyon pou pwoblèm yo ?

8- Lè yon elèv vini di ou yon pawòl sou yon lòt elèv, eske ou pran pawòl sa pou laverite, oubyen ou analize, poze keksyon, kritike, pou wè kote laverite a chita ?

9- Eske ou gen abitid poze pwofesè ou yo keksyon ?

10- Lè ou fè yon erè, kòman ou repare erè ou a ?

Inyon Intè-Palmantè : se yon òganizasyon ki ini palman nan 166 peyi lib sou latè, inyon sa a te kreye depi 1889. Li tabli baz li nan vil Jenèv, peyi Laswyis, se **Saber Chowdhury** k ap dirije li. Wòl inyon sa a, se ; travay pou **lapè** ak **koperasyon** nan mitan manm li yo pou etabli yon **demokrasi reprezantatif solid**. Òganizasyon an la pou ranfòse vrè fòs demokrasi nan chak peyi ki se **palman**.

EGZÈSIS DEMOKRATIK #7

<u>Demokrasi ant Pwofesè ak Elèv yo:</u>

Tout pwofesè se dezyèm paran tout elèv. Se sa ki fè li enpòtan pou ou toujou gen bonjan relasyon avèk tout pwofesè ou yo. Se pwofesè k ap bay tout elèv enstriksyon, elèv yo dwe konnen wòl yo ak devwa yo anvè pwofesè yo. Epi pwofesè yo tou, dwe konnen wòl ak devwa yo anvè elèv yo. Pwofesè yo dwe sèvi bon modèl pou elèv tout elèv yo, paske gen anpil elèv ki pral tounen disip anpil pwofesè. Pwofesè yo dwe pozitif, veyatif, demokrat, solid, fò, egzanplè, disipline, pou tout elèv nèt an jeneral. Konpòtman elèv yo enpòtan anpil, si elèv la pat jwenn bon edikasyon familyal lakay li. Se nan sal klas yo li dwe jwenn bon edikasyon, enstriksyon pou li vini yon sitwayèn, sitwayen demen. Sa ka rive yon elèv pa jwenn tout sa ki nesesè lakay li pou li gen yon bon konpòtman lè li nan sosyete a. Paran li ka pa la, pou yon rezon oubyen pou yon lòt yon elèv kapab derespekte yon pwofesè. Men se pwofesè a ki pou toujou aji kòm bon paran, pwofesyonèl, pou li rezoud pwoblèm lan. Yon elèv pa dwe ap joure yon pwofesè, pale fò, dezobeyi, pa tande sa yon pwofesè di yo. Pwofesè yo la pou byen tout elèv, nenpòt bagay mal ki rive gen direksyon, ministè edikasyon an... ki la pou koresponn ak tout pwofesè. Se pou tout elèv respekte, renmen, obeyi, fè zanmi ak tout pwofesè, nan respè tout règ ak prensip demokratik yo.

Metye pwofesè se yon pasyon li ye, yo pap janm peye pwofesè yo ase. Bay elèv fòmasyon pou yo ka vini yon moun demen se gwo travay, e travay sa a san mezi. Lè m ap reyalize, kalte travay, tout pwofesè mwen yo fè nan vi m, mwen remèsye yo ak tout kè m, e mwen di Bondye mèsi pou yo. Depi yon elèv mal bati oubyen li jwenn move fòmasyon, li ka gate pou tout rès vi li. Gen anpil fwa se pwofesè ki konn louvri anpil pòt lavi pou elèv yo, apre yo kite lekòl la kèk ane. Konsa tou se elèv ki konn louvri pòt pou ansyen pwofesè yo demen. Elèv pa gen rezon devan pwofesè, depi pwofesè a pa antò. Elèv yo dwe konprann ke pwofesè yo se pou byen yo ke yo ap travay. Konpreyansyon elèv yo ap fasilite travay pwofesè yo, pou gen pibon rezilta, k ap bon sitou pou elèv yo. Elèv yo pa gen pou bat tèt yo pou pwoblèm, pou abi, vyolans yon pwofesè ka fè sou yo. Paske règ demokratik yo asire tout pwoteksyon nesesè, tout dwa elèv yo avèk sekirite sosyal, mantal, sikolojik e latriye. Fòk pwofesè yo avèk direksyon lekòl yo, fè eleksyon nan chak klas pou genyen komite pou; **Kilti Demokrasi, Eleksyon, Opozisyon, Gouvènans, Leta ki chita sou Lalwa, Dwa de Lòm** avèk lòt eleman nan sistèm demokratik la kapab rete nan lespri elèv yo. Kidonk pou yo gen eksperyans nan demokrasi, zafè dirije, pataje yon lide, viv ansanm, e kòman yo fè yon klas mache, dirije moun... nan lespri pou konstwi,..., peyi a.

> ## JWÈT POU OU.

1- Ki pwofesè pou ou ki te pi fò nan tout tan ou te pase sou ban lekòl yo, ak inivèsite yo?

2- Ki pwofesè pou ou ki te pi enkonpetan nan tout tan ou te pase sou ban lekòl?

3- Antanke pwofesè eske ou aprann elèv ou yo kritike, analize, reflechi sou sijè ki konsène yo, sou sijè ou ap anseye yo a, pwoblèm ki nan mitan yo, ak nan lavi yo?

4- Eske ou te derespekte yon pwofesè, si ou nan menm sitiyasyon an, eske ou ap derespekte li ankò?

5- Eske ou gen yon pwofesè ki te abize ou? Si wi eske ou te pote plent pou li? Si ou gen chans pou rankontre tout pwofesè ou te genyen yo, kisa ou ta renmen di yo?

6- Eske ou renmen djòb pwofesè? Eske ou panse se yon travay ki fasil? Eske sosyete a konnen valè pwofesè yo ?

7- Eske ou wè pwofesè yo respekte dwa elèv yo? Eske pwofesè yo aji dapre tout prensip demokratik yo avèk elèv nan klas ou yo.

8- Kisa ou pat renmen nan konpòtman elèv yo, pwofesè yo ak manm direksyon lekòl ou te pase yo?

9- Kisa ou wè ki merite fèt nan lekòl yo, pou dwa moun, pwofesè, elèv, gadyen, kou manm direksyon yo respekte?

10- Eske te konn gen eleksyon nan chak klas ou te pase yo pou komite klas yo?

11- Eske ou te wè prezans demokrasi nan lekòl ou te pase yo?

12- Eske ou ta renmen gen kou sou demokrasi nan lekòl kote ou ye a?

13- Eske ou ta renmen gen kou demokrasi nan sistèm edikatif la, nan chak klas, nan chak lekòl nan peyi a?

14- Si te gen klas ki te konn fèt nan lekòl ou sou demokrasi, eske ou panse sa te kapab ede ou nan sosyete a ? E fè ou avanse sou wout demokrasi a pi byen?

15- Analize tout tan ou te fè lekòl, kisa ou pat jwenn nan lekòl ki fè ou pa avanse plis nan lavi ou?

EGZÈSIS DEMOKRATIK #8

Demokrasi nan mitan Machann yo:

Yon machann se yon sitwayèn, yon sitwayen konsekan, se yon manman, yon papa responsab. Nan mache, nan lari, nan depo, nan estasyon, bò plas piblik, tout kote ki gen detayan, moun k ap vann dwe gen demokrasi la. Demokrasi pa pou blan, nèg ak palto, moun rich, palmantè, jij, minis, moun save, sèlman. Demokrasi se pou; machann ji, kòdonye, tayè, chanyi, machann boutèy, chofè, atis, atizan, madan sara, machann manje, chofè kamyonèt, chofè moto, machann twal, machann pwomennen, machann pèpè, bouretye, atis pent, machann fèy... Demokrasi se zafè machann! Toutotan noumenm mas pèp la pa konnen sa ki demokrasi byen, demokrasi pap janm ateri vre an Ayiti. Se pousa dwe genyen yon lekòl demokrasi pou machann yo, pou pèp la, pitit sòyèt yo. Pou demokrasi pa aloral, se pou motè sosyete a, moun ki pote peyi a sou do yo konnen tout detay sou demokrasi. Antanke machann ou peye taks, se sa ki fè ou genyen pye sou tout moun nan leta a. Tout anplwaye leta dwe ba ou sèvis ou bezwen, yo la pou sèvi ou e pwoteje ou. Demokrasi se avantaj nan laye tout machann, se avantaj machann anwo, avèk machann anba. Se pou demokrasi rantre nan venn tout machann, nan san tout machann, nan lespri tout machann ki nan peyi a. Rapò machann ak machann dwe tankou yon rapò frè ak sè. Tout machann se yon sèl kòd fanmi. Lè m rantre nan yon mache, mwen toujou jwenn machann k ap joure, fè gwo diskisyon youn ak lòt. Se nòmal se lye a ki mande sa, tankou Wall Street, oubyen tout lòt mache bousye yo sou latè. Men nan nenpòt ki sikonstans respè youn lòt pa dwe janm nan likidasyon, sekirite youn lòt pa dwe an danje. Mwen renmen ale nan mache, e manman m te yon machann. Nan mache yo, gen anpil moun ki vini achte, kliyan k ap rele kliyan, pri ap bay, bon pri move pri machwè gonfle, pawòl ap gwosi, lavant ap grandi.

Men batay, touye, tripotay, vyolans pa dwe nan anviwonman machann yo. Pa bliye nou se motè peyi a, si nou mal mache machin lan pral kanpe, pitit nou ki pral minis, prezidan, pral mal mache tou e pral bay move rezilta. Machann! Valè nou pliske sa nou panse, se nou ki peye taks, frè dwan, pou leta a, peyi a ka mache. Se machann yo ki jere lafanmi, se sou do nou, pye nou, ponyèt nou kay yo chita, lafanmi yo repoze. Depi nou gen lafyèv tout kay la kouche, depi nou gen tèt fè mal tout fanmi an tonbe plat a tè. Yon machann ki demokrat pa joure san rezon ak yon lòt machann, menm lè lòt machann lan se yon diktatè. Yon machann ki demokrat pa chante fò pou deranje lòt machann yo, oubyen pou li voye pwen ba yo. Yon machann ki demokrat pa agase yon lòt. Men li toujou ap chache lapè, tèt ansanm, lanmou, linyon, konpreyansyon pou lavi a kapab fleri nan mache a pou tout machann yo. <u>Se nou tout k ap chache lavi</u>. Demokrasi dwe fleri devan bak fritay, machann manje kwuit, bal pèpè, nan mache anba, sou ray, nan mache an fè, nan tout mache kominal yo... Lè demokrasi va rive nan zòn sa yo, ap gen bon mache. Machann yo ap jwenn plas pou yo vann, kliyan yo ap rantre andedan mache yo pou achte, pap genyen ; defisi, vòlè, boule mache apre mache... men ap genyen ; sèvis ijyèn, twalèt, sekirite, dlo, klinik, asirans, kredi, nan tout mache. Yon machann ki demokrat konnen fòk lòt machann yo viv tou. Yon machann ki demokrat, lè li achte manje, li separe manje a avèk lòt machann ki poko vann. E li achte ji, li bay machann ki poko bwè anyen depi maten, youn pran swenn lòt. Gen machann se yon lòt machann ki konnen tout mizè, tout traka lòt l ap pase. Lè lavi a di, se nan mache ou wè sa pi byen. Depi ou pale avèk yon machann, ou ap gen kontrandi sou sitiyasyon ekonomik peyi a. Menm lè machann nan pa ale lekòl, men li konnen kòman pou li fè kalkil matematik, pou regle biznis li fin e byen. Gen machann se tankou manman ak pitit yo ye. Lavi a mete nou ansanm bò lari a, nan mache a, se pou nou viv ansanm, ansanm pou lavi nou ka pi bèl demen. Se konsa Ayiti ap devlope tout bon vre. Peyi a pap devlope toutotan pèp la pa devlope. Pou yon sistèm demokratik byen enstale li dwe soti anba, pou li monte anwo. Demokrasi retire lavwa o chapit nan men moun save, moun rich, pitit wa, avèk moun ki fèt nan yon fanmi byen detèmine. Demokrasi bay tout machann lavwa o chapit, demokrasi se boul pik tout machann, demokrasi se sakit kòmès tout machann. Demokrasi bay tout machann pouvwa, nan eleksyon, nan manifestasyon, referandòm, nan palman, nan òganizasyon popilè, nan radyo, nan televizyon. Anfen, gras ak demokrasi, machann yo dwe konnen an premye deki prevyen deki mannigans. Konbyen lajan ki rantre nan taks, konbyen lajan ki depanse pou peyi a fonksyone, konbyen ki rete, kote yo pral envesti. Machann yo dwe genyen komite, asosiyasyon pa yo, yo dwe genyen reprezantan ki la pou defann yo. Yo dwe mande pou yo genyen kredi san enterè, asirans bon mache, sekirite nan mache yo, netwayaj, epi respè nan men anplwaye meri, lapolis avèk leta. Nan demokrasi, politik dwe fèt nan lari, ki se kay pèp la. Nan mache kote motè peyi a enstale. Nan legliz ki se fòs moral peyi a. Nan lekòl kote avni peyi a ap prepare. Politik se zafè chak grenn moun sitou machann yo. Se sa ki fè ke tout kandida yo dwe vini koutize nou, nan mache yo pou vòt nan chak eleksyon. A la payèt machann mwen yo pral bay avèk demokrasi nan mitan yo!

> JWÈT POU OU.

1- Depi kilè ou ap fè komès sa a? Eske se komès sa a ou renmen fè, eske ou renmen lòt machann parèy ou yo?

2- Kòman ou wè lòt machann yo ki chita nan mache a bò kote ou?

3- Eske ou fè yon lòt machann mechanste deja, si wi poukisa?

4- Eske ou konnen pibon fason pou chanje yon moun se bay moun lan bon egzanp?

5- Eske ou respekte dwa tout machann genyen pou li vann nan mache a, kòman lavi machann yo ye nan mache a kote ou ap vann lan?

6- Machann, eske ou konnen sa ki demokrasi a?

7- Eske ou konnen pale koze politik avèk lòt machann parèy ou yo?

8- Eske politik se bagay ki gade ou, eske ou se manm yon asosiyasyon machann?

9- Kòman ou panse leta kapab chanje lavi machann k ap viv nan mache a avèk ou?

10- Eske leta konnen machann nan mache ou ap vann lan ? Eske ou konn vote? Eske ou peye taks ?

11- Kisa ou bezwen nan men mouche leta?

12- Eske ou panse taks ou peye yo byen itilize?

13- Ki pri demokrasi nan bak machandize pa ou?

14- Kòman ou konprann demokrasi nan peyi a?

15- Gade lavi ou kòm machann, kisa ou bezwen ki pou ede ou avanse ?

16- Dapre analiz ou, eske lavi a vini pi chè jou apre jou ?

EGZÈSIS DEMOKRATIK #9

Demokrasi nan Lavi Jèn yo:

Jèn yo se avni peyi a, yo se poto mitan fanmi yo, yo se fòs kominote yo. Oryentasyon yo, edikasyon yo, sensibilizasyon yo depann anpil de preparasyon yo jwenn jodi a ki pral fè yo devni sitwayèn ak sitwayen global konsekan. Lavi a difisil anpil pou jèn yo jodi a. Bagay yo ap vini pi rèd chak jou pi plis. Fanmi yo pa ka reponn ak obligasyon jèn yo, jèn yo vini twouve yo pafwa nan move sitiyasyon. Avèk kantite jèn ke nou genyen ki nan sitiyasyon prekè, nou ka di avni yo pap bèl ditou, si pa gen chanjman ki fèt nan avantaj yo. Demokrasi se platfòm sosyal la, se motè lemonn antye. Jèn yo se motè peyi a, kidonk se pou gen yon maryaj ant jèn yo avèk demokrasi. Jèn yo pi fasil aplike demokrasi, paske lespri yo pi ouvè, lespri yo pa chaje avèk diktati. Nan peyi a chaje avèk jèn; jèn fi yo solid e yo bèl, jèn gason yo vanyan e yo fò. Yo bezwen bonjan edikasyon, ankadreman, avèk anpil travay pou sove peyi a. Se pou jèn yo konnen sa ki rele demokrasi a byen pou yo bati yon lòt sosyete ki diferan de sa nou gen la. Jèn yo pa oblije chanje kilti yo, men yo pa dwe kite kilti yo fè yo pa kapab avanse. Nan yon sosyete ki baze sou demokrasi tout bon vre. Demokrasi pa fèt nan bouch, demokrasi se yon lide, se yon filozofi, se yon konsèp ajisan nan tan prezan, ki la pou pèmèt chak jèn vanse sou chemen devlopman. Pou yo pa gen yon lespri retrograd, tounen dèyè, ranmase sa ki pase, ki pat bon. Se paske jèn yo san espwa, yo pa panse ki fè yo konprann dèyè pibon, diktati te pibon. Jèn yo an nou gade devan, devan pibon, an nou mache sou wout demokrasi a. Demokrasi, ak leta ki chita sou lalwa pa gen wete mete, se yon ansanm lwa ki deja reji, ki mande pou tout moun konprannn yo e aplike yo. Pa gen ase dokiman sou sistèm demokrasi ak leta ki chita sou lalwa… ki disponib pou jèn yo. Ti sa yo tande, li, gade, oubyen ranmase nan radyo, televizyon, anba bouch lòt moun pa ase. Aplikasyon yo pa fasil, liv sa ap enpòtan pou jèn yo anpil. Sistèm politik ayisyen an tèlman malad, li konfi jèn yo sou: Demokrasi, Anakwopopilis, Anakrasi, Diktati, Leta ki chita sou lalwa, Dwa Moun, Konstitisyon, Devlopman, Sosyete Òganize, Politik, Diplomasi... Li enpòtan pou chak jèn konsekan, mete konesans nan tèt yo, pouse kouraj yo, double fòs yo, ranmase karaktè yo... Yo dwe mache ansanm, e non youn kont lòt. Jèn; "**politik se zafè pa ou**, **lekòl se avni ou, diktati se lennmi ou, demokrasi se zanmi ou, leta ki chita sou lalwa se bisniz pa ou**, **vyolans pa dwe zafè ou**". Jèn parèy mwen yo, se ; vyolans, diktati avèk demokrasi ki pa ateri ki fè mwen menm avèk ou nan sitiyasyon nou ye la. Si peyi nou te bon, nou t ap pi lwen ke kote nou ye la. Tanpri, demen pa fè tout move bagay ki te fèt deja yo, e k ap fèt jodi a. Se lè pou nou fè yon sèl tèt ansanm, pou nou ede plis jèn ki pral genyen nan peyi a. Pa panse pou tèt nou sèlman, men kreye ; komès, klèb, biznis, bank piblik, lekòl pwofesyonèl, mezon kreasyon... opòtinite dwe priyorite chak jèn avèk ou san leta. Se pou jèn yo reyalize, yo pa dwe kontinye nan move tras ki te trase devan yo. Yo pa dwe fè pati pwoblèm ki nan peyi a, yo pa dwe zouti ; sou devlopman, divizyon, represyon, avèk kòripsyon.

Demokrasi nan lavi yon jèn fi: Se wololoy, se yon dekabès pou tout jèn fi nan sosyete a. Nan tan pase, kilti peyi a te konn mete jèn fi yo aleka, men avèk demokrasi bagay yo chanje. Demokrasi nan lavi chak jèn fi, se pi bèl kado ke sosyete a kapab ofri yo. Paske avèk demokrasi pa gen baryè sosyal, ekonomik, politik ki kapab kanpe devan okenn jèn fi an Ayiti. Demokrasi fè tout jèn fi egalego, nasyonal nasyono avèk tout jèn gason. Depi lakay yo, jèn fi yo gen tout dwa, devwa, privilèj tankou tout jèn gason. E pa gen okenn lespri negatif, degradan, meprizan pou jèn fi yo ankò. Jèn fi vanyan yo merite tout valè, respè, bonè, onè, tout bèl chans ke sosyete a kapab ofri. Se pousa jèn fi yo dwe pote konkou ak dirije mouvman sosyal, kominotè yo, epi rantre ak patisipe nan politik.

Demokrasi nan lavi jèn gason: Se yon bagay espesyal, serye, resan, modèn, nèf, nan lavi tout jèn gason ayisyen ki vanyan, djanm, pitit tout zansèt nou yo. Konsa tou, demokrasi mete lapè kote ki te gen lagè, laperèz, diskriminasyon pou jèn gason yo. Sitou sa yo ki soti nan mas pèp la, pitit sòyèt yo, moun ki pa gen moun ki pou defann yo. Demokrasi louvri tout pòt sosyal, ekonomik, politik bay tout jèn gason. Sèlman se pou yo ranpli kondisyon elemantè pou yo rive kote yo bezwen yo. Jèn gason vanyan yo dwe mete men pou demokrasi ateri e pou aplike lalwa tout bon vre an Ayiti, k ap bon pou yo. Anplis nan lekòl, nan fanmi yo, dwe gen **Sant Sivik** ki dwe la pou aprann jèn fi avèk jèn gason yo, sa ki rele demokrasi avèk;

1- <u>Valè.</u>

    a- **Sivik.**

    b- **Politik.**

    c- **Ekonomik.**

    d- **Istorik.**

    e- **Moral.**

    f- **Kiltirèl.**

2- <u>Devlopman.</u>

    a- **Mantal.**

    b- **Familyal.**

    c- **Sosyal.**

    d- **Fizik.**

e- Espirityèl.

f- Sinatirèl.

3- **Pasyans.**

4- **Respè.**

5- **Refleksyon.**

6- **Disiplin.**

7- **Responsabilite.**

8- **Vizyon.**

Fòmasyon sa yo ap enpòtan nan bati jèn fi total kapital, entèlijan, ak jèn gason solid, byen balanse, byen bati, e anfòm. Sitwayèn ak sitwayen global, byen prepare, atantif, aktif e klasik. Bon moun ki la pou sèvi tout sosyete. Sitou moun ki konnen enterè kominote yo pi enpòtan ke ti enterè mesken pa yo. Yo gen devwa anvè sosyete a, anvè peyi a, e se lè sa a, yo ap devni bon demokrat.

> ➤ JWÈT POU OU.

1- Kisa demokrasi vle di pou ou jèn fi nan peyi a, epi ki avantaj demokrasi ofri ou?

2- Kisa demokrasi vle di pou ou jèn gason nan peyi a, epi ki avantaj demokrasi ofri ou?

3- Kisa ki demokrasi nan sosyete a pou ou jèn yo?

4- Eske jèn yo reyalize ke demokrasi se yon bon sistèm pou peyi a nan moman sa a?

149

5- Jèn, eske nou se demokrat?

6- Ki wòl jèn yo nan sosyete demokratik la?

7- Ki dwa jèn yo genyen, e ki devwa jèn yo genyen anvè sosyete a, kominote yo, e anvè peyi a?

8- Si jèn yo pa respekte dwa moun ki pi fèb pase yo, eske se yon pwoblèm?

9- Eske se pwoblèm pa ou jèn, si yo ap fè lòt moun abi?

10- Eske tout demokrat pa diktatè, ki nesesite ki genyen pou jèn yo patisipe nan fè demokrasi ateri an Ayiti?

11- Eske ou se yon jèn konsekan, ki pa yon pope twèl?

12- Konbyen tan ou menm jèn pran pou reflechi sou aksyon ou yo, sou reaksyon ou yo, sou pawòl ou yo, ak sou tout sa k ap pase nan sosyete a?

13- Eske jèn yo dwe vote nan tout eleksyon depi yo gen laj pou fè sa a?

14- Pami tout gouvènman ki te monte yo, nan tout gouvènman ki te desann yo, anyen pa janm chanje. Poukisa jèn yo dwe kontinye vote?

15- Eske ou menm jèn, ou deside sèvi peyi ou?

16- Si yon moun mande ou achte vòt ou, oubyen fè magouy nan yon eleksyon, eske ou ap fè sa pou lajan, pou plas, oubyen pou patizan ou?

17- Eske vyolans mache avèk demokrasi?

18- Eske ou konnen wòl demokrasi sou tè Dayiti?

19- Antanke jèn, eske ou konnen, ou se avni peyi a demen? Eske ou prepare ou pou fè sa a?

20- Eske ou te fè vyolans kelkonk? Eske ou reyalize sete yon move aksyon kèlkeswa pou rezon ou te fè li a?

21- Eske ou se yon bon egzanp nan katye lakay ou?

22- Eske rapò ou avèk lòt jèn yo toujou chita sou demokrasi, oubyen sou demagoji, ak kòripsyon?

23- Eske lòt jèn parèy ou yo, ke ou ap frekante yo konprann demokrasi, dapre eksperyans ou fè avèk yo? Kisa ki pi enpòtan pase enterè pèsonèl ou yo?

24- Eske ou ta renmen yon jou viv nan yon sosyete pi demokratik demen maten, kisa ou vle fè pousa kapab reyalize? Pran plezi ou, oubyen prepare ou ?

25- Se ou ki demen peyi a, eske ou panse a demen?

26- Ki bon modèl ou jwenn nan sosyete a?

27- Kisa ou ta renmen pou peyi a?

28- Site twa demokrat ki nan politik nan peyi Dayiti?

29- Analize lavi ou jèn, ki senk bagay ki pi nesesè pou ou jodi a, nan senk an ; pou peyi a, avèk ou menm?

30- Kòman ou wè avni ou jèn fi, jèn gason, nan peyi a ?

Respè ; Respekte opinyon chak moun, respekte chak grenn vòt, respekte vi avèk byen chak moun, respekte otorite etatik yo, respekte Konstitisyon an, respekte lalwa ak kòd legal yo, respekte tout relijyon yo, respekte lanati, respekte tout kalte bèt sou latè.

EGZÈSIS DEMOKRATIK #10

Demokrasi se Pon ant Dyaspora a avèk Ayiti:

Dyaspora ; se tout moun ki te fèt nan peyi Dayiti, k ap viv nan lòt peyi, oubyen moun ki fèt nan lòt peyi ki gen san ayisyen k ap koule nan tout venn yo. Pa genyen ayisyen ki janm renonse a nasyonalite l. Poko janm genyen yon ayisyen ki prezante devan yon jij ayisyen pou li legalman renonse a nasyonalite l. Lè yon ayisyen natif natal kite Ayiti, li ale viv nan kèk peyi blan ki rasis, li anba anpil menas, sitou nan peyi meriken ak ewopeyen yo. Se pousa Konstitisyon an pa dwe jete kèk grenn ladan yo ki rive kenbe diyite yo. Sitwayènte ak Nasyonalite se de bagay diferan. Genyen anpil ayisyen ki pran sitwayènte lòt peyi pou anpil rezon valab, men se pa renonse yo renonse legalman a nasyonalite yo, dapre Konstitisyon peyi a. Dyaspora a se kakonn jenou avèk ponyèt peyi Dayiti. Sa vle di dyaspora a se kat manm siperyè peyi a, se krèm peyi a. Peyi a pa ka fè yon bon mouvman, si dyaspora a pa enplike, li ka fè mouvman wi, men se ap fò mouvman. Paske enterè dyaspora a, se enterè Ayiti. Se pousa, dyaspora a ak Ayiti dwe travay ansanm. Demokrasi pa nan esklizyon, pa gen raysab, se respè tout dwa moun san distenksyon. Demokrasi toujou ouvri pòt pou lapè, tèt ansanm ak pwogrè. Se pa tout moun nan dyaspora a ki se trèt, k ap travay pou lòt peyi. Gen anpil ayisyen, se kè yo kenbe ki fè yo poko retounen nan peyi yo deja. Gen anpil lòt se kò yo ki aletranje men lespri yo Ayiti. Se pou mwen montre tout moun; ayisyen nan dyaspora a se ayisyen tankou ayisyen ki an Ayiti yo, pa gen twòp diferans. Se menm lanmou, menm san k ap koule nan venn tout ayisyen pou Ayiti cheri. Dyaspora a kapab pote **Envestisman**, relanse **Pwodiksyon Nasyonal** la, charye tout kalte **Eksperyans** nan tout kalte domèn pote nan peyi a. Dyaspora a gen pou li tabli yon **P.O.N**, yon veritab machin, estrikti, sistèm devlopman ant Ayiti avèk lòt peyi sou latè kote ayisyen yo ap viv.

Se pap yon senp zafè voye manje, lajan, pèpè non... Kòm ayisyen se chache yo ale chache lavi miyò, avèk **P.O.N** sa a, chak ayisyen ap tounen yon **Ajan Devlopman** pou devlope peyi a. Dyaspora ayisyen an se poto mitan, se poumon pèp la, peyi a. Nan nivo ekonomik, dyaspora a voye plis pase 3 milya dola ameriken, nan tout kalte deviz sou latè chak ane nan peyi a. Se chak semèn lajan rantre pou okipe tout eleman de baz yo, soti nan manje, abiman, lekòl, pou rive nan kay, konstriksyon... Dapre sa ki konstate nan mezon transfè yo ak biwo echanje yo. Pou kantite moun ki nan liy, k ap fè va e vyen nan tout biwo sa yo nan peyi a pa jou. Si moun sa yo, fanmi yo ak moun k ap travay nan sistèm transfè a pat jwenn sipò dyaspora a. Kantite moun sa yo te kapab bloke peyi a nan grèv, mobilizasyon, manifestasyon chak jou. Sa vle di enpòtans dyaspora a nan peyi a san mezi. Nou pa bezwen pale sou envestisman dirèk ak endirèk. Nou pap pale de kago, ki pote tout kalte bagay peyi a, pèp la bezwen pou li fonksyone. E taks yo pran sou dyaspora yo anpil. Se pa minit yo pran taks sou dyaspora a, se sou chak transfè, yo pran $1.50 san lwa, san regleman, san mèsi bokou, san tanpri souple. Se lanmou, sans responsabilite, rekonesans ak patryotis ki fè chak grenn moun nan dyaspora a sonje dèyè, voye chache fanmi, zanmi. Oubyen rantre pase vakans, rantre regle papye pou lòt moun yo kapab rantre nan lòt peyi pou chache yon lavi miyò. ... *Menm lè gen anpil keksyon ki dwe poze... Menm lè se pa tout ayisyen ki nan dyaspora a ki renmen Ayiti, gen ladan yo se trèt yo, se machann peyi yo ye vre, men se pa tout...* Dyaspora a sipòte ansyen zanmi, akonpaye kandida, defann Ayiti devan tout lòt pèp sou latè beni... Se pa de mizè chak grenn dyaspora yo konnen, pi gwo mizè a, se premye jou, nwit yo pase andeyò peyi a. Se jou sa yo reyalize, yo kite peyi a tout bon vre. Epi yo fas a yon reyalite, sitiyasyon pou premye fwa, yo pa konnen sa yo pral fè, kòman yo pral soti. Men kòm ayisyen yo toujou jwenn kouraj pou afronte lavi a, yo toujou fini pa jwenn sa yo ap chache a. Konsa tou, lè yon dyaspora rantre nan peyi a, yo mache tankou tout lòt moun. Yo manje manje natirèl, achte anpil pwodwi lakay, yo pa neglije sipòte pwodiksyon nasyonal la. Yo achte fèy nan mache pou yo jwenn pou sèvi lòtbo. Yo monte tèt mòn san prejije. Yo rete tann taptap nan kafou deriso, kafou peyan, kafou tifou, achte plas nan kamyon pou ale nan tout vil pwovens yo. Tankou tout ayisyen anba pousyè, pousad, san prejije, se yo ki pou di ou si yo se yon dyaspora ou pa. Gen kèk ti deriv, men ki pa reprezante majorite dyaspora a. Jou dyaspora ayisyen an deside pou li mache nan yon sèl lide pou yo ba yo dwa yo, san wete san mete, devlopman Ayiti ap klè kou dlo kòk. Pèp ayisyen mwen an, Bondye nan syèl la sèl temwen m; "se sèl dyaspora a ki kanpe san enterè avèk nou". Pa fè vyolans sou yo, bay yo pwoteksyon, sekirite, pa ba yo mato. Paske depi ou wè yo tounen se paske yo gen renmen nan kè yo pou ou. Demokrasi se pon ant dyaspora a avèk Ayiti.

> ## JWÈT POU OU.

1- Kòman dyaspora a ka jwenn tout dwa li merite yo san pèdi tan?

2- Eske se vre tout dyaspora se trèt ?

3- Kisa dyaspora yo fè politisyen ayisyen yo?

4- Eske Ayiti ka dekole san dyaspora a?

5- Eske ou reyalize enpòtans dyaspora nou an pou peyi a ?

6- Kisa dyaspora a fè Ayiti ki mal?

7- Eske ou kwè ke tout ayisyen se ayisyen?

8- Analize, si dyaspora a jwenn tout dwa li pou ki moun li ap pibon ?

9- Lè yon moun di yon pawòl sou dyaspora a, eske ou konn pran tan pou analize, pou wè ki rezon ki fè li di li ?

10- Kisa de bon ke dyaspora a kapab pote pou Ayiti ?

Travay pou ou Sitwayèn avèk Sitwayen:

Misyon I : Ouvri yon gwoup refleksyon bò lakay ou avèk fanmi ou, zanmi ou. Pou reflechi sou liv sa a, tout sa k ap pase nan peyi a, e sou latè, tankou ; politik, espò, ekonomi, sante, anviwonman, avèk tout zafè kominote a, e latriye.

Misyon II : Avèk moun ou reyni yo, kòmanse rezoud pwoblèm ki komen ant moun ki nan gwoup la. Chak moun ki nan gwoup la ap chwazi yon pwoblèm, pou rès gwoup la ede li oubyen chache èd pou ede li rezoud pwoblèm sa a.

Misyon III : Apre nou fini antrene nan rezoud pwoblèm pèsonèl yo. Chache lòt moun nan zòn nan nou konnen ki bezwen èd, ede yo. Oubyen kòmanse rezoud pwoblèm kominote kote n ap viv la. Tankou ; bale lari, ranmase fatra, bay timoun leson, ede vèv yo, granmoun ki pa gen moun pre yo, andikape yo, pentire kay pou moun ki ede kominote a, kloure baryè, nimewote kay ak mete non nan ri ak riyèl yo. Tout ti bagay ki nesesè nou kapab fè e ki pap kreye pwoblèm, pa bliye se rezoud n ap rezoud pwoblèm.

Misyon IV : Fè yon kaye doleyans ansanm avèk lòt moun nan katye a, epi pote li nan meri a. Pa bliye pou fè suivi doleyans yo nan pran kontak avèk responsab yo. **Gwoup la dwe louvri pou tout moun, ankouraje divèsite nan laj, koulè, sèks, klas, relijyon.**

Misyon V : Kanpe avèk kominote ou a nan tout kalte sitiyasyon. Kominote w se pa w. Renmen chak moun ki nan kominote kote ou ap viv la, tanpri ! Ou pa chwazi yo, fòs ki mete nou ansanm lan plis pase ni ou ni lòt moun sa yo. Mete nou ansanm pou nou viv.

EGZÈSIS DEMOKRATIK #11

Demokrasi gen Pri pou Peye:

Ki pri demokrasi? Chak chwa ou fè nan lavi a gen yon pri pou peye. Demokrasi se yon chwa politik, ou pa ka chwazi yon pati epi ou kite yon lòt pati nan sistèm demokratik la. Ou pa ka chwazi sa ki bon pou ou a, epi ou neglije pati ki bon pou lòt yo. Kidonk demokrasi pa yon sistèm koken. Se zafè granmoun, moun ki respekte tèt yo, moun ki respekte Konstitisyon an, se zafè moun ki gen karaktè... Anpil moun pè pou yo pa pèdi pouvwa pou tout tan, si yo respekte tout prensip demokratik yo, men yo bliye ke se menm prensip sa yo ki garanti yo, pou yo gen pouvwa a ankò nan bonjan eleksyon. Paske yon sèl gwoup moun pa dwe rete sou pouvwa a, fòk gen altènans politik. Nou dwe deside kite kèk abitid nan kilti nou, tankou kraze, brize, touye moun pou pouvwa, fè maji ak detounen moun pou pozisyon ki pa pou nou. Tout aksyon sa yo se malediksyon n ap kite tann nou demen. Pami tout pri demokrasi genyen pou peye, men 5 ki pi enpòtan yo :

1- Respè pou Konstitisyon an. 2- Respè pou Demokrasi a.

3- Respè pou leta ki chita sou lalwa a.

4- Respè pou dwa moun yo, epi "respekte règ jwèt la".

5- Respè pou sosyete mondyal la.

Tout move mannèv, konplo, vòl eleksyon, ap toujou mal pase pou moun ki konprann yo kapab bafwe prensip ak règ demokratik yo. Sèl fason pou kenbe yon pouvwa pou yon tan ke Konstitisyon an deklare se ; bon bilan, rezilta, bèl pwogram, respè prensip ak lwa etabli yo, bòn gouvènans. Demokrasi gen pri pou peye, gen règ pou respekte, ak kont pou rann, tankou ; fason pou eli, pou jwenn travay, kontra, konbyen tan pou fè sou pouvwa... Respekte tan sou pouvwa oubyen nan yon pòs, se pi gwo maladi ayisyen soufri. Depi yo nan yon pòs nan leta a, yo pito fè sa pou yo pa fè pou yo rete ladann li. Pou demokrasi kapab fleri, yo dwe fè sakrifis, yo dwe peye pri sa yo, ki se respè; **Konstitisyon an, Lalwa yo, règ avèk prensip demokratik yo**. Pri demokrasi se kapasite, matirite pou respekte règ avèk prensip demokratik yo. Se fòs pou kenbe kè pou pa fè tenten, pou pa fè lèd, pou pa vòlè eleksyon, vann plas pouvwa, fè abi otorite, respekte tèt ou. Pri demokrasi, se pri valè ou, respè ou genyen pou lòt moun, fason ou mache dwat nan chemen demokrasi a. Se kapasite pou gade tout moun nan je, apre ou fini travay pou tout moun ap temwaye de tout bèl travay ou te reyalize dapre lalwa. Pa gen plent ki pote kont ou devan lajistis, konsiyans ou klè, men ou yo pwòp, e ou pa oblije pati kite peyi a. Chak grenn sitwayèn avèk sitwayen gen pri pou peye pou demokrasi ateri, tankou chak grenn enstitisyon endistenkteman gen pri pa yo pou peye. Pri demokrasi pou pèp la se ; respekte dwa ak devwa tout moun, veye eli yo, patisipe nan eleksyon, peye taks, mande **resi** pou tout lajan ki rantre, ki prete, ki depanse pou kontwòl san grate tèt... Eli yo ak amplwaye leta yo dwe ; respekte Konstitisyon an, fè sakrifis pou yo pa fè 0 tounen 9, epi sèvi tout popilasyon an avèk etik, epi kè kontan.

> ➤ JWÈT POU OU.

1- Dapre ou menm ki pri demokrasi ?

2- Eske li nòmal pou moun ap jwenn djòb andeyò tout règ ak lalwa deja etabli nan yon gouvènman?

3- Eske eleksyon se sèl fason pou retire yon gouvènman?

4- Eske genyen fason pou retire yon gouvènman andeyò Konstitisyon an?

157

5- Eske Konstitisyon an li menm garanti yon gouvènman manda li. Lè l ap fè tout kalte aksyon dèyèdo lalwa, règ ak prensip ke menm Konstitisyon an deja etabli?

6- Nan demokrasi, eske Konstitisyon an se papye epi bayonèt se fè?

7- Kisa prezidan an ka fè pou ou? Ki wòl minis yo?

8- Eske ou konnen ki moun ki; Depite, Senatè, Azèk, Kazèk, Delege Vil, nan depatman, komin, seksyon kominal kote ou ap viv la? E ki wòl yo?

9- Si prezidan an fè yon erè, eske ou ap gen ase kouraj pou ou di li sa? Eske tout sa prezidan an di se sa?

10- Analize chak gwoup moun nan lavi Sosyal, Politik, Ekonomik lan, gade pou wè ki gwoup moun, oubyen ki moun nan chak gwoup sa yo ki bay demokrasi tout valè?

11- Eske ou janm konfwonte yon eli sou pwomès li te fè, li pa kenbe ?

12- Eske ou vote pousa ou remen, oubyen pousa ou bezwen ?

VRÈ DEMOKRAT : Yon vrè demokrat dwe ; konnen règ ak prensip demokratik yo, pou li aplike valè demokratik yo, e li dwe veye sou yo. Li dwe defansè demokrasi a ; devan tout pati politik, devan tout zanmitay li, sitou lè li fè pati yon pouvwa nan leta a. Yon vrè demokrat konnen demokrasi plis pase li, li dwe koube li devan demokrasi sitou lè rezilta obeysans li an pa nan avantaj li. Yon vrè demokrat pa itilize demokrasi pou regle biznis pèsonèl li. Yon vrè demokrat genyen etik nan politik li, nan responsabilite li. Yon vrè demokrat se pa yon rakètè politik. Li pa dwe gen rankin lakay li.

EGZÈSIS DEMOKRATIK #12

Demokrasi andedan Lafanmi:

Yon fanmi konpoze avèk papa, manman epi pitit. Se sant, nwayo tout peyi. E se pou rezon sa ki fè ke demokrasi dwe ateri endedan chak grenn fanmi. Chak fanmi diferan, men demokrasi rann tout moun andedan chak fanmi egalego. Gras ak tout bèl pwomès ke demokrasi fè chak moun sou latè, chak fanmi, fi avèk gason vini gen menm dwa ak devwa. Epi timoun ap jwi dwa pa yo tou. Kilti nou te ka mete yon ti vigil diferans nan wòl gason ak wòl fi nan fanmi an, men se pa pwoblèm, se pa yon gwo diferans. Pa gen chèf ak esklav nan yon fanmi ankò. Tout moun granmoun, nan respè dwa ak devwa yo. Se gason an ki responsab zafè ekonomik, pwoteksyon... Se fi a ki responsab kay la, edikasyon timoun yo, e wòl yo konn envèse toutan. Men prensip demokratik yo pa ka pliye, yo pa gen dwa menm kwochi. Gras ak demokrasi pa gen kout pye, kout pwen, kalòt, move diskisyon, pawòl anpil, kraze vèsèl, fè de ran, se lapè, trankilite, lanmou, pwogrè ki pou fleri.

Gason yo te konn pran pòz chèf yo, epi kèk fwa vyole dwa fanm, timoun yo. Men se pa jounen jodi a, gras ak demokrasi, gason yo mache sou pinga yo, pou yo pa pile si yo te konnen yo. Fanm yo gras ak kouraj yo, yo kanpe djanm pou dwa yo pa pase anba pye. Pa gen dan griyen devan **Dwa de Lòm** ak **Fanm,** epi **Timoun**. Depi ou panche ; demokrasi, leta ki chita sou lalwa, dwa de lòm ak sosyete sivil la ap drese ou byen vit. Se pa a san sou san tout bagay ap mache, men tout baz yo deja etabli. Se chak moun ki pou kanpe, pou fè dwa yo respekte. Li enpòtan pou manman avèk papa demokrat, paske li gen dwa se youn nan yo ki pral leve timoun yo sèlman. Oubyen se matant, tonton ki pral leve timoun yo. Pa dwe genyen yon kwen ki rete ouvè pou timoun yo jwenn lòt fòmasyon ke demokrasi, lè yo gran, yo kapab aprann sa yo vle.

Gras ak demokrasi, Konstitisyon 1987 amande a, leta ki chita sou lalwa, dwa de lòm, sosyete nou an sou wout pou li byen balanse, men pa gen volonte pousa rive fèt. Gen anpil timoun ki rete ak moun, timoun k ap sibi vyolans nan kay kote yo ap viv la. Konsa tou, ou jwenn fanm k ap sibi vyolans anba kèk gason ki manke sou gason yo. Se la pou tout moun nan sosyete a kanpe pou dwa tout moun nèt an jeneral ka rive respekte san manke, san laloz. Pa gen jwèt nan zafè dwa moun, moun pa dwe kache pou moun k ap fè abi, sou gason, sou fanm, sou timoun, e menm sou bèt. Se responsabilite tout manm yon fanmi pre oubyen lwen pou veye si tout dwa moun respekte, e pou tout moun jwi dwa yo.

Pandan ou ap jwi dwa pa ou, se devwa ou pou voye je ou pou wè si dwa lòt moun yo respekte tou. Paske <u>Charles-Louis de Secondat, Baron de La Brède et de Montesquieu</u> te di nou : « enjistis yo fè yon grenn moun, se tout moun yo fè enjistis ». Demokrasi se dwa ak devwa ki bay yon sosyete byen balanse, kote fanmi se premye pwen depa, kote demokrasi dwe kòmanse. Si yon fanmi mal bati li pral bay timoun ki mal bati, demen sosyete yo pral bay la pral mal bati tou. Lanmou se premiye rezon ki kreye yon fanmi, se sa ki fè tout sa ki pou fèt nan fanmi an dwe gen lanmou ladann. Timoun yo ki se pwodui fanmi an, dwe jwenn lanmou e non abi. Si yo sibi abi, yo ap gen move souvni, ki pral rete nan lespri yo jouk yo fonde fanmi pa yo. Yo pral mal aji avèk piti pa yo, avèk lòt moun nan sosyete, kèk fwa sou moun ki te premye kòmanse fè vyolans sou yo a. Se sa ki fè fanmi an menm dwe yon plas kote demokrasi ateri maten, midi e swa. Tout konpatiman, estrikti lafanmi an dwe chita sou demokrasi, fanmi an dwe premye plas kote timoun yo ap egzèse demokrasi. Tout mès, defo, kalite, enstriksyon, tout baz fondamantal yon timoun ki pral granmoun li pran yo nan fanmi li. E se levasyon timoun lan ki pral detèmine ki kalte sitwayèn ak sitwayen li pral demen.

> JWÈT POU OU.

1- Eske ou menm ki papa nan kay la, ou se yon demokrat, nan fason ou ap viv avèk fanmi ou?

2- Manman eske ou respekte prensip demokratik yo andedan fanmi an?

3- Eske pitit ou respekte vwazen ak vwazin nan katye a?

4- Eske ou konnen ki konpòtman pitit ou avèk lòt timoun parèy li, nan lekòl, legliz, vwazinaj la?

5- Manman se lavi, fanm se mèt lemonn, fi se avni yon demen miyò. Papa, eske ou bay fanm tout valè yo pou demokrasi kapab fleri nan kay la?

6- Paran, eske piti ou se yon moun ki pral kapab sèvi sosyete demokratik la demen? Eske pitit ou se yon modèl nan katye a?

7- Kòman fanmi ou aji, avèk lòt fanmi nan katye a?

8- Konbyen fwa fanmi ou joure ak yon lòt fanmi, epi ou reyalize se fanmi ou ki te gen tò? Kisa ou konn fè avèk sa?

9- Eske ou konnen plas fanmi ou nan sosyete demokratik la?

10- Ki sipò fanmi ou pote nan kominote kote ou ap viv la, pou kominote a avanse nan sistèm demokratik la?

11- Eske fanmi ou se yon modèl nan sosyete a, eske li enpòtan pou fanmi ou patisipe nan konstriksyon sosyete demokratik la?

EGZÈSIS DEMOKRATIK #13

<u>Demokrasi nan mitan Mas Pèp la:</u>

Demokrasi kòmanse; anba tonèl, ant vwazen ak vwazin, pase nan katye yo, tonbe nan vil yo, depatman yo, pou tonbe nan peyi a. "Vwazinaj se dra blan" vre wi! Genyen vwazen ki konn pliske yon fanmi. Konsa tou, genyen vwazen ki pa konn viv pi mal pase yon lennmi, ki se yon eksepsyon. Pa bliye ke **vwazinaj se baz demokrasi, vwazinaj se eskèlèt politik.** Demokrasi kòmanse nan chak kay, korido, bak machann, laye epis, chyen janbe, bak tabak, bank bolèt, bal pèpè... Demokrasi te bati sou konsèp, lide, filozofi ke pèp la dwe jwenn yon mozo nan pouvwa a, yon vwa, yon vòt. Yon posibilite pou yon jou chak moun jwenn yon chans, pou yo dirije yon gwoup moun, oubyen yon enstitisyon, e menm peyi a.

Demokrasi chita nan yon bank domino nan RABOTO, yon bezig nan GRAN-RAVIN, yon titato nan SOLINO, yon 3*7 nan LAFÒSÈT. Demokrasi ap rilaks li nan yon ti sourit nan VIL JAKMÈL, yon jwèt mab nan MIBALÈ, kote jèn oubyen granmoun ap detann yo, byen poze ak kè kontan epi yo ap respekte tout règ demokratik yo. Konsa tou, demokrasi chita nan mitan pèp la, lè pa gen manje nan kay la, lè kay la pa kapab peye, lè timoun yo pa kapab ale lekòl. Lè machann vini mande touche, fanmi malad pa gen kòb pou ale lopital. Demokrasi ap kriye lè pèp la ap kriye, demokrasi grangou lè pèp la nan grangou paske demokrasi se pou pèp la, **demokrasi se pèp la, pèp la se demokrasi.** Se sa ki fè demokrasi bay pèp la tout pouvwa sa yo, demokrasi pa vle pèp la ap soufri menm jan sou lòt sistèm politik yo. Demokrasi pa zafè moun ki konnen li ak ekri sèlman, se zafè mas pèp la, moun ki pa konnen li avèk ekri yo. Yo kenbe mas pèp la nan fènwa konesans avèk demokrasi a. Demokrasi se yon egalite ant dwa avèk devwa, nan respè règ ak prensip demokratik yo. Se sou fòmil sa ke tout moun ap viv, pou yon demen miyò pou chak grenn moun nan mas pèp la. Tout gouvènman bati sou do pèp la. Se pèp la li menm ki pou veye sou bòn mache chak grenn gouvènman. Demokrasi se zafè : machann, jeran lakou, bouretye, malere, malerèz, peyizan, potè, plantè, sèvant, mè, pè, pastè, ougan, doktè, pwofesè, avoka, grandèt, andikape, òfelen, fanm ansent, adolesan, tout klas, tout nivo, tout koulè, chak grenn sitwayen, espesyalman mas pèp la. Paske lè sa pase mal se tout moun ki pral peye po kase a espesyalman mas pèp la. Se tout moun ki pou gen demokrasi nan tèt yo **24/24, 7/7, 365/365, e menm 366/366,** se bagay seriye pa gen plezantri, ni simagri nan demokrasi. Demokrasi pa vle katye k ap batay avèk katye, okontrè, demokrasi vle tout katye yo mete tèt yo ansanm pou yon devlopman kominotè. Demokrasi nan mitan mas pèp la se ; lapè, lajwa, lajistis, pwogrè... li dwe pote pou tout moun. Demokrasi kapab òganize katye yo, evoliye yo, devlope yo youn apre lòt. Demokrasi ouvri tout pòt pou pèp la, se mechan yo ki fèmen yo. Demokrasi se sèl zèl kat ke pèp la genyen. Nan fason lemonn ap bouje la pa gen afè; mwen, ou, li, se nou k ap konjige. Se pousa demokrasi dwe ateri nan mitan mas pèp la, pou yo fè yon sèl pou avansman peyi a. Nou dwe jete tout move manyè ki mete baryè pou nou pa rive travay ansanm tankou ; kout lang, maji, sispisyon, sipèstisyon, rayisab, renmen tout, avèk tout lòt vye mès, ak tanperaman sa yo. Rezon ki fè Ayiti nan malsite sa a, nan twou sa a, se paske relasyon moun ak moun nan tout peyi a pabon. Relasyon chyen manje chyen an pabon. Nou pap kapab byen viv, san nou pa viv byen avèk lòt yo, nou pap janm fin byen panse si nou pa panse avèk lòt yo. Demokrasi kapab mete lanmou, tèt ansanm nan mitan mas pèp la. Nou dwe aplike linyon fè lafòs la nan tout vi nou, andedan lakay nou, nan fanmi nou, nan zantray nou, nan katye nou, nan kominote nou, nan vil nou, depatman nou, nan peyi Ayiti cheri nou an. Se yon benediksyon pou nou si nou fè sa, e se yon malediksyon pou nou si nou pa fè sa. Se konsa nou te jwenn Lendepandans nou, se konsa pou nou kontinye. Nou se yon sèl, nou se frè, sè, se menm nou ye, yon sèl nou ye. Demokrasi se filozofi ki pou pèmèt linyon an fèt ankò nan mas pèp la. Sispann kite moun sa yo divize nou !

➢ <u>JWÈT POU OU.</u>

1- Kòman relasyon ou ye avèk moun ki rete bò lakay ou?

2- Eske ou ap viv pami moun ki aji dapre règ ak prensip demokratik yo, nan respè dwa moun? Si non, kisa ou vle fè avèk sa?

3- Kòman ou ka ede katye ou a, zòn ou an, avanse sou wout demokrasi a tout bon vre avèk tout moun ki ladann?

4- Eske ou konn deranje vwazen ou yo, lè ou ap pale, fè mizik, oubyen fè fèt lakay ou?

5- Kisa kominote ou a manke ou ta renmen li genyen? E kisa ou menm ou ka pote nan kominote a pou li mache pi byen san ou pa vize yon plas byen detèmine?

6- Vwazen ki diferan de ou yo, kòman ou konprann yo, sèvi ak yo? Eske ou panse yo se lennmi ou, oubyen advèsè ou? Eske ou ta renmen yo vini zanmi ou?

7- Si ou gen yon pwoblèm eske moun nan katye ou a, ap kanpe avèk ou? E si se yon lòt moun ki gen pwoblèm eske ou ap kanpe avèk li san pwoblèm?

8- Eske ou konnen ki kantite moun k ap viv nan zòn bò lakay ou a?

9- Fè yon lis sou tout pwoblèm ak sa zòn ou an manke, kòmanse reflechi sou fason ou ka solisyone yo?

10- Eske ou vle kòmanse nenpòt ki asosiyasyon pou rezoud pwoblèm sa yo ki nan katye kote ou rete a? Si ou ap tann leta, a ki lè ou panse leta ap vini ?

11- Dapre ou, kòman demokrasi santi li lè mas pèp la nan mizè, anba mepri, soufrans ak dezespwa…, san lidè?

12- Kilè moun nan mas pèp la reyini, eske se lè gen yon zen, eske se lè gen manifestasyon, eske se lè gen aksyon sosyal, fòmasyon sivik, travay kominotè?

Atitid Demokratik:

Atitid demokratik se karakteristik tout bon demokrat toutan, nan tout sitiyasyon, nan tout pozisyon. Yon demokrat dwe toleran, entèg, e li dwe gen regleman nan tout sa l ap fè san gade dèyè. Lè moun yo sou pouvwa an Ayiti, yo panse yo pa kapab poze yo keksyon, yo pa dwe mande yo kont, yo pa respekte pèsonn. Depi ou mande yo regleman, se batay ou mande yo, kòmsi pouvwa a se byen manman yo ak papa yo. Atitid sa yo pa demokratik, e moun ki gen atitid sa yo pa demokrat. Atitid anplwaye leta yo, lè yo ap sèvi popilasyon an dwe demokratik, yo dwe bay bon sèvis. Atitid timoun jodi, se atitid granmoun demen. Atitid lapolis kòm tonton makout pabon, yo la pou sèvi pèp la. Lapolis dwe aji nan kad ak limit lalwa. Atitid opozisyon an kòm pwovokatè a klè, pap janm bon pou yo, e li pa demokratik ditou. Opozisyon an dwe konpreyansif e kolaboratif. Atitid, tanperaman, santiman, chak sitwayèn ak sitwayen dwe demokratik. Si demokrasi pa domine lavi ak lespri nou, nou pap janm kapab rive nan zòtèy demokrasi.

EGZÈSIS DEMOKRATIK #14

Banbòch Demokratik:

Avan Jean-Claude Duvalier te vole gagè kite peyi a, gras ak yon **Mouvman Demokratik Nasyonal (DEMOKRASI AYISYEN)**. Li te chwazi moun ki pou fè pati yon **Konsèy Gouvènman**. Se Henry Namphy ki te deklare yon banbòch demokratik pou pèp la. Moun ki t ap viv nan epòk la, kapab rakonte ou kisa sa te vle di. Listwa menm rakonte pandan 7 jou konsa, pèp souvren san jijman, san analize, san padone, san demokrasi, tonbe ; boule, kraze, brize, touye, piye moun avèk tout estrikti sosyal, ekonomik, politik peyi a. Sa ki pi mal nan istwa sa a, sèke **yo te tou touye demokrasi a ki te nan pasaj**. Yo sèvi avèk mo demokrasi pou fè sa demokrasi pa vle, sa demokrasi pa dakò. Yo sèvi avèk demokrasi pa yo, pou yo pile demokrasi pa lòt moun, pou yo mache sou demokrasi pa lòt moun, pou yo pase dwa lòt moun anba pye yo. Eske sa yo t ap fè yo sete aksyon demokratik? Eske revanj se demokrasi, eske dechoukaj se demokrasi, oubyen se kraze brize? Eske banbòch demokratik se demokrasi? Kote lidè demokratik yo te ye? Wi makout yo te dwe; jije, kondane, men dapre lajistis. Se te fòt lidè demokratik yo, men sitou fòt moun ki te gen bak peyi a nan men yo. Nan epòk sa a, ni ansyèn diktatè, ni moun ki t ap sibi revanj, ni moun ki te a la tèt peyi a, e ni moun ki te nan mouvman demokratik la, te fayi a misyon yo. Ki te fè yon tranzisyon demokratik reyèl e veritab nan peyi a. Ki te dwe gen misyon pou fè demokrasi ateri nan peyi a, depi nan epòk sa jis jounen jodi a pa gen yon demokrat ki rann yo kont ke travay sa merite fèt. Yo pat konnen kisa demokrasi te vle di. Pat gen moun, pat gen otorite, ni enstitisyon ki te anplas pou ateri demokrasi nan peyi a. Yo te fè yon gwo viktwa, se te yon dezyèm Endepandans vre. Men, menm jan ak premye Endepandans lan, yo te touye Desalin ki te pèsonifye lespri Endepandans lan. Se konsa yo te touye lespri demokrasi a, byen bonè. Demokrasi dwe chita nan lapè, pou li rantre nan lespri tout ayisyèn, tout ayisyen. Demokrasi dwe reprann plas li tout bon vre, pou li ateri nan peyi a. Sèl fason pou gen bon banbòch demokratik, se lè tout moun nan peyi a an jeneral konnen sa ki rele demokrasi a tout bon vre. Lè tout moun aprann, konprann, aplike, tout esans, doktrine, filozofi, règ, prensip, konpozisyon, deskripsyon, aplikasyon, avèk tout aksyon demokratik yo... se lè sa ap gen yon banbòch demokratik ki pap gen dwa janm fini. Anverit jenerasyon <u>apranti demokrat, aktivis, politisyen, defansè dwa de lòm, entèlektyel, militan</u> yo pat fè **yon travay elemantè, esansyèl, popilè, yon travay nan baz** pou demokrasi te kapab ateri depi 1986 jouk rive jounen jodi a. Se pat fòt yo, se konnen yo pat konnen anyen nan sistèm demokratik la.

> ### JWÈT POU OU.

1- Eske kapab gen banbòch demokratik nan yon peyi, kote demokrasi pako menm ateri?

2- Ki analiz ou fè sou istwa banbòch demokratik la ?

3- Poukisa tranzisyon demokratik la pat tou kòmanse nan plas banbòch demokratik la ?

4- Kisa ki merite fèt pou tranzisyon demokratik la rive fèt ?

5- Si se ou menm ki dwe aprann chak grenn ayisyen sa ki rele demokrasi a, eske ou ap gen pwoblèm pou fè sa?

6- Eske ou panse demokrasi se yon banbòch ?

7- Dapre refleksyon pa ou, kisa ki responsab ke tranzisyon demokratik la pa janm kapab fèt ?

EGZÈSIS DEMOKRATIK #15

<u>Demokrasi nan Peyizaneri an:</u>

Yon peyizan se yon ayisyen otantik, ki gen vrè kilti nou, vrè mòd, sans, manyè natirèl ayisyen an. Se moun ki konn plante, sekle, wouze, rekòlte, chante, vann, viv, pran swen lafanmi, pran swen lanati, zanmi, leve timoun, anbeli lakou, danse nan fèt chanpèt. Peyizan yo se nanm peyi a, yo vrèman enpòtan. Demokrasi dwe koube byen ba devan peyizan yo pou rantre nan abitasyon nou yo pou fè konesans avèk kilti nou. Se pou Demokrasi **rantre nan kòve, lage kò li nan konbit, tire kont nan lakou, chita anba tonèl, rantre nan tout rakwen peyizaneri a**. Peyizaneri an se: andeyò peyi a, seksyon kominal, seksyon riral yo... Se kolòn vètebral peyi a, se lakanpay, se kote ki kenbe tout resous peyi a, se tanyè kilti nou, se galata idantite nou. Demokrasi fèt; pou monte chwal, janbe rivyè dlo, grinpe bit tè, touse pye pantalon li, swe, pou ale nan tout kanpay, dèyè mòn, dèyè mòn ki gen mòn pou ale chita nan lakou peyizan yo, pou li di onè, pou peyizan yo reponn li respè. Demokrasi bay chak peyizan dwa ak devwa tankou nenpòt lòt sitwayèn, sitwayen. Demokrasi dwe ede peyizan yo pou viv ansanm nan lapè, san tire manchèt, san batay pou tè, san malfezans. Peyizaneri an dwe òganize nan tèt kole ak nan aksyon, peyizan yo **oblije aprann travay ansanm** pou devlopman ak pwoteksyon yo. Peyizaneri an se baz peyi a, si li fèb, peyi a ap fèb, si li pa demokratik, peyi a pap demokratik. Peyizaneri an preske mouri li nan yon koma depi plis pase 55 an, ak depi apre Dejoie kite peyi a. Preske tout moun rantre Pòtoprens, ale Sen Domeng, oubyen pati pou peyi etranje. Agrikilti a preske fini mouri pa gen espwa. Peyizaneri an nan koma, Ayiti gen yon emoraji entèn, kote tout sèvo yo nan tout nivo ap kouri kite peyi a maten, midi, swa. Demokrasi marye ak Alfabetizasyon, Agrikilti, Ekonomi, Biznis, Enfòmatik ap sèvi yon **Plan Revitalizasyon** pou **Peyizaneri** an. Sa k ap pèmèt ke peyizan yo rete lakay yo. Moun ki vle ap tounen andeyò kote yo soti. Leta ap ankouraje tout moun ki vle tounen nan seksyon kote yo te soti avèk anpil plan, pwogram, pwojè, benefis akonpayman, konsa peyi a ap soti nan detrès, avni n ap garanti. Se yon bèl rèv k ap tounen yon bèl reyalite. Pa gen yon ayisyen ki pap kontan manje bon viv ak pwodui natirèl. Tout tan pa gen yon **Plan Revitalizasyon** pou **Peyizaneri** an, peyi a pap fè <u>yon pa kita, yon pa nago</u>. Nou pa bezwen peyizan yo kite lakanpay pou yo ale chache lavi miyò, ni pou vini fè politik nan Pòtoprens. An nou pote lavi miyò, ak demokrasi, leta ki chita sou lalwa, politik, devlopman... bay peyizan nou yo nan kanpay la, kote lavi a pi dous, pi natirèl, pi bèl, kote ki gen mòn dèyè mòn. Pandan yo rete lakay yo, yo ap travay pou mete agrikilti a kanpe djanm.

Plan Revitalizasyon pou **Peyizaneri** an, dwe yon plan byen balanse, byen planifiye, paske gen anpil plan ki mal pase, malgre tout bòn volonte yo te gen ladann yo. Neglije peyizaneri an, se neglije tèt nou, se sa ki mete nou nan sitiyasyon depandans lan, e se sa ki fè ke frè nou yo, avèk sè nou yo nan sitiyasyon esklavaj nan lòt peyi konsa. *Se yo ki detwi agrikilti nou an.* Pou nou avanse, nou dwe kòmanse mete peyizaneri nou an kanpe sou de pye li.

PAKÈT DEVLOPMAN:

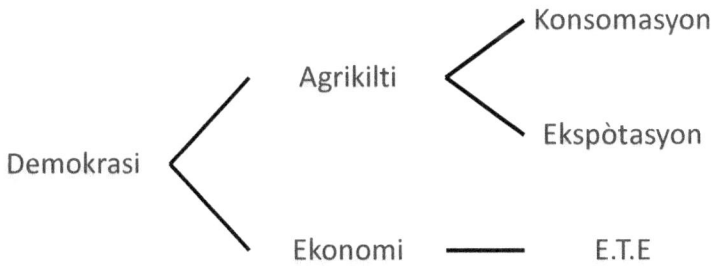

Sous: Dieury Dumas, Think Tank Democrat Inc.

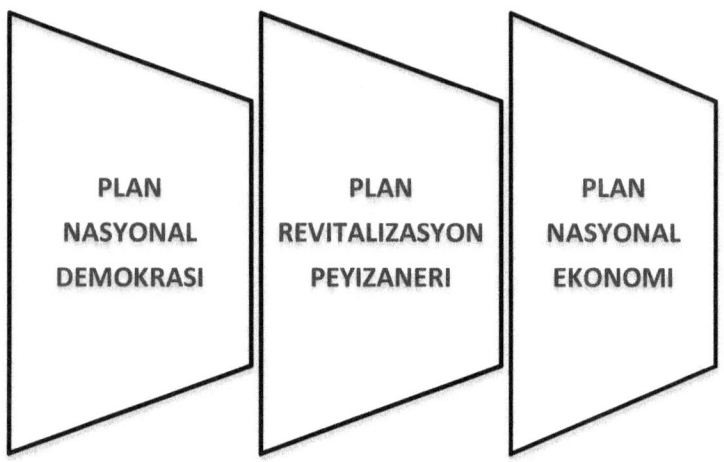

Sous: Dieury Dumas, Think Tank Democrat Inc.

> ## JWÈT POU OU.

1- Ki enpòtans peyizaneri an genyen nan devlopman, ekonomi, sekirite, avni ak endepandans peyi nou an?

2- Eske ou reflechi sou ki kalte fòs peyizaneri nou an reprezante pou peyi a, e k ap gaspiye?

3- Eske ou panse ke demokrasi, se yon konsèp ke tout peyizaneri an konnen, konprann, e aplike chak jou?

4- Kòman ou panse nou ka revitalize peyizaneri an nan 5 an, pou nou sispann achte nan men lòt peyi yo?

5- Kòman nou dwe entegre peyizaneri an nan devlopman peyi a, avèk teknoloji, entènèt ak modènizasyon?

6- Wi ou non "Ayiti se yon peyi esansyèlman agrikòl"?

7- Wi ou non " se agrikilti ki se sèl, e ki se vrèman wout devlopman peyi a"?

8- Si nou kapab marye demokrasi, agrikilti, ekonomi ansanm eske ou panse twa fèy sa yo kapab geri Ayiti?

9- Fè yon analiz sou sa ou konnen ak sa ou tande sou peyizaneri an. Dapre analiz ou, kisa, ki moun ki lakòz peyizaneri an nan eta sa ?

Zanmi pa m, men kèk konsèy, etik sosyal pou sove peyi a:

Tripotay, ipokrit karesan ak kout lang pa dwe ala mòd ankò, paske ayisyen mechan anpil. Depi yon moun vini di ou yon pawòl sou yon moun, mande l prèv. Depi li pa gen prèv ale denonse l. Paske sa l ap fè moun lan jodi a, se sa li pral fè ou demen.

Bon bouch ap pale, move zorèy ap koute. Tout moun k ap pale moun mal, se yon malveyan li ye, kouri dèyè l. Se kraze li ka kraze sèlman, se yo k ap kraze peyi a, kouri dèyè yo. Pa janm patisipe nan toubouyon malefik k ap detwi peyi a, ou pap epanye, pa gen moun k ap sove ou, paske ou pat sove pèsonn.

Dilatwa nan fènwa: Move rezilta tripotay. Ou menm k ap fè ti pil gwo pil, tripotay sou rezo sosyal yo, konplo, malfektè dèyè frè ou, sè ou, se sosyete a ou ap kraze, se pwòp tèt pa ou, ou ap detwi. Si yon moun t ap fè ou sa kòman ou t ap santi ou. Se aksyon sa yo ki kraze peyi, ki detwi tout bon valè ki te kapab sèvi sosyete a. Si yon moun fè yon erè pito ou ede l. Sispann « depi nan ginen nèg rayi nèg » lan. Se pou nou kouri dèyè tout moun k ap fè move zak sa yo, paske yo reprezante yon malè pou nou tout. Tèt ansanm pifò, lanmou pibon, lavi pi bèl, lapè pi swa, linyon fè lafòs.

ACHTE, PEYE ! PRETE, REMÈT ! AFÈ MOUN PA REGADE OU !

EGZÈSIS DEMOKRATIK #16

Demokrasi kòm Eksitan:

Kòman pou nou reveye pèp la, ki nan dòmi? Kòman pou nou fè, pou reveye konsyans, lespri, kreyativite lanmou, tèt ansanm, antouzyas pèp la, fòs peyi a, lespri chak grenn moun? Mouvman difisil pou pran an Ayiti, pèp la pa dinamik ditou, pèp la pran twòp tan pou aji, e pou reaji devan yon sitiyasyon. Pèp la renmen chita tann. Mouvman se inisyativ ki preske pa fèt an Ayiti a yon gran echèl, sa ki ta kreye yon efè nasyonal pou fè tout pèp la demare, leve kanpe pou avanse, chanje, devlope. Demokrasi se yon **selebride** depi li ateri nan lavi tout pèp la, pèp la ap resi konnen sa ki rele demokrasi a vre, peyi a ap chanje, pèp la ap sove vre. Tankou <u>KITA NAGO</u>, se te yon mouvman nasyonal, ki te reyisi. Men avan e apre <u>KITA NAGO</u>, ki lòt mouvman pozitik ki te genyen yon echèl nasyonal. Yo te ranmase yon bèl lajan pou **Seleksyon Nasyonal** la an 2013, se te Radyo Karayib avèk de twa lòt sitwayen bòn volonte ki te òganize sa, se te yon bèl jès. Men apre, pou pwoblèm ki genyen, pou travay ki dwe fèt. Menm gwoup sa a, te dwe vini avèk lòt pwojè nasyonal, pou rezoud lòt pwoblèm toujou, youn, de twa e konsa anpil pwoblèm te kapab rezoud. Nou ka di pa gen yon fenomèn kote anpil mouveman pozitif ap chanje figi sosyete a youn apre lòt, nou deja konnen ke leta pa kapab. Se la demokrasi ki se yon bèl lide, filozofi aktif, vivan, dinamik, kapab ede nou pote chanjman. Se pou nou sèvi avèk demokrasi pou eksite moun nan sosyete a pou rezoud pwoblèm yo. Nan tout etid sosyolojik ki fèt nan peyi a, oubyen etid istorik, nou jwenn kòm rezilta ke pèp la ap dòmi. Moun yo nan keksyon sosyal yo, yo pa aktif, yo pa veyatif. Lè yo resi ap revandike, se apre tout kat fin mele, yo revandike san kalkile, san plan, san kòdinasyon ki bay rezilta deblozay. Dwe gen chanjman ak evolisyon nan domèn sa a, pou nou ka avanse demen sou wout devlopman an ansanm. Demokrasi ankouraje moun yo pou yo gen responsabilite moral anvè sosyete a. Pou yo leve kanpe pou bati, pou konstwi, pou pwopte, pou anbeli tout kote nan peyi a. Gwo travay sa a, se responsabilite chak grenn moun. Lè ou gen responsabilite moral ou sousye de zafè piblik yo pliske tèt ou. Mwen pa kapab rete ap gade yon peyi, peyi m, k ap depafini. Akòz mank edikasyon, vizyon, aksyon, enfòmasyon sou demokrasi, leta ki chita sou lalwa, diplomasi, sivilite... Nou di, nou nan demokrasi, men eske nou konnen sa ki demokrasi a ? Apre pliske 25 an, plis pase 85 % nan popilasyon an pa menm konnen definisyon demokrasi. Nenpòt ankèt kapab verifye enfòmasyon sa a. Pa genyen ase liv, dokimantè, emisyon, rankont, debat, ak fòmasyon sou demokrasi nan peyi a. Pa gen yon enstitisyon ki la, k ap veye sou evolisyon, aplikasyon, pwopagasyon demokrasi nan chak kwen peyi a. K ap bay nòt, pran sanksyon pou demokrasi avanse, pou mete pèp la an dyapazon, sou konpa demokrasi. Pwoblèm pwopagasyon demokrasi a se yon pwoblèm nòmal, total, kapital, e varyab nan tout peyi ki nan yon faz tranzisyon demokratik. Men Ayiti nan yon move pozisyon kote ou pa wè twòp efò, travay ki akonpli apre toutan sa yo. Se pou demokrat yo pran men yo, paske se yo ke yo ap repwoche, lè karans demokrasi prezante nan sosyete a. Sa ki pi mal la, se yo ki toujou peye pri a ankò, yo chita la yo pa fè okenn efò pou chanje sosyete a san pouvwa. Pliske pa gen yon objektif pou pwopaje demokrasi pou tout pèp la konnen byen sa ki rele demokrasi a, pèp la tonbe nan yon konfizyon. Yo pa pote sistèm demokratik la ba li, li pa konnen tou si li dwe ale chache li. Se konsa nou pa avanse, nou fè bak sou wout demokrasi a. Gen yon gwoup moun ki gen volonte pou kenbe pèp la san konesans sou demokrasi, se yon bagay inakseptab. E ou ta sezi wè ki moun, moun sa yo ye. Se pou nou louvri je nou, e louvri je lòt moun ki antoure nou. Se pou nou louvri lespri nou, e louvri lespri lòt moun ki antoure nou. Pou mete fòs demokrasi nan nou, pouvwa ak lajwa demokrasi nan lavi nou. Se pou nou chanje rezònman nou, e chanje rezònman lòt moun ki antoure nou. Pou nou mete bonjan estrikti pou tout pèp la konnen sa ki demokrasi a byen, pou peyi a byen fonksyone nan sistèm demokratik la. Moun k ap dekouraje nou fè sa, se lennmi!

> ## JWÈT POU OU.

1- Eske pèp la, se yon pèp ki konekte avèk reyalite peyi a?

2- Eske chak moun nan peyi a konsène e konnen reyalite peyi a? Kòman demokrasi kapab reveye pèp la?

3- Eske se nòmal pou ; enfòmasyon, fòmasyon, sèvis piblik pa rive jwenn tout pèp la, pou yo kenbe li nan fènwa?

4- Kisa ki dwe fèt pou pèp la konnen sa ki nan reyalite peyi a, kòman li dwe dirije aksyon li nan yon direksyon pozitif san lòt moun pa manipile li?

5- Kòman, e konbyen tan li pran peyi a pou li mobilize?

6- Kijan pou kenbe moun yo angaje sou aktyalite peyi a demokratikman, e pou yo pran aksyon ki nesesè?

7- Mete tout pèp la sou menm pye solda, eske li enpòtan?

8- Kòmanse yon mouvman sansibilizasyon popilè nan zòn kote ou rete a, li pa bezwen yon movman politik?

9- Eske ou santi gen yon gete sosyal, yon mouvman ekonomik, yon lavi politik pozitif nan zòn kote ou ap viv la? Eske ou wè ke peyi a gen yon kote li prale?

10- Eske ou santi gen yon mouvman pozitif ki chofe nan peyi a? Kisa ki motive ou nan vi a?

11- Si ou pa santi prezans leta bò kote ou, pou ede ou viv yon lavi miyò, kisa demokrasi di nan sitiyasyon sa?

12- Konbyen pousantaj moun nan peyi a ki konnen sa ki rele demokrasi a tout bon vre? Eske ou konnen yon kote yo anseye moun demokrasi a diferan nivo nan peyi a?

13- Eske Ayiti se yon peyi ki respekte tout règ ak prensip demokratik yo nan mobilizasyon popilè yo?

14- Konbyen mouvman pozitif ou konnen ki te fèt an Ayiti pandan twa dènye ane ki sot pase yo la?

15- Ki kalte enstitisyon ki dwe etabli an Ayiti pou kontwole nivo demokrasi nan peyi a, e pou amelyore nivo a?

16- Konbyen liv ou deja li sou demokrasi ki ede ou fè tranzisyon demokratik lakay ou, depi apre 1986?

17- Lè ou tande moun yo ap pale sou demokrasi, kisa ou konn tande yo di, eske ou konn jwenn bon enfòmasyon, ki pou ede ou, ankouraje ou devni yon bon demokrat?

Danje pou Demokrasi: Tout moun k ap divize pèp la ak kraze peyi a, nan; fè moun lennmi moun sou baz dezakò, ki entoleran, ki pa kapab tande lide kontrè, k ap kenbe pouvwa, ki pa vle fè altènans politik, ki pa gen etik, fyète. K ap dechire yon jenerasyon kite dèyè yo, ki pa vle nou avanse, e ki rayi demokrasi nou an depi 1986. K ap itilize lajan, favè, pou kowonp manm enstitisyon demokratik yo nan travay yo. Moun k ap kase fèy kouvri sa a. Pati Politik k ap vomi magouyè. Palmantè ki pa fè travay yo, jij k ap vann lajistis. Gouvènman zòrèy yo ki twò long pou kò yo, ak politisyen amatè.

EGZÈSIS DEMOKRATIK #17

Demokrasi se Lakòl:

Demokrasi kole tout mozo nan lemonn ki te dekole, ki te nan lagè mondyal, lagè relijyon, lagè pou tè de jenerasyon an jenerasyon. Demokrasi rive fè yo kole tèt yo pou viv ansanm ankò. Demokrasi mete yo chita sou menm tab pou fè lapè. Demokrasi mete plis sekirite ak pwogrè nan lemonn pou tout moun. Pat manke konfli, pap janm manke konfli sou latè, se chak jou ap gen nouvo konfli. Men demokrasi ap toujou la pou mete lapè, e kole tout sa ki dekole nan travay ansanm. Peyi nou divize, e demokrasi se pibon mwayen pou kole nou, pou nou avanse kòm pèp. Nou pa ka rete nan divizyon. Lemonn chanje depi byen kèk jou. Li pa bon pou **"yo"** ap atake boujwa yo menm lè yo pa sipòte mas pèp la, se byen pou nou chache byen avèk yo. Gade kòman tout nasyon sou latè te mete ansanm pou ede nou apre 12 janviye. Gade konbyen nasyon ki konpoze Minustha, youn pa nan batay ak lòt. Gade kòman yo òganize Koup di monn lan, tout bagay toujou byen pase sou 32 ekip, youn ki chanpyon epi lapè. Nou gen twòp egzanp devan nou, pou nou pako deside travay ansanm. Tout egzanp sa yo se bagay pozitif yo ye pou nou. Peyi a dechire paske sosyete a pa demokratik, sosyete a pa demokratik paske sektè politik la pa toleran. Yon pati politik pa kapab chita pale avèk yon lòt, pou yo fè yon travay pou peyi a. Yo tout panse se yo ki kapab, se yo ki gen rezon. Lè ou vle fè yo wè yon rezon valab e jis, pliske li pa mache nan erè pa yo a, yo ba ou tout kalte kalifikasyon. E se sa ki kreye; vyolans, lanmò, divizyon, kolera, konplo, etranje, koudeta, Minustha, grangou... pou ravaje yo avèk peyi a. Tèt kole bay bèl rezilta, e rezilta ki pap fini, k ap dire jenerasyon an jenerasyon. Tankou fason nou te fè pi gwo viktwa sou latè beni, nou te pran Endepandans nou. Sèl Demokrasi ki kapab kreye yon vrè **LAKÒL NASYONAL**; *linyon, konfyans, solidarite, tèt ansanm, makònay* *manch long nan mitan tout pèp la.* Ak lakòl nasyonal la, n ap mete agrikilti kanpe sou pye li ankò. Gras ak lakòl nasyonal la, n ap fè Ayiti tounen **La Pèl dè Antil** ankò. An nou travay ansanm, an nou rekòmanse fè konbit. An nou mete brigad vijilans sou pye, an nou fè kòwòt, an nou sipòte youn lòt, an nou fè sa ki pozitif, nan itilize demokrasi kòm lakòl. A la bèl sa bèl, lè yon vwazinay ap temwaye kòman yon lòt vwazen konn viv avèk lòt vwazen yo, se yon bèl nòt k ap dire tout lavi. Nou dwe ansanm kòmanse mache pou nou jwenn ak lòt yo, pou kòmanse yon lòt depa pou peyi a. Vrèman, vrèman yon sèl gwoup moun, yon sèl pati politik, yon sèl klas sosyal pap janm ka devlope Ayiti san lòt yo, twòp travay. E demokrasi pa mache san altènans politik. Menm jan libète te sèl ijans, objektif, nesesite tout zansèt nou yo avan Lendepandans. Se avèk menm ijans, objektif, nesesite sa ke demokrasi dwe sou kè tout ayisyèn avèk ayisyen. Libète te sèvi lakòl ki te kole tout zansèt nou yo nan tan esklavaj, demokrasi dwe sèvi lakòl pou kole tout pitit peyi a pou sove Ayiti. Depi nou rete dekole nou pap kapab avanse. Se pou nou chache sa ki ini nou ansanm tankou : Ayiti, libète, kilti, manje, lang, misik ... Pa kite okenn kalte blan, pouvwa, lajan ... dekole nou. An nou pa bliye **Linyon Fè Lafòs**, nou se pitit ansyen esklav, se sa ki istwa nou, pa bay tèt nou manti. Demokrasi kapab kole nou ankò pou fè linyon ki pou bay lafòs la.

> ➢ JWÈT POU OU.

1- Lè yon aktivit ap òganize nan zòn bò lakay ou, nan peyi a, eske ou konn santi ou gen plas ou la, si wi eske ou konn pote kole?

2- Eske ou konn jennen pou kole kò ou avèk moun ou pa konnen pou reyalize yon pwojè?

3- Eske ou plis renmen rete apa ke kole kò ou avèk lòt moun? Eske ou kwè nan linyon fè lafòs?

4- Lè yon fanmi dezini, kisa ki konn rive timoun yo pafwa? E lè sosyete a divize, pouki moun li pabon?

5- Eske ou pare pou aplike, bèl chante "LINYON" gwoup TOMTOM lan nan lavi ou ansanm ak lavi lòt moun yo?

6- Lè ou kole kò ou avèk lòt moun, eske ou pa wè ou vini genyen plis fòs, pou pi byen avanse?

KONSÈY POU OU ZANMI PA M :

Pa kite moun sèvi avèk ou tankou yon wòch politik, tankou rejè demokratik, oubyen yon zouti malè pou okenn rezon. Pa bliye demokrasi gen pri pou peye, politik pa mele ak foli, demagoji. Pa kite moun fè ou rayi lòt moun, pou rezon pèsonèl pa yo. Pa kite moun voye ou fè okenn move aksyon. Yo ap kite ou nan pwoblèm ou, oubyen se yo ki pral trèt ou demen. Pa kite moun achte konsyans ou pou plat manje. Konsyans ou vo plis pase sa a. Mache sou trèz ou, pou pa pile katòz ou. Pa kite moun ap ba ou pawòl, san ou pa kapab poze tèt ou ak moun lan keksyon. Ou pa yon timoun pitit, ou pa yon robo, zanmi pa m. Pa rantre nan okenn asosiyasyon malfektè, sou okenn pretèks. Pa rantre nan okenn konpromi dèyè do lalwa, li pap bon pou ou. Sitirè pi mal pase vòlè. Anplwaye leta yo pa restavèk, se sèvi yo ap sèvi peyi a. Bat pou ou pa ale avèk yon gouvènman. Pa rayi moun, pa kenbe moun nan kè pou okenn rezon, menm lè yo pase devan ou, lè pa ou a pako rive. Tann tou pa ou. Pa pran sa ki pa pou ou, li pa pou ou, manyè tande, I ap bon pou ou. Pa fè vyolans, vyolans pa fè sans. Pa pousuiv moun, pa detwi moun, pou ou pa peye sa demen. Pa bay tèt ou jistis, se pibon fason pou ou jwenn jistis. Respekte e pwoteje lavi. Pa fè mal, fè byen. Genyen pase ou...

EGZÈSIS DEMOKRATIK #18

Demokrasi nan Sistèm Edikatif la:

Pibon fason pou enstitisyonalize demokrasi nan peyi a, se fonn li nan sistèm edikatif la, pliske **edikasyon se kle demokrasi**. Se pou tout nivo nan lekòl yo entegre demokrasi nan tout pwogram yo. Se pou pwopagasyon demokrasi a marye avèk enèji, teknoloji enfòmasyon, enfòmatik, enstriksyon, refleksyon... Demokrasi ka entegre sistèm edikatif la depi nan;

Alfabetizasyon: Se yon bon plan espesyal ki dwe konsevwa, fòk gen yon plas pou chak nivo moun ki pa konn li, ki pa konn ekri, dapre etid ak estatistik ki fèt sou sa ak pousa, pou yon solisyon. Pa gen moun ki dwe rete dèyè. Fòk tout moun enkli, nan **Plan Nasyonal Demokratik** lan. Elèv klas alfa yo dwe kòmanse depi a zero nan zafè demokrasi. Pandan yo ap aprann li ak ekri, se pou yo tou aprann analize e pratike demokrasi. Yo se fòs viv nasyon an, epi yo reprezante plis pase 70% elektè. Nan chak klas alfabetizasyon, demokrasi dwe gen yon **objektif Analiz ak Pratik.**

Kindègadèn: Se premye kote pou demokrasi ateri prezans li, lakay chak elèv, se pa nan leson, egzèsis, egzamen. Men nan jwèt, nan chante, nan wonn, nan kolori, ak bat men... Demokrasi kapab chita nan premye leson aprantisaj chak elèv ap aprann. Se sa ki pral ede yo grandi e bati yon lòt sosyete ki chita sou vrè valè e konpozite demokrasi. Nan tout kalte jwèt, foto, kolori, materyèl didaktik, animasyon, chanson, konte, kont bouki ak malis e latriye, demokrasi dwe ateri. Demokrasi nan nivo sa dwe gen yon **objektif Sansibilizasyon**. Demokrasi dwe simen, demokrasi dwe ateri depi nan piti, pou avni Ayiti kapab garanti. Nan fason timoun yo ap manje, nan fason timoun yo ap jwe youn ak lòt. Nan travay pratik yo pral fè lakay yo. Yo kapab pote demokrasi lakay yo tou, yo ka enfliyanse paran yo ak lòt moun lakay yo. Chak timoun kapab pote drapo demokrasi byen wo nan sosyete kote yo ap viv la. Demokrasi dwe ateri pou grandi ak fleri nan lavi chak timoun.

Primè: Nan liv; gramè, istwa, jeyografi, lang... demokrasi ap jwenn yon twou pou li foure kò li. Pou li ka rantre nan lavi chak elèv nan klas primè yo. Nan klas primè yo demokrasi dwe gen yon **objektif Enfòmasyon**. Nan egzamen lekòl yo oubyen nan egzamen leta dwe gen keksyon sou sa elèv yo te aprann sou demokrasi. Nivo demokrasi a pap twò wo. Men elèv yo dwe jwenn nosyon elemantè ki dwe prepare yo pou yo ka resevwa tout enfòmasyon de baz sou demokrasi. Yo dwe gen bon konpreyansyon, yon lekti sou orijin avèk kòmansman demokrasi, ak yon atansyon soutni sou sa ki rele demokrasi. Se nan klas primè, karaktè anpil elèv kòmanse fòme. E sa yo aprann nan klas sa yo pral rete ak yo, jouk yo mouri. Se nan klas sa yo vi yo pral pran oryantasyon, santiman yo pral fèt. Li trè nesesè pou elèv yo jwenn bon konesans sou **baz**, **fondman**, **teyori**, **ideyoloji** ki **defini**, e ki **dèyè demokrasi** a. **Ki kote demokrasi ap mennen nou**, pouki **nou dwe aplike demokrasi**. Klas apre klas, jiskaseke elèv yo fini avèk etid primè yo, e fòk timoun yo pa sispann jwenn bon enfòmasyon. Se pou yo tout nèt kòmanse fouye zo nan kalalou demokrasi, nan fè travay rechèch, nan librari ak entènet. Yo dwe kòmanse fè analiz, bay eksplikasyon pa yo sou demokrasi, nan deba ant elèv avèk elèv, konkou, pwojè, oubyen nan konpetisyon nasyonal. Edikasyon Nasyonal dwe gen yon **Plan** avèk yon **Biwo** pou aplike e kontwole fason demokrasi dwe ateri lakay chak elèv.

Segondè: Nan chak etap nan nivo sa a, enfòmasyon elèv yo pral resevwa dwe genyen yon **objektif Deskripsyon** sou demokrasi a an jeneral. Nan chak pwogram ki apropriye dwe gen yon entwodiksyon, devlopman, konklisyon sou demokrasi. Elèv yo ap gen pou prezante sijè, fè disètasyon, fè pwojè sou demokrasi nan klas, an gwoup, oubyen pesonèl. Anplis kou istwa, literati, avèk syans sosyal, li enpòtan pou gen yon kou sou demokrasi sèlman. Apre chak egzamen ofisyèl, gouvènman yo avèk enstitisyon ki la pousa, ap gen yon lide sou avansman demokrasi nan sistèm edikasyon an. Se ap yon posibilite pou yo fè yon pwojeksyon nan fiti sou evolisyon demokrasi nan peyi a. Chak elèv avan yo fini etid eskolè yo ap gen pou prezante yon pwojè memwa, sou kòman yo pral pote kontribisyon yo pou demokrasi avanse nan sosyete kote yo ap viv la, nan peyi a. Se peryòd kote elèv nan klas tèminal yo dwe kòmanse fè volontarya, benevola pou ede kominote kote yo ap viv depi yo kapab. Demokrasi se yon sistèm aktif, konkrè ki nan reyalite chak jou nou. Elèv yo dwe ale nan tribinal yo, prizon yo, palman an, ministè yo, labank nasyonal la, radyo yo, televizyon yo, pou yo fè rechèch avèk travay pratik. Oubyen nan enstitisyon demokratik yo ak rezo dwa moun yo, nan sant alfabetizasyon pou fè rechèch sou aplikasyon demokrasi, dwa de lòm, leta ki chita sou lalwa nan peyi a. Konsa yo ap deja gen gou ak lide sou kòman sosyete demokratik la ap mache. Yo ap ka wè ki feblèz ak ki sa ki merite fèt pou sosyete a avanse sou chemen demokrasi avèk devlopman sa k ap ede yo nan lavi ak travay yo demen. Devwa elèv yo se ale pratike leson demokrasi yo aprann nan klas yo; lakay yo, avèk elèv nan lòt lekòl, avèk vwazen, vwazin yo. Se pou elèv yo kòmanse gen responsabilite pa yo nan sosyete a, pou yo kòmanse travay an ekip pou akonpli bon pwojè pou yo avèk peyi a. Pou etranje sispann divize yo, itilize yo, paske lespri yo bouche.

Teknik: Nan lekòl teknik yo, demokrasi dwe gen yon **objektif Aktif**. Paske teknisyen yo pral fonde platfòm peyi a, plak tounant ekonomi an, sipò estriktirèl devlopman an. Se yo ki pral mete fòs, konesans ak teknik pou pouse peyi a pou pi devan. Yo pral kreye biznis pa yo, yo pral travay pou piti, mwayèn epi gwo antrepriz yo. Si demokrasi pa solid lakay yo ni mache fòmèl la, ni mache enfòmèl la pap byen mache. Règ ak prensip demokratik yo pap respekte. Estrikti biznis sa yo pap pare pou marye ak lòt estriki demokratik yo. Se teknisyen sa yo ki pral devni mekanisyen, elektrisyen, enfòmatisyen, plonbye, mason, oksilyè, fewonyè, kontremèt, tayè, enfimyè... pou sèvi peyi a. Teknisyen yo se sant aktivit sosyal, ekonomik, e politik, demokrasi dwe ateri lakay yo san grate tèt. Se pou tout teknisyen sa yo, pwofesyonèl sa yo konprann demokrasi, e pa pè aplike li nan lavi pwofesyonèl yo. Demokrasi aprann moun respekte moun, aprann moun kenbe prensip ak etik pwofesyonèl nan nenpòt ki metye, nenpòt ki sitiyasyon. Demokrasi ranje sosyete a yon fason pou gen pwogrè, ekite, egalite, jistis nan tout konpatiman sosyete a. Yon teknisyen dwe yon bon demokrat pou li fonksyone byen ak lòt pwofesyonèl yo ak kliyan yo. Li pa dwe yon malveyan, yon koken, yon fèzè kont, yon moun san etik, san respè, san prensip. Men li dwe yon referans, yon moun ki konnen viv, yon moun k ap travay pou li avanse, san kout ba, san fo mamit. Demokrasi se yon pwofesyon, se yon kilti, se pou tout pwofesyonèl yo mete demokrasi nan pwofesyon yo. Teknisyen yo pral travay pou moun anwo ak moun anba, peyizan, jèn, grandèt, si yo rive pote sèvis yo bay tout gwoup moun yo san grate tèt dapre tout valè demokratik yo, se va yon bèl bagay. Sa vle di yo pap fè kout maltaye, bay mato, anreta, meprize kliyan, oubyen fè diskriminasyon. Konsa sosyete a ap leve, pap gen enjistis, pap gen tristès, sosyete a ap jis pou tout moun, sèl demokrasi ki ka fè sa. N ap gen yon sosyete san fòs kote, nou va gen yon sosyete ki pa kanpe sou manti, foste, inegalite, chyen manje chyen, koripsyon, konplo, vyolans.

Inivèsite: Se nan peryòd sa etidyan yo pral fòme, pou devni moun trè enpòtan nan peyi a. Demokrasi nan nivo sa dwe gen yon **objektif Aplikasyon**. Paske Inivèsitè yo pral jwenn djòb, oubyen kreye pwòp biznis pa yo. Yo pral domine lavi sosyal, politik, ekonomik peyi a. Yo dwe nan nivo siperyè nan zafè demokrasi, paske depi lè yo te nan Kindègadèn, Primè, Segondè,

Teknik yo t ap pran bon bèt sou demokrasi. Si yo pa deja ap travay, yo pral jwenn djòb pandan oubyen apre etid yo. Se yo ki dwe garan espesyal valè demokratik yo. Se yo ki dwe solda pou chanje evenman yo, kòm abitid. Men se pou yo aplike metòd syantifik tan pou yo ap pran lari maten, midi, swa. Fòk gen plis **Think Tank**, **Òganizasyon Entèlektyèl**, **Òganis Rechèch**, **Rezèvwa Panse**, nan sektè etidyan yo. Ki pou mete men avèk pèp la pou jwenn solisyon san kraze, san brize tankou moun fou, tankou sa te fèt epi ki bay move rezilta. Etidyan nou yo trè aktif, men yo chaje ak feblès. Pi gwo feblès yo se aplikasyon demokrasi. Yo pa chita avèk pèp la, pou konprann e mennen revandikasyon pèp la devan mouche leta. Se konsa demokrasi pa rive rantre devan lakay pèp la, paske etidyan yo pa fè yon travay de baz. Etidyan yo se limyè nasyon an. Entèlektyèl ki soti nan mas pèp la pa pote tout konesans, limiyè, laverite yo jwenn nan etid yo tounen bay pèp la. Se etidyan yo ki dwe tounen aktivis, militan, lidè, e dirijan demen. Etidyan yo dwe ajan devlopman kote yo soti yo. Etidyan yo dwe ajan demokrasi. Etidyan yo dwe ajan limiyè. Lè yon moun rive fini avèk etid segondè li, epi li rantre nan inivèsite. Pou tout moun ki antoure li yo se yon gwo bagay li reyalize, se yon glwa pou moun lan. Men se yon reponsabilite li ye tou, paske tout lòt moun ap gade ki chanjman etidyan sa a, pral pote nan zòn lan. Paske li akonpli sa lòt elèv ki te nan menm klas avèk li, oubyen lòt moun nan zòn nan pako akonpli. Li gen yon wòl sèvitè, lidè, gadyen, pwotektè moun li depase yo. Etidyan yo dwe pran inityativ pou fòme tout kalte asosiyasyon, òganizasyon, gwoup de refleksyon, pou chanje sa ki merite chanje yo, nan chak zòn yo soti. Se responsabilite sosyal e prensipal yo. Sa k ap pèmèt yo avan yo fini ak etid yo, pou yo deja gen yon platfòm, pwojè avni, pwojè biznis, plan direktè devlopman. Premye aksyon, vizyon, plan, estrateji pou prepare teren an, se demokrasi pou yo ateri kòm baz, leta ki chita sou lalwa kòm makadam, epi dwa de lòm kòm beton de pwòprete pou yo bati avni yo, ak bati peyi a. Etidyan yo toujou kanpe nan tout kalte lit politik, gen ansyen ak nouvo asosiyasyon etidyan k ap fòme chak ane. Men pa gen yon pon solid ki kontwui ant yo, e avèk mas pèp la. Se sa ki kreye yon vid, ki fè pèp la pa kapab avanse sou okenn fòm, pèp la pa gen fòs. Pèp la pa gen limyè, li pa gen pouvwa, li pa gen demokrasi, e li pa kapab devlope. Se rezon sa yo ki fè etidyan yo anretou pa kapab jwenn travay lè yo fini etid yo. Pliske sosyete a pa avanse, sosyete a pa gen ase travay pou nivo konesans yo. Se travay manyèl yo ale fè, oubyen yo pa jwenn travay, yo rete sou beton an. Depi pa gen estabilite pap janm gen devlopman. Nan yon sans, etidyan yo kèk fwa kreye pwòp pwoblèm pa yo pou demen. Yo prepare tèt yo, men yo pa prepare teren an, se lave men siye atè lè yo neglije pèp la... Nan sitiyasyon sa a, sèl solisyon yo se kite peyi a. Demokrasi kapab chanje sistèm edikatif la, ranje li nan yon sans pou gen yon lòt sikonstans, pou peyi a kapab soti nan sou devlopman li ye la, pou benefis etidyan yo ak mas pèp la. Se etidyan yo ki pou apwoche pèp la, paske yo gen plis kapasite pou fè sa, e se devwa yo, li ap bon pou avni yo demen. Men pèp la dwe pare tou, pou kolabore e resevwa tout sa ki bon ke jèn etidyan yo ap pote ba yo, se pou byen yo tou. Etidyan se pitit mas pèp la. Se avèk limyè demokrasi a, fòs dwa moun lan, epi karaktè leta ki chita sou lalwa ke yo ap rive chanje chak grenn moun, pèp la, e peyi a. Yon etidyan se yon sitwayèn, yon sitwayen konsekan, tèt byen fèt, ki konnen kote li soti, ki wòl li, ki pozisyon li nan sosyete a, e sitou ki misyon li genyen. Etidyan, se yon sitwayèn, sitwayen ki konsène pa pwoblèm li yo, pa pwoblèm sosyete a, e pwoblèm peyi a an jeneral, e ki ame ak konesans. Solisyon yo dwe soti lakay tout etidyan yo, nan refleksyon, nan detèminasyon, nan kolaborasyon yo, se pa pou vòlè, ni pou fè opòtinis. Men pou bati peyi a, pou devlopman soti nan rèv pou li tounen yon bèl reyalite. Tout disiplin ki andedan inivèsite yo dwe fokis sou tout kalte pwoblèm peyi a ak pèp la ap fè fas pou bay etidyan yo eksperyans ak rezoud pwoblèm peyi a. Tout inivèsite yo dwe ale chache koperasyon avèk lòt inivèsite sou latè, yo pa dwe rete anba pye yon gwoup peyi, ki pap janm ede yo. Leta dwe respekte otonomi inivèsite yo, e leta dwe mete taks peyi a nan sèvis inivèsite prive avèk piblik pou devlopman ak pèfòmans yo. Demokrasi nan sistèm edikatif la se kle; pou demokrasi ateri an Ayiti, edikasyon an soti nan fènwa konesans, pou sove peyi a, ak libere pèp la.

> JWÈT POU OU.

1- Ki pibon fason pou enplante demokrasi lakay chak grenn elèv lekòl nan tout peyi a?

2- Eske ou ta renmen bay yon kout men nan pwogram alfabetizasyon ki nan peyi a?

3- Konbyen moun ou konnen ki pa konnen li ak ekri?

4- Eske ou sonje premiye jou, ou te tande pale de demokrasi, nan ki lekòl ou te ye?

5- Ki moun ki te repete mo sa devan ou, e ki eksplikasyon ou te jwenn de mo sa a?

6- Konbyen kou ou te suiv sou demokrasi, lè ou te lekòl?

7- Lè ou te lekòl, eske te konn gen eleksyon pou eli komite nan klas ou? Kòman komite sa yo konn fonksyone?

8- Dapre analize ou eske ou panse ke sistèm edikatif la prepare ou pou viv nan sistèm demokratik la an 2015?

9- Eske pwofesè syans sosyal ou yo te konn pale ou de demokrasi? Kisa yo te konn di ou ?

10- Ki wòl ou panse ke chak inivèsitè ta dwe jwe nan lavi moun ki pa inivèsitè?

11- Eske ou panse inivèsitè yo fayi a misyon yo?

12- Ou menm teknisyen, eske sèvis ou yo jis e demokratik?

13- Inivèsitè, eske ou konnen wòl ou, dwa ou ak devwa ou anvè sosyete a?

14- Konbyen fwa ou teste konesans ou ak kapasite ou sou demokrasi, depi ou tande pale de demokrasi?

15- Eske edikasyon demokratik ou fèt, si li pa fèt eske ou reyalize ou ap genyen pwoblèm pou ou fonksyone nan sistèm demokratik la? Eske ou bezwen èd pou fè sa?

Ki kote pèp la dwe fè politik? Pèp la dwe fè politik tout kote, yo kapab reyini nan; salon, legliz, lekòl, otèl, espas piblik, restoran, plaj, sal konferans, pati politik, anba tonèl, anba galeri... tout kote yo kapab bwase lide yo ansanm avèk lòt sitwayèn, ak sitwayen. Yo rele reyinyon sa yo: vwa sitwayen, deba piblik, patisipasyon sivik, ant sitwayen yo, ant sitwayen yo ak reprezantan leta pou debat tout sa ki konsène yo. Se sa ki pou fè pa genyen manifestasyon toutan nan lari. Pwoblèm sitwayen yo dwe gen yon kanal dirèk pou pase ale jwenn leta, avan yo pran lari a, nan petisyon, deba piblik, temwayaj sivik. Leta pa dwe fè tèt di, sitwayen yo ak lidè kominotè, rejyonal, nasyonal pa dwe pran sitiyasyon pèp la pou regle zafè yo. Pèp la dwe tande radyo ak televizyon pou yo enfòme, epi patisipe nan tout emisyon yo pou fè opinyon yo pase... Pèp la dwe konnen tout eli ki nan diferan branch nan leta ki la pou sèvi l.

EGZÈSIS DEMOKRATIK #19

Demokrasi kòm Ajan Devlopman:

Yon ajan devlopman se yon sevitè piblik, yon lidè kominotè. Wòl yon ajan devlopman enpòtan anpil, Ayiti bezwen ajan devlopman pou li soti nan sou devlopman. Se pa O.N.G k ap vini fè devlopman pou nou, se pitit nou, se nou ki pou devlope peyi nou. Yon ajan devlopman, se yon moun ki la pou etidye, planifye, pwopoze, eseye tout fason pou fè devlopman. Ayiti gen anpil jèn, jèn sa yo ap bezwen mete men ak ajan devlopman yo pou devlope peyi a. Jèn yo gen fòs, yo chaje avèk inityativ pou vini ak anpil bèl pwojè, pwogram, plan, lòt vizyon pou peyi a. Se jèn avèk ajan devlopman yo ki la pou fè; pwopte, bati, chanje, akonpaye, òganize, moun ak espas kote yo ap viv, se konsa jèn yo pral devni bon lidè demen. Tankou zòn ki pa genyen boulanje, twalèt, klinik, espas lwazi, sant sante, lekòl, legliz ak anpil lòt bagay ankò. Wòl ajan devlopman yo se travay avèk kominote yo, travay avèk òganizasyon de baz yo. Travay avèk òganizasyon nasyonal ak entènasyonal, leta, sektè prive a pou pote, konstwi, devlope, anbeli tout zòn yo ak devlope popilasyon an, kote yo ap viv yo. Yon ajan devlopman pa oblije yon amplwaye leta, oubyen yon politisyen. Li kapab yon senp sitwayèn, oubyen sitwayen ki preokipe pa pwoblèm ki nan anviwonman li. Nou bezwen ajan devlopman pou retire pil chaj, fado, nesesite popilasyon an sou do leta ki pa gen kapasite pou pote chaj yo. Leta sèlman pap kapab jwenn mwayen pou vini ak lòt bon panse pou devlope peyi a. Pa gen ase moun ki nan peyi, ki pou panse devlopman pou Ayiti. Devlopman se pa bagay moun rete yo fè konsa, konsa. Li pran tan, lajan, anpil lide, anpil mwayen. Se pousa tout moun dwe mete men, nan lòd ak disipline, dapre Konstitisyon an avèk demokrasi a. Fòk genyen koperasyon ant chak; moun, kominote, vil, depatman pou peyi a devlope. Nou konnen byen devlopman konplike, li mande anpil etid teknik, planifikasyon, modifikasyon, konstriksyon e anpil fwa menm konn gen demolisyon pou pibon konstriksyon. Devlopman pa fèt nan enstabilite politik, se pousa yon ajan devlopman dwe yon ajan lapè, yon ajan demokrasi, yon ajan chanjman. Ajan devlopman dwe travay avèk tout sektè nan lavi nasyonal la; ti machann, dyaspora, detayan, boutik, boujwa, restoran, depo, antreprenè, madan sara, òganizasyon popilè, òganizasyon sivil, politisyen, lapolis, anviwonmantalis, andikape, elèv, etidyan, jounalis... Anfen yon ajan devlopman pa dwe gen dèyè pou chita nan peyi a. Li la pou tout sektè, pou ede moun ki nan nesesite, nan ekonomi an, sosyete a, kilti a e latriye. Yon ajan devlopman se yon espesyalis nan zafè devlopman, yon konseye, ki pou ede moun devlope, mete vi, mete gete, fè festival, òganize konsè, tout aktivit pou fè moun ak kominote a devlope, bèl, aktif, modèn, rantab. Yon ajan devlopman se yon; antreprenè, lidè, aktè, motivatè, mobilizatè nan tout espas lavi sosyal la. Ajan devlopman yo ap genyen pou ankouraje e fòse tout moun ki nan anviwonman yo, pou yo rantre nan youn nan pwogram sa yo pou pi piti. Paske pa dwe gen moun ki pa patisipe nan pwogrè peyi a.

1- **Sòl / Sabotay / Koperatif**

2- **Kès Epagne / Kredi / Prè-Bankè / Komès**

3- **Lekòl Pwofesyonèl / Teknoloji**

4- **Agrikilti / Endistri / Asosiyasyon Bisniz.**

Ajan devlopman ap gen pou ankouraje Koperatif anpil, paske se pi gwo plan ekonomik ki pou kòmanse chanjman ekonomik nasyonal peyi a. Ajan devlopman nan travay an gwoup oubyen pèsonèl, yo dwe louvri je sitwayèn ak sitwayen yo sou devlopman ekonomik yo. Ajan devlopman yo dwe sèvi kòm pon ant envestisè yo avèk antreprenè yo. Travay ajan devlopman yo ap soti nan yon plan nasyonal ki pote non "Plan Ajan Devlopman" (**P.A.D**).

Estrikti P.A.D:

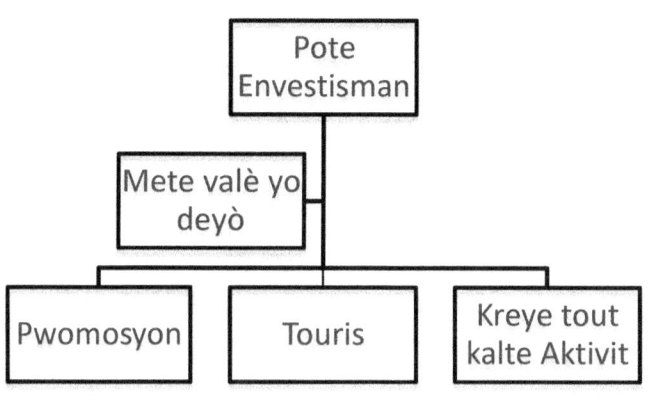

Sous: Dieury Dumas, Think Tank Democrat Inc.

TRAVAY KOMINOTÈ: *Se travay tèt ansanm sitwayèn ak sitwayen yo ap fè pou devlope kominote yo, chanje lavi yo san fè politik.*
"SI OU KONNEN, OU OBLIJE METE MEN..."
"BATI AYITI, NAN BATI KOMINOTE YO YOUN APRE LÒT..."

Pandan n ap devlope peyi a, nan kòmanse devlope lokalite yo, pou nou fè peyi a tounen "Lapèl dè Antil", e pouki pa "Dyaman Monn lan". Nou dwe konnen pou nou pa bay lajan enpòtans pase moun, nou pa dwe ap souse san moun ki pa genyen, moun ki diferan de nou. **Nou dwe genyen imanite avan nou itilize charite**, pa bay tèt nou manti tankou lòt moun nan lòt peyi kote divizyon nan mitan klas sosyal yo pral kase peyi sa yo an de, si yo pa korije. Ranplase moun pa lajan, fèmen plantasyon pou ouvri faktori, kraze agrikilti pou achte sinistre, touye kochon kreyòl, vann agrikiltè bay lòt peyi, move politik ekonomik, santralizasyon, se rezon sa yo ak lòt ki lakòz sou devlopman, lamizè ak depandans.

189

Plan aktivit chak Ajan Devlopman:

Plan Nasyonal Ajan Devlopman:

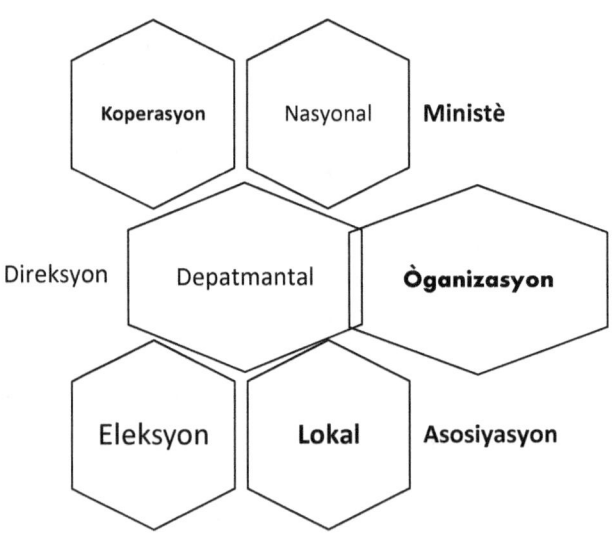

Sous: Dieury Dumas, Think Tank Democrat Inc.

> ➤ JWÈT POU OU.

1- Konbyen ajan devlopman ou konnen k ap travay nan zòn kote ou rete a?

2- Eske ajan devlopman yo nesesè nan devlopman peyi a, e nan etabli demokrasi sou teritwa nasyonal la?

3- Eske bò lakay ou bezwen yon ajan devlopman?

4- Ki diferans ki genyen ant yon ajan devlopman ak yon O.N.G? Lè yo travay ansanm kisa yo kapab reyalize pou peyi a?

5- Ki plas ajan devlopman yo dwe genyen nan devlope peyi a?

6- Eske yon jou ou ta renmen travay kòm yon ajan devlopman?

7- Devlopman Ayiti chita nan men chak grenn ayisyèn, chak grenn ayisyen eske ou pare pou travay nan yon plan nasyonal kòm ajan devlopman?

8- Devlopman Ayiti depann de tèt ansanm tout ayisyen, pou yo travay ansanm nan tout domèn. Eske ou pare pou travay ak moun ki pa gen menm lide, opinyon avèk ou, pou byen peyi a san rankin, ni rayisman, ni mechanste nan kè ou?

9- Demokrasi ap pote chanjman nan tout sosyete sou latè, eske ou panse ke ajan devlopman yo, gen kapasite ede demokrasi avèk devlopman ateri an Ayiti?

10- Eske ou kapab bay twa pwogram èd ekonomik, yon ajan devlopman kapab ede yon moun jwenn pou li kòmanse yon biznis ? Si ou jwenn èd, eske ou vle louvri biznis pa ou?

EGZÈSIS DEMOKRATIK #20

Demokrasi kòm Rezèvwa Panse/Think Tank:

Peyi a genyen yon gwo karans, yon terib feblèz jeneral nan moun k ap panse, e nan moun k ap panse pou peyi a. Kèk fwa ou pa ta di se moun fou nan lari yo k ap panse pou peyi a, baze sou sitiyasyon aktyèl yo. Lè moun fou sa yo pran reyalize ki kantite pwoblèm peyi a genyen, yo vini pi fou toujou. Peyi a pa sou wout devlopman paske pa gen ase moun ki la pousa, pa gen moun ki la pou panse sou sa. Pa gen anpil sektè nan peyi a ki gen moun k ap panse pou yo. Donk kèk moun ki la pou panse pa enpòtan pou sosyete sa a. E se sa ki pwoblèm peyi a. Men konsa tou, de twa grenn moun k ap panse yo, pwoblèm peyi a pa gade yo. Se sa ki fè pèp la aji *jou apre jou*, yo *dezavi, dezavwa, kòmsi, kòmsa*, pa genyen panse nan aksyon yo. Pa genyen yon *panse nasyonal aktif* nan lespri pèp la. Kit se leta, oubyen sektè prive a. Kit se sektè fomèl la, oubyen sektè enfòmèl la, nou pa bezwen pale de sektè peyizan yo. Youn pa kapab di avèk presizyon kòman yo òganize yo. Ki plan, ki pèspektiv yo genyen nan tiwa yo, pou nenpòt ki sitiyasyon ki ta parèt san atann, oubyen ki previzyon yo genyen. Pa gen youn nan sektè sa yo ki gen plan A, plan B, plan C, pou lòt ane, *avèk tout respè yo merite*. Pa gen estrikti solid, pa gen òganizasyon, pa gen vizyon, pa gen Rezèvwa Panse. Yo pa anplwaye moun ki pou panse sèlman pou yo. Pa gen gwo envestisman, ni moun ki kapab fè prè avèk fasilite, kidonk fòk sektè yo ta byen planifye. Fòk jesyon yo ta trè rasyonèl, pou afè fayit ak koripsyon pa nan mitan yo, ki se wòl Think Tank, Rezèvwa Panse yo. Pèp la lage de bwa balanse, se tèt chaje lè ou ap etidye lavi pèp la. Lè ou ap gade ki kalte aktivit sosyolojik ak sykolojik moun yo ap mennen, se bagay terib. Lè ou ap analize ; demografi, estatistik, nivo vi, pèspektiv moun yo… se yon lapenn. Leta demisyone, anpil kote nan peyi a leta pa menm prezan, pa gen moun k ap panse pou pèp la. Menm pati politik yo, inivèsite yo, legliz yo pa gen moun k ap panse pou yo kòmsadwa. Pa gen yon kote an Ayiti ki renome nan ofri sèvis syantifik, teknolojik, administratif... kote yon moun kapab ale prezante yon pwoblèm, mande pou fè yon etid. Epi peye pou yo jwenn rezilta, oubyen konsèy pou konnen kòman pou yo rezoud pwoblèm yo. Prezans **Inivèsite, Enstiti, Enstiti Rechèch, Laboratwa, Laboratwa Rechèch, Rezèvwa Panse...** pa egziste oubyen yo pa jwe wòl yo nan peyi a, e pa genyen yon kilti pou kreye, inove, kolabore. Sa vle di, nou nan yon move enpas, pou panse youn pou lòt, pou avanse men nan men. Pa gen moun k ap panse pou entitisyon yo jwenn yon fason pou yo fonksyone pi byen, pi rapid. Pou pwofi yo ka ògmante, pou sistèm ekonomik lan ka amelyore. Yon peyi san moun k ap panse sou fonksyonman li, se yon peyi ki pap fonksyone. Karans nan moun ki pap panse pou peyi a, se sous sou devlopman k ap grandi jou apre jou nan sosyete nou an. Nou se yon pèp k ap viv degaye, san entèlijans, nan fason pou nou pwogrese. Sa fè pati de kilti nou : nou pa vle moun konnen ki lè nou fèt, pou yo pa touye nou. Ki kote n ap vann pou yo pa rale kòb nou, a kilè nou soti e a kilè nou rantre, paske maji, onga, malfektè anvay sosyete nou an. Devlopman pa posib, nan fèmen tèt nou nan yon bwat epi take tèt nou andedan bwat la de fwa. Demokrasi se remèd maladi sosyal sa yo, dezinyon kiltirèl sa yo, ak lòt pwoblèm k ap ronji lavi nou, peyi a. Lespri nou dwe louvri, monn lan chanje sou nou, teknoloji a avanse kite nou dèyè nan twou. Rezèvwa Panse yo, se espesyalis yo ye. Se tankou doktè, avoka, pwofesè... ki la pou konsilte ak geri nou, defann nou, ak ban nou enfòmasyon. Sou meyè fason pou nou aji, mache, pran yon desizyon, oubyen ki pibon fòmil syantifik pou nou itilize. Demokrasi pa fèt san moun k ap panse, syantifik, entèlektyèl, moun save. Moun sa yo pèdi tan yo, pou reflechi sou yon sijè byen detèmine. Lè yo jwenn kle pou fè mirak nou bezwen an, se pou nou tande yo. Nou dwe aplike sa yo di, san grate tèt, pou nou pa mouri nan medyokrite. Se pansè yo ki la pou di nan ki wout nou ye e predi nan ki wout nou prale tonbe. Kòman pou nou chanje direksyon pou nou ale nan bon direksyon nou bezwen an. Travay Rezèvwa Panse yo vrèman anpil, paske se tout sektè nan peyi a ki bezwen sèvis yo. Nan sitiyasyon Ayiti ye la, sèl mirak ki pou sove li, se travay ansanm. Travay ansanm ant moun ki genyen kouraj avèk moun ki genyen lespri. Se pa travay tankou moun fou, men se travay avèk metòd, panse, estrateji, objektivite. Se sèl Rezèvwa Panse yo ki kapab pote pibon kalte manyè ak direksyon pou fè sa. Travay pa yo dwe espesifik, nan enterè pèp la, e reyalis, tankou yo dwe :

- **Reflechi sou eta peyi a. Reflechi sou sosyete a.**

- **Reflechi sou pèp la. Reflechi sou pwoblèm yo.**

- **Pote plizyè pwopozisyon pou solisyon.**

- **Vann solisyon. Pote inovasyon.**

- **Kòman pou moun yo travay an ekip.**

- **Travay rechèch. Travay swivi.**

- **Bati richès pou lòt jenerasyon ki pral vini yo.**

➢ JWÈT POU OU.

1- **Konbyen Rezèvwa Panse, Gwoup Refleksyon ou konnen k ap panse pou peyi a, san yo pap fè politik?**

2- **Eske lè ou pral fè yon aktivit ; pentire kay, lave rad sal, fè mache, vizite fanmi ou andeyò... ou konn, panse,** reflechi, ekri, planifiye aktivit sa ? Kisa ki ka rive si ou pa planifye aktivit sa a?

3- Ki sektè nan peyi a ki gen moun k ap panse pou li ?

4- Eske ou panse ke yon ayisyèn, ayisyen fasil pou bay moun enfòmasyon pèsonèl yo ?

5- Dapre refleksyon ou, eske travay Think Tank/Rezèvwa Panse yo pral fasil ?

6- Kisa ki toujou rive ou, lè ou aji san reflechi, ak planifye ?

7- Dapre analize ou, eske pèp la reflechi avan yo ; kraze, brize, boule, piye, touye, vote, manifeste, oubyen aji ?

8- Eske leta mete moun ki vini poze ou keksyon sou kòman ou ap viv ?

9- Eske ou santi ke leta konnen ou egziste, l ap panse, e travay pou ou ?

10- Eske ou konn fè plan pou lavi ou, plan sa yo kòman ou fè pou ou aplike yo ?

11- Kòman ou viv, konbyen tan ou pran pou reflechi sou lavi ou, ki pwogrè ou fè nan vi ou ?

Nan politik pou avanse, ou pa dwe yon pwovokatè. Nan divize nèt ale sou yon senp sijè ; n ap rann pèp la fèb, peyi ap kraze, nan batay youn ak lòt. San nou pa reyalize ke nou pa lennmi an. Nou dwe konnen limit politik ; pèsonèl, patizan, nasyonal, rejyonal, entènasyonal, ak global. Gen de lè yon moun kapab advèzè politik nasyonal ou, men li se pi gwo alye politik entènasyonal ou, oubyen advèzè politik pèsonèl ou, men li se sèl alye politik rejyonal ou. Kidonk se pou nou fè politik ak talon kikit diplomasi.

EGZÈSIS DEMOKRATIK #21

Demokrasi rantre Bò Lakay:

Bò Lakay ; se katye popilè yo, se tout kote ki pa gen wout, kouran, kanalizasyon, sanitasyon, nimewotasyon, siyalizasyon, dlo, djòb, sekirite, espas lwazi... Nan zòn bò lakay sitiyasyon yo prekè, kay yo kole, yo twonpe solèy men yo pa kapab twonpe lapli, koridò yo jis, ma dlo yo long, twou dlo yo sal. Bò lakay se zòn pèp. Ou tande joure pou nenpòt ki rezon. Bò lakay pè nwèl pa janm pase, pa gen fèt fasil. Gouvènman yo bliye wout ki te konn mennen yo bò lakay, bò lakay pa gen kè kontan. Bò lakay, yo pa fè kado. Men demokrasi se pi gwo kado ki ka egziste pou moun bò lakay. Demokrasi fè tout vi li nan koridò yo, sou lari a, bò bak fritay la, sou pil mango yo, bò kote machann chabon an, nan men machann rapadou a, nan vilaj Solidarite, Site Planch, Site Mak, Site Katon, Site Solèy, Site Lento, Site Simòn, Jalouzi, Kanaran... Yon lòt fwa ankò demokrasi se zafè pèp, se zafè malere, malerèz vwazen ak vwazin, moun bò lakay. Demokrasi se zafè moun afè pabon, moun nan katye popilè yo. Demokrasi kòmanse avèk; en, de, twa, kat, senk, mil, milyon moun ki gen mo pa yo, vwa pa yo, vòt pa yo nan dosye, nan koze peyi a. Nan koridò yo, dèyè kay Evè a, oubyen devan pòt madan Amede a, sou galeri kay papa Rachèl la, nan lakou lekòl yo... Demokrasi bò lakay pa depaman ak demokrasi nan Palman an, nan Palè Nasyonal la. Demokrasi gen menm valè yo, menm siyfikasyon yo, menm règ yo, menm prensip yo. Demokrasi nan koridò yo, kote moun ap janbe ma dlo, oubyen jete fatra nan meteye a, klere, sonnen, vivan, egalego, nasyonal, nasyono tankou Demokrasi kay Bengidjo, kay Acra, nan Le Plaza, nan Oasis, nan Karibe, Montay nwa, ... Se sa ki fè pa dwe gen joure, tripotay, raysab, batay, trayzon nan zòn bò lakay, paske se menm nou ye. Nou tout ap soufri, epi nou gen menm maladi. Demokrasi pa dakò fason moun bò lakay ap soufri, kijan moun bò lakay ap sibi nan lavi yo. Moun bò lakay: **demokrasi se fòs nou, se pouvwa nou, se pou nou sèvi avèk demokrasi pou konbat inegalite ekonomik, sosyal, politik e latriye... Solidarite Sitwayèn** se yon lòt fòs tout moun nan katye popilè yo genyen, e yo dwe ranfòse li plis ankò pou amelyore lavi yo avèk fanmi yo. Gras ak demokrasi, lè katye popilè yo pran beton an, tout moun konprann yo. *Demokrasi se pou pèp la, se pa pèp la, sitou avèk pèp la nèt ale.* Demokrasi mete pouvwa nan men moun bò lakay pou piyay. Fòs nou se vwazen an, kapasite nou se kapasite vwazen an. Se sa ki fè nou rete pre konsa. Se sa ki fè le youn kriye lòt la tande, lè youn ap grate chodyè tout vwazin yo tande e timoun yo rasanble. Pitit yon vwazen se pitit tout vwazinay la, se youn ki pou pase pran lòt yo demen, paske byen ou fè yon vwazen pap janm pèdi. Pa dwe gen lougawou k ap manje pitit nou, pou boul bòlèt. Se pou nou pa dakò okenn lougawou nan mitan nou. Se lavi, lanmou, solidarite, travay, pwogrè, lajwa ki dwe ap grandi nan mitan moun bò lakay, se demokrasi ki dwe ateri nan mitan tout moun bò lakay. Demokrasi dwe chita lakay nou, nan domino a, nan koze youn ap pote bay lòt. Nan echanj plat manje, nan bonjou, bonswa, nan kozri n ap fè, nan blag n ap bay... Fòk kouran demokrasi a ale tounen nan mitan nou tout san blakawout. Se pou nou konnen byen sa ki demokrasi, se pou nou fè politik, paske se zafè nou. Politik se fòs nou, se taks nou ki fè peyi a mache. Se lespri nou, se chwa nou ki pou fè peyi a devlope. Nou konsène nan zafè leta jouk nou pa konnen ankò. Pa fè vyolans, sa ki negatif, se pou nou rete pozitif, aktif nan politik, e aprann konnen demokrasi fen e byen. Reyini nou an asosiyasyon, gwoupman, rantre nan pati politik, se pa sèlman ale vote nan eleksyon, oubyen patisipe nan manifestasyon. Se pou nou angaje nou nan zafè peyi a nan tout nivo kote nou vle rive. Si nou pa fè sa, se legen nou bay lòt moun, se sa ki fè yo toujou ap manje sou tèt nou, nou pa nan pozisyon pou nou konnen sa k ap pase. Politik pa zafè lanmò, se pè yo ap fè nou pè, se zafè tout moun. *Louvri je nou*. Fanm vanyan, Gason vanyan bò lakay tout kote ki sanble e ki fèt menm jan ak bò lakay : *travay pou lapatri, respekte lalwa, pa fè vyolans, mete tèt nou ansanm, aplike demokrasi nèt al kole epi demen nou kapab miyò*. Demokrasi garanti dwa nou, pou nou patisipe nan zafè peyi nou, pa bliye sa. Ankò pa fè vyolans, paske vyolans ap retounen vini jwenn nou. Fè lebyen, rete pozitif, men pa lage beton an, se fòs nou. Sèvi avèk moun ki konnen doulè nou, ak grangou nou. Pa vote moun ki pa konnen doulè nou, ki pa janm rete kote nou rete, ki pa janm viv kote n ap viv, moun sa yo pa konnen anyen de nou. Vote moun ki respekte demokrasi, demokrasi se chwal batay nou, **Demokrasi se sèl veritab fòs nou genyen**. Nou dwe fè tout moun respekte demokrasi, pa negosiye demokrasi, demokrasi se asirans libète pèp la. Nou pap tounen nan diktati, ni nan esklavaj blan. Kenbe demokrasi wi, kenbe li fò, se fòs nou li ye. Se pou nou demokrasi ateri, li ap sèvi nou demen. Bò lakay se pitit sòyèt ki rete la, se lamizè k ap goujonnen. Men nou gen kouraj, nou se Afriken, nou se nèg Ginen, nèg Dawomen, e nou gen demokrasi kòm chwal batay nou, se pou demen nou byen. Demokrasi regle tout koze, kont, pwoblèm, dezagreman ant vwazin k ap joure pou timoun. Pou fatra k ap pase devan pòt yo, timoun ki rete avèk moun. Lougawou k ap mache leswa, tripotay moun ap fè sou lòt moun. Moun k ap vòlè kouran ki pase sou do kay lòt moun... Demokrasi pa vle moun kanpe sou de ran ap aplodi moun k ap joure, san yo pa mete lapè nan mitan yo. Demokrasi konnen e regle tout ti detay nan lavi sosyal pèp la. Demokrasi pa rezoud yo dirèkteman, totalman, men demokrasi kreye mwayen pou genyen enstitisyon pou rezoud tout kalte pwoblèm sosyal ki kapab egziste. Demokrasi se poto mitan yon sosyete jis, egalego, pou lapè kapab etabli. Demokrasi bò lakay se limyè tout blakawout enjistis, tout kalte fòm sou devlopman, mizè, chomeko, nesesite, esklizyon, diskriminasyon, depandans.

> JWÈT POU OU.

1- Kòman zòn bò lakay ou fèt? Kòman ou wè moun bò lakay ou ap viv?

2- Kòman moun bò lakay ou ap viv? Eske demokrasi garanti dwa moun bò lakay ou pou yo viv alèz?

3- Eske ou janm pase nan tout katye kote ou rete a, pou wè kisa katye a manke?

4- Ki enpòtans demokrasi genyen pou moun bò lakay ou?

5- Eske ou vle pote kole pou amelyore sitiyasyon zòn bò lakay ou? Kijan de rapò ou genyen avèk moun bò lakay ou? Eske gen demokrasi lakay vwazen ak vwazin ou yo?

6- Eske gen òganizasyon sosyal, politik, ekonomik nan zòn kote ou rete a?

7- Kòman moun bò lakay ou rezoud tout kalte pwoblèm yo ap konfronte yo?

8- Eske nou kite pwoblèm yo ap gwosi, oubyen nou mete ansanm pou pote solisyon yo? Kisa nou reyalize?

9- Eske nou wè li bon, se lòt moun k ap pote solisyon nan zòn bò lakay nou, nan pwòp koze pa nou?

10- Lè bò lakay ou gen lapè avèk lè li gen vyolans, eske se menm bagay? Kòman ou fè pou kenbe lapè nan katye ou a chak jou? Kisa ou fè, pou kalme moun k ap fè eskandal piblik nan katye a maten, midi, e swa?

EGZÈSIS DEMOKRATIK #22

<u>Retabli Demokrasi, Retabli Agrikilti, Retabli Ekonomi:</u>

Demokrasi pap janm mache san ekonomi. Demokrasi pap janm kapab mache san bonjan devlopman. Demokrasi se wout pou devlopman, ekonomi, lajistis, leta ki chita sou lalwa... Pandan n ap ateri demokrasi nan tout seksyon kominal yo, nou dwe kole agrikilti, ekonomi, leta ki chita sou lalwa, dwa moun... avèk li. Se yon enjistis ke yo fè nou, e nou aksepte, pou fason yo kraze agrikilti nou an avèk tout ekonomi nou an. Fòs ekonomi nou an, se <u>agrikilti</u>. Libète nou chita sou posibilite <u>pwodiksyon nasyonal</u> la, ki ba nou posibilite pou nou bay tèt nou manje. Pouvwa pou nou dirije tèt nou, se pouvwa pou nou bay tèt nou tout sa nou bezwen. Nou dwe retabli **Lame Endijèn** nou an, **Otorite Leta** a, avèk tout **Enstitisyon** yo... Se pou nou retabli **Kòve, Konbit, Jaden, Grenye, Galata, Lakou...** Pou nou kapab libere nou de tout chenn grangou, depandans lòt peyi mete nou an. Nou pran twòp wont nan faktori kay blan yo, yo fè ayisyen tounen esklav kay vwazen. Si nou gen santiman, si nou gen lidè se pou nou retabli agrikilti. Pou jan nou pran imilyasion sou fontyè, konbyen ayisyen ki mouri nan nofraj yo? Si nou konsekan ak tèt nou, si nou konn vote moun nan eleksyon vre. Se pou nou jwenn lidè ki pou ede nou retabli agrikilti, remanbre pwodiksyon nasyonal la. Resisite kochon kreyòl, sispann vann ayisyen bay panyòl. An nou sipòte lakay, anbeli lakou kote nou soti, tout andeyò yo, kay gran paran nou yo. Ou mèt fè sa ou vle, kote ou te fèt la ou pa kapab chanje l. Pandan nou kite andeyò, lakanpay, kote nou te fèt, kote nou te soti. Nou pa janm tounen, nou di nou ale chache lavi. San nou pa reyalize, se krase nou kraze lakanpay, se touye nou touye agrikilti, se detwi nou detwi zòn kote nou soti yo, nou desouse sous peyi a. Li nesesè pou nou kite yon zòn pou ale nan yon lòt pou yon rezon byen detèmine. Men lè nou ale nou pa janm tounen, nou pase anba pye sabliye a. Nou pa sonje kominote, fanmi, kilti, istwa nou, se yon vid nou kite nan lakou yo, nan seksyon yo, nan peyi a, pa gen peyi ki ka devlope avèk vid sa yo. Abitan se moun, tout moun se abitan sou latè. Twòp moun ale lave veso kay blan, leve bwat, travay nan faktori kay etranje. Yo kraze agrikilti nou, pou yo ka fè nou rete avèk yo, itilize nou jan yo vle lakay yo. An nou retounen plante, sekle, wouze pou nou ka devlope, an nou ateri demokrasi pou nou libere. Pandan nou deside retabli demokrasi, agrikilti, ekonomi nan chak kwen peyi a. Fòk nou mete kanpe yon estrikti lokal ki pral gen pou fè swivi ak kontinite pwojè yo, e pou nou ka veye kò nou anba rasis yo.

Agrikilti (desantralizasyon):

Nou tout konnen : "Ayiti se yon peyi esansyèlman agrikòl", 30% nan bidjè ta dwe ale nan agrikilti, jouk agrikilti a rantab ankò. Lè ou gen yon peyi kote tout istwa l, fyète l, pase l, chita sou agrikilti. Lè ou gen yon peyi kote plis pase 60% nan popilasyon an pa konn li ak ekri. Lè ou gen yon peyi kote jèn yo ki reprezante plis pase mwatye nan popilasyon an pa gen travay pou yo fè, nivo etid yo pa elve, yo pa gen fòmasyon elektronik, mekanik, enfòmatik. Ou pa gen lòt chwa ke agrikilti ki pou kòmanse devlopman. Tankou peyi **LaChin**, **Brezil**, avèk **Enn** te fè. Retabli agrikilti... gen anpil moun ki pa gen enterè yo ladann. Men nou dwe fè sa, kanmenm...

Ekonomi (pwodiksyon, enfrastrikti):

Ayiti se sèl peyi sou latè beni ki poko *ekonomikman trase*...
Nou gen yon ekonomi ki baze sou lepase, ki pa gen okenn valè nan tan sa a, e ki pa fè sans nan monn globalize a. Ayiti se sèl peyi, ki ofri yon plis opòtinite sitou nan zafè ekonomi. Ayiti se sèl peyi ki kapab fè yon lòt mirak ekonomik nan monn lan. Si nou sèvi avèk moun ki konnen kòman pou yo bati yon modèl ekonomi pou

bay rezilta nou bezwen an. Kantite resous natirèl, minyè, espas, posibilite envestisman, se yon opòtinite anpil moun ki trè renome nan zafè ekonomi, bilyonè, moun ki gen pri Nobèl nan Ekonomi ap chache anlè pou devlope sa yo ta rele ; **Pi Gwo Plan Ekonomik Modèn nan 21èm Syèk la** / **The Greatest Modern Economic Plan of the 21th Century**. Ayiti toujou kenbe tout potansyèl li, tout bèlte li. Ayiti toujou rete La Pèl dè Antil se nou ki pa travay li.

FÒMIL DEVLOPMAN =

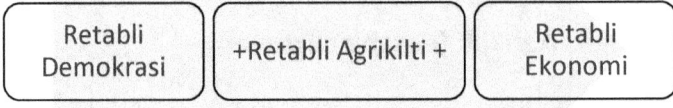

Retabli Demokrasi   +Retabli Agrikilti +   Retabli Ekonomi

Sous: Dieury Dumas, Think Tank Democrat Inc.

> JWÈT POU OU.

1- Poukisa yo te rele Ayiti Lapèl dè Antil?

2- Kòman agrikilti nou an te fè kraze?

3- Yo di se diktati ki kraze agrikilti nou an, nan fè peyizan yo vini rele viv moun pòtoprens, èske ou panse ke demokrasi kapab retabli li, èske nou pare pousa?

4- Demokrasi, agrikilti, avèk ekonomi nan tout seksyon kominal yo, eske ou pare pou fè sa tounen yon reyalite?

5- Konbyen tan n ap bezwen pou mete agrikilti sou pye nan tout peyi a, pi byen avan 1804?

6- Bay yon fòmil devlopman ou konnen ?

7- Chak grenn moun ki kite kote yo fèt la, yo pa retounen, ki reyaksyon ke yo pwovoke ?

8- Kòman agrikilti peyi a fè kraze, dapre sa ou konnen ?

9- Kòman kochon kreyòl nou yo te fè mouri, dapre sa ou konnen, ak sa listwa rapòte ?

10- Ki moun ki responsab peyizan yo kite mòn yo, pou yo rantre pòtoprens, ale sendomeng, pran kantè pou mayami, dapre sa ou tande ak sa ou konnen ?

11- Kisa ki bloke ekonomi peyi a pou li pa dekole ?

12- Lè ekonomi an pa mache, dapre analize pa ou, pouki klas moun li bon ?

13- Reflechi pou wè si agrikilti pa premye pwoblèm ki pi fondamantal, vital ke tout peyi a ap konfwonte ?

14- An nou pale frè ak sè m yo, eske demokrasi, agrikilti ak ekonomi pa kapab devlope Ayiti peyi pa nou an.

KÒMAN POU OU VIV NAN DEMOKRASI :

Fòk ou se yon demokrat nan pawòl avèk nan aksyon ou.
Fòk ou viv an kominote, ou oblije manm senk diferan gwoup.
Ou pa plis pase pèsonn, pa janm kenbe tout mwayen nan men ou. Pa bliye ou se yon sèvitè. Toujou respekte tèt ou.
Fòk ou koube ou devan volonte lalwa, otorite ak kominote a.
Fòk ou genyen yon lespri ouvri, pa janm fèmen tout pòt yo.
Fòk ou chache lapè avèk tout moun, travay avèk tout moun.
Fòk ou konnen limit ou, respekte limit ou, respekte tout limit.
Fòk ou pare pou bay lavi ou pou demokrasi, ak sa ou kwè yo...

EGZÈSIS DEMOKRATIK #23

Demokrasi nan Sistèm Lajistis la:

Nan demokrasi, pwoblèm nan sosyete a pa rezoud nan lari. Plent pa depoze nan joure, depozisyon pa ale fèt devan pòt moun. Lajistis pa bay nan bouch louvri, eskandal piblik, joure, di mo sal nan lari... Se nan tribinal, nan pòs polis, kay avoka, nan men isye, pwoblèm rezoud, plent depoze, lajistis bay... Demokrasi fè Lajistis pi jis gras ak diferan ògan ki nan sistèm lan; CSPJ, Bawo, Biwo, Asosiyasyon... Chak pwosedi jidisyè gen yon mach a suiv. Chak atik gen yon kote yo aplike yo. Lajistis se mèt ke tout moun, lalwa se sèl chèf, Konstitisyon an se granmoun, grandèt majè tout lwa, tout sitwayèn ak sitwayen. Jistis dwe nan lespri chak grenn moun, chak moun nan peyi a gen dwa, gen devwa, avèk obligasyon pou yo jwe wòl **Ajan Lajistis** pou nanm peyi a pa mouri. Se tankou lè yon sitwayèn, yon sitwayen touye konsyans li, se konsyans peyi a li touye tou. Gen yon relasyon ale vini ki egziste ant tout moun nan yon kominote, nan yon peyi, nan yon kontinan, sou latè. Depi gen jistis tout bagay ap byen mache, men depi pa gen jistis anyen pap byen mache. Sa vle di moun ki fè oubyen sitire enjistis, kreye yon enjistis pou pwòp tèt li, pou pitit li, pou jenerasyon li, pou peyi li, demen san li pa konnen ki lè li pral peye enjistis li a. Demokrasi pa dakò pou sistèm lajistis la, ap bay pèp la pwoblèm. Oubyen, toupizi pèp la pou yon rezon kèlkonk. Okontrè se rezoud li dwe rezoud tout pwoblèm pèp la. Nenpòt ti pwoblèm, nenpòt ti dezagreman ou genyen, tan pou ale nan batay, goumen, joure, pale anpil. Pitò ou ale nan tribinal ou depoze yon dosye, yon plent, pou pa twouble lapè piblik. Ah! Se gwo bagay wi, lè yon moun ale nan tribinal pote plent pou yon lòt moun, mwen konnen kilti nou byen. Men nan demokrasi se bagay nòmal, yon senp istwa, klè, san twòp tèt chaje. Se konsa sa fèt nan yon sosyete demokratik, nan yon leta ki chita sou lalwa. Se pou byen tout moun, konsa pwoblèm lan ap rezoud. Moun ki antò a ap gen tò, moun ki gen rezon an ap gen rezon. Se sa ki fè ou dwe reflechi sou tout sa ou ap fè, sou tout sa ou ap di, avan ou fè li e avan ou di li. Pa aji san reflechi, paske gen gwo konsekans ki kanpe pi devan ap tann ou. Nan sosyete demokratik la, pa gen afè; **lese ale, kase fèy kouvri sa a, mwen pat konnen!** *Pou nenpòt ti senèryen lajistis ap mete pye !* Se pa twò gwo pwoblèm, men de ou twa mezi, k ap pran pou korije sitiyasyon ki prezante a. Si ou koupab, ou pral anba sanksyon lalwa, si se lòt moun nan ki koupab li pral anba sanksyon lalwa, epi sa ap rete la. Se pa sa ki di ou dwe gen pwoblèm avèk moun nan jouk ou mouri. Non, ou te fè yon erè, ou pap refè erè a ankò. Sa valab pou tout moun nan sosyete demokratik nou vle konstwi a. **Sistèm lajistis** la makònen kò li avèk **moralite**. Lajistis se yon enstitisyon moral. <u>Ou menm, mwen menm, nou menm, chak sitwayen egalego. Youn pa pi plis pase lòt devan **lalwa**, nan figi **lajistis**, sou do **demokrasi ateri**</u>...

Lapolis: Se yon enstitisyon ki la pou "**Pwoteje ak Sèvi**" pèp la. Yo dwe aji tankou tout anplwaye leta, nan respekte nòm, etik ak deyontoloji enstitisyon yo fè pati de li a, e tout nasyon an dwe rekonèt valè yo. Yo gen dwa, devwa ak responsabilite. Yo gen limit, yo gen pou yo reponn keksyon sou zak yo fè ak kòman yo aji nan egzèsis fonksyon yo. Nou dwe respekte yo, paske yo responsab pou kenbe lòd, sekirite tout moun endistenkteman. Yo gen responsabilite anplis ke senp sitwayen yo, men yo pa pi plis pase nenpòt ki lòt senp sitwayen. Lapolis pa bwa ame okenn gouvènman demokratik, lapolis gen wòl li, deyontoloji li, ki pa yon sekrè pou pèsonn moun. Lapolis la pou travay pou tout sitwayen, kidonk pou peyi a. Lapolis la pou bay tout pèp la sikirite san wete san mete. Lapolis la pou sèvi tout popilasyon an san manke mozo, maten, midi, swa. Chak polisye fi ak polisye gason se yon sitwayèn, yon sitwayen, byennèt yo, se byennèt sosyete a, se byennèt peyi a. Tanpri, sipòte lapolis nan travay yo ap fè.

Jij: Se yon moun ki gen responsabilite pou tande, ankete, jije, bay vèdik, bay Jistis. Yon Jij, se yon moun enpòtan nan sistèm demokratik la. Yon Jij la pou deside ki moun ki gen rezon ak ki moun ki gen tò. Se yon travay esansyèl nan sistèm lajistis la. Yo la pou aplike e fè moun aplike sa lalwa di, se pou yo lapolis ap travay. Yo ap deside sou lavi moun, yo bezwen anpil kapasite pou fè travay sa, yo gen pou kenbe lapè nan sosyete a. Men se pa tout lè, dezisyon yo pran yo se dènye pawòl nan yon ka, oubyen se jistis yo bay. Se pousa gen plizyè lòt gwo enstans nan zafè menm lajistis la. Jistis ke tout Jij dwe bay, dwe yon jistis san wete san mete, san gade sou koulè, san gade sou wotè, san sansibilite, san zanmitay, san lajan, san mèsi bokou. Nou pa dwe bliye; Lajistis, se yon fanm vyèy ki gen yon bandwòl ki mare je li avèk yon balans nan men li. Tout moun dwe jwenn jistis. **Lajistis leve yon Nasyon**.

Avoka: Se yon bon defansè ou dwe toujou genyen, se yon pwofesyonèl lalwa. Ou dwe gen yon avoka depi ou fèt jiskaseke ou mouri. Menm bagay la pou doktè. Se de zanmi ou pa dwe janm manke nan yon sosyete demokratik. Yon avoka se yon moun ki la pou ba ou konsèy legal sou sa ou pral fè, epi retire ou nan sa ou te mal fè. Demokrasi se ; rèy lalwa, leta ki chita sou lalwa, dwa de lòm, tout bon demokrat pa jwe avèk lalwa. Se sa ki fè metye avoka a, se yon metye ki trè nesesè nan yon demokrasi. Pa gen moun ki pi wo, ni pi ba pase lalwa. Paske demokrasi se yon sistèm ki kanpe sou egalite, jistis kote moun ap viv tankou moun.

Prizon: Kote yo mete moun yo arete, avan oubyen apre yo pase devan lajistis. Moun ki nan prizon se moun ki dezobeyi sa lalwa di, moun yo mete nan pinisyon. Prizon enpòtan nan sistèm demokratik la, paske li ede kenbe lapè nan sosyete a. Li ede moun ki pa konnen oubyen pa respekte lalwa jwenn yon kote pou reflechi, pou yo aprann ke lalwa se chèf tout moun, tout moun dwe respekte lalwa. Gen yon fason pou rantre nan prizon, gen yon fason pou ou soti nan prizon. Yo dwe respekte tout dwa prizonye, kondane, kòmsadwa.

Tribinal: Kote yo jije tout kalte konfli, kontravansyon... epi bay jistis. Nan yon leta ki chita sou lalwa, ak dwa moun, nan sosyete demokratik la, tribinal se yon lye san tach, san fòs kote, san lajan anba tab, san erè, san magouy, san rakèt. *"Kèlkeswa ou rich oubyen ou pòv, se jijman nan tribinal, ki pou rann ou blan oubyen nwa"*. Akizasyon se sipozisyon, oubyen entimidasyon, se sèl yon veritab pwosè nan yon tribinal ki respekte règ ak prensip sistèm lajistis ki pou deside si yon moun koupab oubyen inosan. Menm nan sistèm ki pi djanm sou latè vèdik lajistis toujou chaje avèk erè. Se sèl kalite avoka yo, lapolis la, jij yo, jire yo ki pou depase yo pou lajistis kapab blayi. An nou respekte tèt nou ak tribinal yo.

Lalwa: Lalwa se règ legal tout moun nan yon sosyete redije, aksepte pou respekte. Lalwa se youn pou tout moun. Se lalwa ki diferansye yon sosyete sivilize ak yon sosyete kote chyen ap manje chyen. Lalwa pa dwe yon règ repreyansib, se pa yon dezisyon pou fè moun ap mal viv, pou mete baton, mizè sou moun. Men se pou rann lavi moun miyò. Pou mete lapè, sekirite, lanmou, egalite, trankilite, pami sitwayen yo. Se pa lezòm ki dwe fè Lalwa men se lalwa ki dwe ap dirije lezòm. Devan lalwa, pa gen afè chèf, zanmi, fanmi, depi ou pa fè sa lalwa di, lalwa ap korespann avèk ou, e tout sosyete a ap kore desizyon lalwa. **Lè Lalwa rive sèl chèf ; Demokrasi ap ateri, Leta ki chita sou Lalwa ap etabli, Dwa de Lòm ap fleri.** Lalwa la pou estriktire tout kwen nan estrikti peyi a, pou tout bagay mache kòmsadwa. Nou dwe estriktire Ayiti, se pa sèlman kapital la, men tout kwen nan peyi a. Tout peyi a dwe estiktire avèk prezans tout kalte enstitisyon demokratik yo. Se konsa tout moun nèt ap reprezante pap gen enjistis sosyal, inegalite. Lè yon kantite moun pa reprezante nan pouvwa a, e moun nan pouvwa a pa reprezante yo, se yon gwo pwoblèm pou demokrasi a. Tout sikwi nan sistèm sosyal la dwe estiktire, tout moun nan peyi a dwe reprezante. Estrikti sa yo pa dwe yon fason pou gouvènman an ap rann lavi moun enposib. Men se pou gouvènman an kapab anmezi pou li bay pèp la pibon sèvis. Se pou gouvèvnman an kapab pran responsabilite li anvè tout pèp la. Genyen anpil zòn nan peyi a ki pa gen prezans leta, ak sèvis de baz yo, tankou; pòs lapolis, lopital, tribinal, oubyen reprezantan leta yo. Nan demokrasi, leta kòm valè nasyonal, pa sèl responsab... si zòn sa yo pa genyen okenn prezans enstitisyon demokratik yo. Jou demokrasi ateri nan seksyon sa yo, jou leta ki chita sou lalwa rive nan zòn sa yo, jou dwa moun debake nan seksyon sa yo, limyè lavi a ap blayi nèt ale. Ou ka imajine an 2015 gen moun ki pa gen aksè ak eta sivil... Leta pa konnen bezwen yo, yo pa rann peyi okenn sèvis e peyi a pa mande yo sa yo pote pou vann, ki moun yo ye, kòman yo kapab sèvi peyi a? Se yon pwoblèm fondamantal e trajik a lafwa. Pa gen okenn estrikti pou moun sa yo. Lalwa pa reji vi moun sa yo, e devlopman pap janm pase kote yo. Sitiyasyon moun sa yo, se yon enjistis sosyal. Lè tout sektè nan sistèm lan ap travay ansanm e yo respekte règ jwèt la, sistèm lajistis la ap demokratik tout bon vre. Pèsonn pap piwo pase lalwa, ni sitwayen, ni moun ki nan leta. Pa bliye, si nou pa bay jistis, nou pap resevwa jistis, e lajistis se baz asirans lavi nou.

> ## JWÈT POU OU.

1- Nan demokrasi depi yon moun mennen nou devan lajitis, eske ou dwe fini avèk li jouk nou mouri?

2- Depi nou konnen ke demokrasi garanti tout dwa nou. Eske nou gen pou nou pè lajistis?

3- Si ou gen yon pwoblèm avèk yon moun, yon zanmi ou di ou ale lajistis, epi yon lòt zanmi ou di ou bay tèt ou jistis, nan de zanmi sa yo kilès ou dwe tande?

4- Si yon moun rele ou lajistis, epi se ou ki genyen, eske ou ap tou fini avèk moun sa? Kòman ou wè Lapolis ?

5- Eske ou konnen sistèm lajistis peyi nou a byen?

6- Eske yon moun kapab akize yon lòt moun san prèv, eske gen konsekans pou moun k ap fè bagay sa yo?

7- Eske ou ka kondane yon moun dèyè do tribinal?

8- Dapre refleksyon pa ou ak sa ou wè, sa ou tande, sa ou viv, eske sistèm lajistis peyi a ap mache kòmsadwa?

9- Nan analize ou, kòman ou wè tribinal yo, pòs polis yo, jij yo, avoka yo? Ki nòt sistèm lajistis peyi a merite?

10- Konbyen fwa ou chache sa ou rele jistis pou tèt ou, dèyè do lalwa ? Eske ou renmen jistis pou tout moun ?

11- Konbyen tan ou pran pou reflechi, avan ou kondane yon moun ? Eske konsyans ou konn jije ou kèkfwa ?

12- Eske ou konnen, kisa ki andedan kòd penal ayisyen an?

13- Eske Lajistis se yon branch ou kapab viv san li? Lè ou wè enjistis kòman ou santi ou ? Eske ou kwè nan Lajistis ?

Deba Politik : se tout echanj lide ant sitwayèn ak sitwayen peyi a sou tout sijè pou chache laverite youn avèk lòt. Nan demokrasi deba politik pa dwe mennen : batay, rankin, pwomès, vyolans... Tout moun genyen dwa a lide yo e pou yo eksprime yo an piblik ; nan radyo, televizyon, jounal... **Se lide ki dwe reponn avèk lide.**

EGZÈSIS DEMOKRATIK #24

Demokrasi Ateri se Boustè Konstitisyon an:

Nou pa kapab kondui machin san nou pa aprann kondui avan. Ayiti se yon bout tè, sa ki fè bout tè sa yon peyi, yon repiblik, yon eta, se Konstitisyon li. **Konstitisyon** nou an, se manman lalwa peyi a, se prensip, regleman enpòtan sou fonksyonman tout bagay, tout moun nan peyi a. Konstitisyon an ekri sou kòman, kilè, poukisa, zafè peyi a dwe fèt, ki moun, konbyen moun ki dwe deside. **Konstitisyon** *an se batistè peyi a li ye.* Nou pase anpil Konstitisyon tankou : **Kontitisyon 1801**, ke **Tousen Louvèti** te mete sou pye. Apre sa, nou te vin genyen **Konstitisyon 1805**, ki te fèt sou **Jan Jak Desalin**. Apre nou te genyen **Konstitisyon 1843**, a la fen, nou vini genyen **Kontitisyon 1987**, ki te fèt apre yo te fin voye tonton makout yo ale. E Konstitisyon ki an vigè a, se menm **Konstitisyon 29 Mas 1987 Amande** a. Konstitisyon sa te amande nan jou ki te **9 Me 2011**, e li te pibliye nan jou ki te **14 Me 2011** nan **Jounal Le Monitè** nan **# 58** nan jou ki te **3 Me 2011**. Li te repòte pou erè nan jou ki te **19 Jèn 2012**. Demokrasi aplati mòn ki nan lespri nou, kraze gwo kòlèt nou, kalme kòlè nou, bese gwò san nou, fè tèt nou frèt, mete nou tout nan menm eta lespri pou aplike ; Konstitisyon an, lwa yo…, san manke yon vigil. Fason pou mache nan sosyete a, kondisyon, metòd, règ, mache a suiv Ayiti chita andedan Konstitisyon an. Konbyen moun ki konnen kisa Konstitisyon an di ? Konbyen atik ki genyen ladann li? Kisa pèp la kapab di an gwo oubyen an detay sou li? Vrèman mezanmi, n ap mache nou pa konnen si nou anlè, si nou atè. N ap respire, men nou pa konnen si se nan bouch oubyen nan nen. Kòman ou ta vle pou peyi a mache, san ou pa konnen ki sa ki pou fè peyi a mache ? Kòman pou fè l mache, ak ki prensip, ak ki règ, ak ki kondisyon ? Konstitisyon an se manman lwa peyi a, nou dwe konnen tout sa ki ladann li. Se pou lakay nou toujou genyen yon bon kopi ;

Konstitisyon an, Kòd Penal Ayisyen an, avèk demokrasi ateri, menm jan nou gen yon Bib lakay nou. Se lespri ki kòmande kò, si lespri nou pa byen ranpli, tout aksyon nou yo ap vid, yo pap kanpe sou anyen. Nou pase anpil Konstitisyon deja, tan byen ke mal, nan yon peyi kote moun ap fonksyone, kote demokrasi egziste **Konstitisyon se fè, bayonèt se papye**. Moun k ap reflechi konnen byen se lespri ki bati yon nasyon. Lespri peyi a se Konstitisyon an, se pou nou bati peyi a sou Konstitisyon an. Nou dwe chanje mantalite vyole Konstitisyon an lè nou vle. Nou gen pi bèl Konstitisyon sou latè beni. Li gen pi gwo valè, plis egalite pase tout lòt Konstitisyon sou latè. Depi sou premye Konstitisyon nou an, nou te bat Konstitisyon tout lòt peyi sou latè a jamè. Paske Konstitisyon nou an pat bati sou enjistis, rasis, oubyen pou bay yon gwoup moun pouvwa avèk privilèj sèlman, epi mete lòt moun deyò, kenbe yo nan esklavaj, itilize yo kòm objè. Se pousa nou dwe edike pèp la sou li, nou dwe fè yon lekòl avèk pèp la. Nan ba yo kopi Konstitisyon an gratis, fè yon fim sou Konstitisyon an, avèk lòt aktivit edikatif pou tout peyi a. Konstitisyon an, se yon bèbèl, se pi bèl dokiman nou genyen kòm pèp, e li **sakre**. Nou pa respekte Konstitisyon an se paske nou pa konnen sa ki ladann li. Nou pa konnen kòman li bèl, kòman li dous, kòman li enpòtan, se limyè nou. Se menm bagay la ki rive nou avèk demokrasi. Nou pa konnen sa ki rele demokrasi, se sa ki fè nou pa kapab aplike li fen e byen. Se pousa, nou dwe mete Konstitisyon an ansanm avèk liv sa a, pou Konstitisyon an ranfòse, pou nou kapab fòme sistèm demokratik ayisyen an. Konstitisyon an pale de tout sa ki reji vi ak byen chak ayisyen, estrikti ak fonksyonman tout sosyete a. Se tankou yon plan ki trase chemen lavi peyi a, ak tout moun ki ladann li, dapre sistèm demokratik la. Li di tout sa pou nou respekte, tout mache a suiv yo, e kisa ki ka rive nou si nou pa suiv yo. Se moun nou ye, respekte tèt nou, respekte Konstitisyon an, respekte manman lwa peyi a, l ap bon pou nou frè ak sè m yo.

Men kisa Preyanbil Konstitisyon Amande 1987 Ayiti an di:

Pèp Ayisyen an chwazi Konstitisyon sa a:

1- Pou **Garanti Dwa** li yo ki pa kapab chanje, oubyen neglije, pou li jwenn **Lavi** avèk **Libète**. Pou li **Chache Bonè** menm jan **Endepandans 1804** lan te deklare sa a, avèk **Deklarasyon Inivèsèl Dwa Moun** nan lane 1948.

2- Pou **Bati** yon gwo **Nasyon Ayisyen** kote **Sosyete a Jis, Ekonomi an Lib, e Politik la Endepandan.**

3- Pou **Etabli** yon **Leta** ki **Estab, Fò,** ki kapab **Pwoteje Valè, Tradisyon, Souverènte, Endepandans** ak **Vizyon Nasyonal** la.

4- Pou **Enplante Demokrasi** ki **Enplike** tout **Ideyoloji** ak **Altènatif Politik,** ak pou **Afime** tout **Dwa Pèp Ayisyen** an ki **Envyolab.**

5- Pou **Fòtifye Inite Nasyonal** la, nan retire tout kalte diskriminasyon nan mitan **Popilasyon Vil** ak **Lakanpay** yo, lè nou aksepte fason pale ak diferans ki genyen nan **Kilti** nou an, nan rekonesans tout **Dwa, Pwogrè, Enfòmasyon, Edikasyon, Sante, Travay, Plezi** pou tout **Sitwayèn** ak **Sitwayen** yo nèt an jeneral

6- Pou **Asire Separasyon** avèk **Repatisyon** nan bon zanmitay **Pouvwa Leta** yo nan **Sèvis Enterè Fondamantal** ak sa **Nasyon** an posede.

7- Pou **Enstale** yon **Rejim Gouvènmantal** ki chita sou **Libète Fondamantal** ak **Respè Dwa Moun, Lapè Sosyal,** kote **Tout Moun Egalego** nan **Ekonomy** an, **Fanm** ak **Gason** sou menm pye **Egalite.** Se pou **Konsiltasyon** ak **Patisipasyon** tout **Popilasyon** an fèt, nan tout kalte **Dezisyon** ki pral **Angaje** lavi **Nasyon** an, nan yon vrè **Desantralizasyon** san limit.

8- Pou **Asire** ke **Fanm** yo gen **Prezans** yo nan tout **Enstans Pouvwa** a, ak **Desizyon** ki **Konfòm** ak **Egalite Sèks.**

<u>**Sous**</u> : Konstitisyon 1987 Amande.

Se tout bèbèl, pwomès ak prensip sa yo ke Konstitisyon peyi nou an drese. Pou fè lavi nou bèl, agreyab, fasil, rich, jis, pou tout frè ak sè nou yo. Chak fwa li nesesè yo dwe amande li kòmsadwa. Se pa konsa, konsa anpil lòt peyi sou latè, tounen yon sosyete modèn, sivilize, devlope, se paske yo tout deside sispann viv tankou moun ki nan yon jing. Yo deside ekri yon Konstitisyon e yo mare senti yo pou yo respekte li nan nenpòt ki sikonstans, oubyen yo amande li. Se konsa yo mete lòd lakay yo. Yo vini jwenn estabilite, epi yo kòmanse travay pou pwogrè pou tout moun ki nan peyi yo. Nou pa gen chwa ke respekte Konstitisyon an, respekte sa nou ekri, sa zansèt nou kite pou nou. Se nan pa respekte sa nou ekri, nan pa respekte tèt nou, ki fè nou nan twou mizè sa a. Nou nan dèyè kamyonèt la, tout moun ap krache nan bòl ble nou, tout moun ap derespekte nou. Nou pa gen chwa ke aprann demokrasi, konnen sa Konstitisyon an di, aplike lalwa san retire, san mete. Konstitisyon an se gid nou… Kèk fwa li enpòtan pou amande Konstitisyon an. Pou mete li ajou avèk kèk chanjman ki fenk vini nan sosyete a, nan teknoloji, lasyans… Pou asire sekirite, opòtinite nan yon branch kèlkònk, pou pèmèt li kenbe pwomès li fè pèp la. Konstitisyon an se vrèman mach a suiv, rantre, soti peyi a. Konstitisyon an manyen tout bagay, li pale de tout ti detay ki nan estrikti sosyal, ekonomik, politik peyi a. Lè nou pèdi mach nou, nou soti kite lig nou, rezilta yo devan je nou la. Se pa limyè nou pa genyen non, se pa konnen nou pa konnen sa pou nou fè non, men nou deside mache nan fason ki pap janm bon pou nou an. An nou pran de twa egzanp nan Konstitisyon 1987

Amande a, pou nou wè, si nou respekte li vre;

Atik 134.2 la pale sou dat pou eleksyon prezidansyèl yo fèt **"chak 5ème ane, nan dènyè dimanch mwa oktòb"**, konbyen fwa nou respekte dat sa.

Atik 259 nou an di: **"leta dwe pwoteje lafanmi, ki se baz fondamantal sosyete a"**. Ki pousantaj fanmi ki nan nesesite ke leta pran sou responsabilite li? Konbyen pwogram asistans sosyal ki sou pye pou ede fanmi vilnerab yo?

Atik 275.1 la di konbyen fèt Nasyonal ki genyen, nou fè kanaval lè nou vle.

Atik 28 la pale sou dwa moun pou eksprime yo, men nou pa janm respekte opinyon pa lòt moun, pa vre!

Konstitisyon an se gid nou, se lanp ki sou tèt mòn yo ki la pou klere nou, pou montre nou chemen an. Nou pa bezwen suiv moun, nou dwe sèlman suiv Konstitisyon an, Lalwa, Kòd Penal... epi tout moun ap rankontre. Tout pati politik, tout moun ap konnen sa pou yo fè, sa pou yo pa fè. Nou pap bezwen nan voye ale, ale tounen. Mache ak Konstitisyon an, Lalwa Ayisyen yo, Kòd Penal Ayisyen an, avèk demokrasi ateri nan nenpòt ki randevou politik nou prale pou nou wè ki moun k ap bay manti. **Nou dwe kòmanse gen yon** kilti liv. Sa vle di, pa pran anyen nan bouch moun. Se pousa moun yo ap di yo, oubyen sa yo pral fè yo ekri nan liv, nan liv ki deja ekri, oubyen nan li yo ekri. Pa siyen okenn kontra nan bouch ak moun pou senk kòb andeyò lalwa. Pa pè ale nan tribinal, rele avoka, chache temwen nan tout sa n ap fè. Nou pa oblije non, men depi nou santi nesesite a, pa pè fè sa a. Se yon fason pou nou kenbe wout lapè, lajistis, tèt ansanm pou pwogrè, e pou devlopman ka etabli vre. Lezòm ap toujou bay manti, yo ap toujou vle jwi nou. Men lalwa, se règ ki etabli, ki gen moral, ki gen lajistis, ki fèt pou moun pa jwi lòt san rezon. Konstitisyon an baze sou règ avèk prensip demokratik yo. Demokrasi se pibon boustè Konstitisyon an li ye, e li se pi gwo fasilitatè Konstitisyon an tou.

Konstitisyon an, se kòd wout peyi a, li gen lwa, règ, rantre soti, pinisyon, rekonpanse, jijman, amann ak regleman. Depi ou pa suiv kòd wout la, ou nan kontravansyon avèk lalwa. Nou dwe konnen kisa Konstitisyon nou an di fin e byen, se pou nou sa va bon demen. Lalwa di : si ou pa konnen sa lalwa di, ou fè sòt ou, ou tonbe anba lalwa se fòt pa ou. Sa vle di, ou dwe chache konnen tout lwa pou ou pa tonbe anba lalwa. Malè avèti pa touye kokobe, tanpri, pye kout pran devan. Pa neglije achte liv sou Konstitisyon 1987 Amande a, Kòd Penal ayisyen an, pou aprann konnen kòman pou mache bak ou, pou ou pa yon pwoblèm pou sosyete a, e konnen kòman demokrasi se boustè Konstitisyon an. Pouvwa Lejislatif la se **kodepozitè Ak Lendepandans** lan, e se **Garan Konstitisyon** an. Sa vle di menm tankou prezidan an gen responsabilite kòm garan pou respekte e fè respekte Konstitisyon an, ak bòn mache tout enstitisyon yo. Pouvwa Lejislatif la gen menm dwa sa yo, e plis ankò, siveye prezidan an avèk gouvènman li a. Anplis se Prezidan an (Pouvwa Ekzekitif) avèk Palman an (Pouvwa Lejislatif) sèlman ki genyen dwa pou entwodwi tout amandman, chanjman nan Konstitisyon an, nan yon peryòd byen presi. **Se sèl Palman an ki pèsonifye demokrasi a.** Kidonk ant Pouvwa Ekzekitif la, Pouvwa Lejislatif la, Konstitisyon an, epi Enstitisyon yo, dwe gen yon mekanis, atikilasyon, bouyi vide, mare sosis ki dwe demokratik, klè kou dlo kòk devan LaPrès avèk Sosyete Sivil la. Pouvwa Jidisyè a dwe kanpe ak baton lajistis li pare pou korije tout bagay ki pa dwat, legal, demokratik, ak konstitisyonèl. Nenpòt ti fo pa nou fè nan aplike Konstitisyon an, avèk tout lwa yo, se kreye n ap kreye tout kalamite pou nou ankò demen. Lè nou bezwen dechay pou yon lòt, pou Demokrasi se yon sistèm, kilti, ki chaje ak etik, lwa, règ ak prensip. Se pou rezon sa yo ki fè dwe gen anpil bon relasyon etwat ki dwe egziste ant tout enstans ki konstitiye sistèm demokratik la, avèk enstans kontwòl yo tou. *Nou dwe mare sosis nou, kòd lonbrik nou ak demokrasi, Konstitisyon an, epi lalwa yo.*

> JWÈT POU OU.

1- Dapre ou menm, poukisa e kòman ou panse, nou oblije respekte Konstitisyon nou genyen san gade dèyè?

2- Kisa Konstitisyon an itil nou konsa?

3- Eske Konstitisyon an se papye, bayonèt se fè nan demokrasi?

4- Eske Konstitisyon an se manman lwa peyi a?

5- Si nou pa respekte Konstitisyon an, kisa k ap deranje nan fonksyonman sistèm demokratik peyi a?

6- Si peyi a pa gen Konstitisyon, kisa peyi a ap tounen?

7- Ki premye atribisyon yon prezidan?

8- Poukisa dapre ou, li enpòtan pou amande Konstitisyon an kèk fwa sa a nesesè, dapre Konstitisyon an?

9- Kisa Konstitisyon an reprezante pou chak ayisyèn ak chak ayisyen k ap viv nan peyi oubyen nan dyaspora a?

10- Eske ou janm li Konstitisyon an, si wi, eske ou renmen li, eske ou konprann li, eske ou ba li tout valè li merite ?

11- Ki valè Konstitisyon an genyen nan aksyon ou yo?

12- Ki diferans ki genyen ant demokrasi ak Konstitisyon an?

13- Kisa Atik 52 ak 52.1 nan Konstitisyon 1987 Amande a di?

14- Kisa Atik 16 nan Konstitisyon 1987 Amande a di?

15- Ki valè Atik 59, 59.1, 60, 60.1, 60.2 yo genyen nan fonksyonman peyi a, ak pou demokrasi a?

16- Konbyen Atik ki gen nan Konstitisyon 1987 Amande a?

17- Ki kalte libète Konstitisyon 1987 Amande a garanti?

18- Ki kalte libète Konstitisyon 1987 Amande a pa garanti?

19- Si ou konnen yon moun nan leta a, ki pa respekte Konstitisyon an, kisa ou dwe fè ak sa a kòm yon bon demokrat, ki genyen jèvrin, karaktè, e ki pa yon sitirè?

20- Kisa ki gid nou sou latè, kòm premye pèp nwa?

21- Konbyen fwa ou li Konstitisyon 1987 Amande a, zanmi?

LAPRÈS :

Laprès se katriyèm pouvwa li ye. Se pouvwa ki pi pre pèp la, se je ak zòrèy pèp la nan sa k ap pase nan peyi a. Se men ak pye pèp la nan aksyon pèp la. Se sèvo ak bouch pèp la nan desizyon popilè yo. Laprès se pon ant twa pouvwa leta yo avèk pèp la epi sosyete sivil la. Pouvwa yo bezwen laprès, pèp la bezwen laprès, tout sektè nan vi nasyonal la bezwen laprès. Travay laprès pa fasil, se tout moun ki dwe ede. Laprès dwe fè travay li kòmsadwa, san presyon, ni tansyon, men avèk etik, e deyontoloji. Pèp ayisyen, se pou nou renmen laprès, respekte laprès kit enfòmasyon k ap bay la mache nan san nou, kit li pa mache nan san nou. Depi laprès byen fè travay li yo avèk limyè laverite, etik, pwofesyonalis, nou dwe renmen yo plis toujou. Laprès mennen anpil gwo konba avèk pèp la, e pou pèp la. Men konsa tou, laprès li menm pa dwe pwostitiye tèt li nan pran lajan ak favè nan men pèsonn. Se pousa dwe genyen yon òganizasyon endepandan pou bay bon kontwòl.

EGZÈSIS DEMOKRATIK #25

Demokrasi pa Danse Kole avèk Vyolans:

Pou tout kalte zak vyolans ki fèt an Ayiti, depi apre Lendepandans jouk rive jodi a. Li enpòtan pou moun ki sibi vyolans pote plent pou yo kapab jwenn jistis. Twòp zak poze nan peyi a pou lajistis pa depoze. Vyolans se yon zak ki pote lapenn, tristès, pou moun ki sibi zak la, ak pou moun ki poze zak la tou. Moun ki sibi vyolans lan, dwe pote plent. Li pa dwe kache, oubyen chache revanj pou tèt li. Sa ka fè li rantre nan kontravansyon avèk lalwa. Epi li dwe chache èd nan **Sant Rekiperasyon Sosyal** yo. Moun ki fè vyolans lan dwe disponib pou lajistis, e li dwe chache èd nan **Sant Rekiperasyon Sosyal** yo tou. Paske lè yon moun fè vyolans sou moun, sou bèt, sou pwopriyete prive oubyen piblik, sou materyèl prive oubyen piblik, li preske pèdi valè moun li, li preske kite kad sosyal la dèyè. Se pou li kouri chache èd, pou li ka rekipere tèt li. Paske pa gen rezon pou vyolans sou okenn fòm ap kontinye fèt nan sosyete demokratik la, pa gen moun ki dwe aksepte sa. Nou dwe reyalize ke tout vyolans nou kreye, se yon malè plandye nou kite pou pitit nou, se yon mal nou fè tèt nou. Paske vyolans nou kreye sou yon moun, nou pap kapab kontwole l. Yon jou se nou ki pral sibi vyolans sa a anretou, se sa ki fè nou pa mande mal pou moun. Moun ki sibi tout kalte zak vyolans, dwe pote plent, se yon dwa ak yon devwa sakre. Pa janm wont, se pa nou menm ki antò. Menm si se nou ki te antò, pa gen rezon pou nou sibi vyolans nan okenn ki sitiyasyon anretou. Se sèlman lajistis ki pou deside sou konsekans nou dwe peye a. Si nou pa vle pote plent pou tèt nou. Eh! Byen fè li pou sosyete a kapab echape anba vyolans nou te sibi a, oubyen fè sa pou pitit nou, fè sa pou lòt moun yo pa sibi menm zak vyolans sa a. Paske sosyete a pa dwe gen vyolans ladan li ditou. Anverit mwen di nou sa, depi yon moun fè vyolans, li pèdi valè tèt li, li pèdi valè moun li. Moun ki fè vyolans dwe chache èd pou li sispann fè vyolans pou kèlkelanswa rezon an. Tout moun ki te sibi zak vyolans, ki te fè zak vyolans, oubyen ki te nan antouraj yon zak vyolans dwe ale nan **Sant Rekiperasyon Sosyal**. Oubyen pou li rantre nan legliz si li pa gen yon sant konsa ki tabli bò lakay li. Se pou moun lan gen kouraj, pou li ale mande moun li te fè vyolans sou li a padon. Oubyen fanmi moun lan si moun lan pa la. Epi pou li eseye repare kòz zak vyolans li an. Se pou moun yo degaje konsyans yo, libere lespri yo, sa a nesesè. Paske nou se moun, e tout moun dwe gen santiman, konsyans, sikoloji, regrè... gen yon jan pou yo ye. Nan sosyete demokratik nou an pa gen plas pou vyolans, pa janm bliye sa a. Lespri moun yo piti anpil, se yon reyalite ki tris lè n ap mezire: imajinasyon sitwayèn avèk sitwayen yo, degre analize yo, valè lide yo, pwa refleksyon yo... se yon traka. Valè panse chak sitwayèn avèk chak sitwayen yo fèb anpil. Mezanmi, vyolans pap rezoud okenn pwoblèm nan yon sosyete demokratik, tripotay pa a lonè, pale moun mal pa a la mòd ankò. Ou pa kapab ap pran pawòl nan bouch yon moun, epi san prèv, san verifikasyon ou tonbe ap kondane lòt moun nan. Se yon enkapasite, se yon andikap mantal lè ou pa kapab reflechi pou konprann, pou tire yon konklizyon nan sa yon moun di sou yon lòt moun. Se pou ou aprann keksyone, fè jijman avèk rezònman pou lespri bon konprann ouvri je ou, pou wè; eske, ak poukisa yon moun di move bagay sou yon lòt. N ap viv nan yon sosyete, kominote, e peyi a, ki vid avèk rezònman, jistis, lanmou, padon, respè, kritik pozitif... se bagay sa yo ki kreye mizè nan lespri, nan nati, nan espas peyi a. Se rezon prensipal sa ki fè lajistis pa tande yon sèl pati nan yon istwa, li tande tout moun ki nesesè pou tande. Li tande tout vèsyon, poze tout keksyon korèkteman, e egzamine tout ti koze, repons, atitid... Yo mete avoka, sekirite, anketè, espesyalis, e latriye pou lajistis kapab etabli. **Ou pa dwe janm fè ensitasyon pou lakòz vyolans**! Ou pa dwe janm manm okenn gang, oubyen gwoup k ap fè konplo, avèk plan kont sekirite vi, byen moun, bèt, oubyen gouvènman an, ak peyi a andeyò Konstitisyon an ak demokrasi a. **Ou pa dwe preche vyolans sou okenn fòm**! Kit moun nan ap ba ou pwoblèm, donk li antò. Kit se yon moun ou rele mechan, kit se ou menm ki antò. Oubyen pou yon rezon oubyen pou yon lòt, ou deside ap bay moun sa pwoblèm. Se lajistis e lajistis sèlman ki pou di mo pa li sou moun lan. Espès moun k ap preche vyolans anpil nan sosyete a. Istwa yo long, yo anba anba, yo anba po. Yo nan legliz, yo se malfektè, ipokrit karesan. Men nivo yo ba, malgre mechansete yo fè pou yo rive. Eta lespri yo vag, vid, pòv, yo pa kanpe sou anyen e yo konnen yo pa kanpe sou anyen tou. Demokrasi dwe rantre lakay moun sa yo, paske se yo ki sal sosyete a konsa. Demokrasi pa danse kole avèk yo, yo pa vle wè demokrasi tou. Gen anpil etap nan istwa peyi a ki make pa vyolans. Depi sou tan lakoloni, depi apre Lendepandans, peyi a te divize an twa, konplo blan yo, diktati, koudeta, lame, frap, chimè, kale tèt... Vyolans fèt an Ayiti pou dan griyen, nou dwe kòmanse pa panse malèng ki genyen nan sosyete a. Pa gen kan ki epanye anba vyolans. Si nou vle avanse sou wout demokrasi, sou wout pwogrè, nou dwe gen estabilite politik la e kanpe sou vyolans yo, *jèn yo, se misyon nou*. Leta ak Pati Politik yo, dwe mete **Sant Rekiperasyon Sosyal** yo sou pye pou moun ki sibi, oubyen fè vyolans kapab repare, rekonsilye avèk tèt yo, epi avèk sosyete a tou. Se pa di mwen di ke ayisyen pa sosyab, se pa di mwen di moun yo pa konnen viv avèk moun, non. Men se pou yo konnen kòman pou yo viv ansanm san vyolans. Pou ede moun ki te nan anviwonman vyolans, moun ki te viktim move zak nan sosyete a bliye tout sa ki pase. Pou vyolans sa yo pa rekòmanse, e pou yo konnen kòman pou yo evoliye ansanm nan lapè, san vyolans. Pou yo bliye tout: san ki te koule, tout ka kidnaping, tan diktati, agresyon lapolis, zak maspinay lame, manifestasyon, koudeta, moman trajik yo, tranbleman tè 12 janvye, grangou, mizè, vyolans, mepri sosyal...

Viktim yo bezwen yon seyans, yon plas, yon moun ki pou pale avèk yo, ki pou ede yo rekipere bon sans lavi a. Gen moun tou ki bezwen bliye tout kochma nan lavi yo. Tout paran ki pèdi pitit, pitit ki pèdi paran. Manman k ap kriye, matant, tonton, moun ki pèdi nyès oubyen neve. Moun ki pèdi zanmi, fanmi, moun yo vini pran lakay yo, ki pa janm retounen. Moun ki mouri nan fò dimanch. Moun yo antere titanyen, moun ki mouri nan konfli pou tè, moun yo kidnape. Moun ki mouri nan aksidan machin nan move wout, moun ki mouri nan tranbleman tè 12 janvye anba blòk move kay... Ah! Sosyete nou an sibi anpil move zak, pèp la pase anpil move moman wi papa Bondye mwen! Se yon sosyete ki fin kraze anba bal, pèd vi ak byen, katastwòf natirèl... Yon sosyete kote moun yo pa gen espwa lavi yo ap chanje, moun yo ap viv ak estrès, perèz. Gen anpil moun ki kenbe kriye, move sitiyasyon, move memwa, enjistis nan kè yo, nan lespri yo. Nou konnen, gen eksperyans yon moun fè, li pap ka fè pwogrè, si li pa mete kalte eksperyans sa yo k ap manje li andedan li deyò. **Sant Rekiperasyon Sosyal** sa yo la pou ede moun ki bezwen èd sosyal, mantal, santimantal, familyal, sikolojik, ekonomik... Vyolans nan politik, fè moun kouri kite peyi a, tout krèm peyi a ale nan peyi letranje. Vyolans fè pèp la konprann politik se yon move bagay. Pèp la gen yon laperèz nan tèt li, ki anpeche li patisipe nan politik peyi li. Se konsa vòlè ap vòlè tout sa peyi a posede. Pèp la pa ka di yo anyen, lajan peyi a ap gaspiye moun pè pale, politisyen ap peze souse tout moun kè kal. Vyolans nan peyi a, dechire tisi sosyal la, li divize nasyon an, mete klas yo dozado, se sa ki fè demokrasi pa danse kole avèk vyolans. Enjistis sosyal yo separe pèp la an miyèt mozo. Moun yo pa kwè, yo oblije viv ansanm, len pè lòt. Lame, lapolis, move sitwayen, fòs etranje kreye anpil vyolans, timoun te konn gen zam, granmoun te konn gen manchèt, vyolans te konn blayi nan katye popilè yo, nan tout peyi a. Timoun, granmoun kreye e sibi zak vyolans maten, midi, swa.

Eksperyans sa yo pa efase konsa, konsa, nan memwa moun. Move moman sa yo pa ale nan dòmi, okontrè yo bay moun yo kochma. Nan **Sant Rekiperasyon Sosyal** yo, tout moun ki te konn fè vyolans, sibi vyolans ap jwenn èd pou yo avanse nan **Sosyete Modèn** lan, nan **Sosyete Demokratik** nou vle bati a. Nou dwe gen plan avèk pwogram pou moun ki bezwen èd. Pou yo rive konnen kòman nouvo sosyete nou an dwe mache san vyolans. Ni moun ki te konn fè vyolans pou yo pa fè vyolans ankò, e moun ki te sibi vyolans pou yo pa repete vyolans yo te sibi sou lòt moun. Inegalite ki genyen nan sosyete a tou lakòz anpil vyolans. Lè gen vyolans nan sosyete a, peyi a kraze, pèp la viktim. Nou toujou di n ap bati peyi a, poukisa nou pa bati, li deja? Lè n ap bati kay, nou bezwen bon blòk, bon siman, bon fè, bon beton, lè n ap bati yon peyi, nou bezwen moun ki genyen lespri bòn volonte. **Sant Rekiperasyon Sosyal** yo kapab tabli kò yo nan tout peyi a. Tankou nan pòs polis, meri, tribinal, direksyon depatmantal, lekòl prive ak piblik, legliz... Yo kapab chita tou nan **Ministè Lajistis, Ministè Afè Sosyal, Direksyon Jeneral Lapolis** pou kontwòl avèk administrasyon. Men kòm leta abitye fè vyolans e kòm gen moun ki konn sèvi avèk aparèy leta pou fè vyolans, tout sant sa yo dwe gen reprezantan sosyete sivil la, opozisyon an, avèk O.N.G pou dirije yo. Ministha, O.N.G, lòt Òganizasyon prive, Òganizasyon Dwa de Lòm yo dwe bay bourad nesesè nan gwo travay sa a. Lame a dwe gen **S.R.S** pou akeyi jen ki nan delenkans jivenil.

Sant Rekiperasyon Sosyal: sa yo ap pou gen kòm misyon, anseye tout patisipan yo sou;

1- Respè pou lavi, lanati, linivè...

2- Viv ak travay ansanm nan kominote yo, nan vilaj global la.

3- Kòman pou fè zanmi bò lakay, ak sou rezo sosyal yo.

4- Kòman pou yo konpòte yo nan sosyete a.

5- Kòman pou leve timoun.

6- Kòman pou fonde yon fwaye.

7- Dwa natirèl. Dwa inivèsèl. Dwa konstitisyonèl.

8- Relasyon; moun ak moun, kilti ak kilti.

9- Rezolisyon konfli yo/Rezolisyon pwoblèm jodi ak demen.

10- Travay kominotè yo.

      a- Reprann plas sosyal yo.

      b- Kòman pou viv nan monn globalize sa a?

- Sant sa yo ap la pou sèvi sosyete a, pou rezoud pwoblèm lafanmi, andikape, fòmasyon sosyal jèn yo, e latriye.

Pou fason tout klas nou yo divize la, pou kantite ravaj vyolans fè, pou enjistis ki te fèt sou diktati, pou tan demokrasi fè li pa janm ateri. Pou jan yo sèvi avèk enstitisyon peyi a pou fè koudeta, pou erè *demokrat* yo, ak klas entèlektyèl la fè. Pou kantite pati politik ki genyen nan peyi a, plis pase 200. Pou divizyon, esklizyon sosyal k ap grandi chak jou. Pou fason demokrasi a rachitik nan wout, pou sosyete a avanse, fòk genyen yon gwo chita tande. Chak fwa granmoun nan yon fanmi chita ansanm pou yo pale nenpòt ki koze, se yon bèl bagay, timoun yo rejwi, fanmi an fleri. Fòk nou chita pale, pou nou fè **Konferans Nasyonal** la, **Eta Jenewo Nasyon** an, **Dyalòg Nasyonal** la, pou vyolans lan rive kaba. Pinga nou janm bliye demokrasi pa danse kole avèk okenn fòm vyolans.

> JWÈT POU OU.

1- Eske ou te temwen yon sèn vyolans?

2- Si yon jou ou ta sibi vyolans, eske ou ap pote plent, epi chache èd? Kòman ou konprann yon moun ki vyolan ?

3- Ki solisyon ou genyen pou vyolans k ap fèt nan sosyete a? Eske ou deside kanpe pou vyolans kapab rive kaba ?

4- Kòman ou santi ou lè ou wè tout vyolans sa yo nan sosyete a, kote ou ap viv, ak kote ou ap leve pitit ou yo?

5- Eske ou genyen moun ou pèdi ; fanmi, zanmi nan tout vyolans k ap fèt an Ayiti yo? Konbyen fwa ou sonje yo?

6- Eske ou konnen yon moun ki te fè vyolans sou lòt moun, eske ou pare, pou ou ale temwaye devan lajistis pou jistis kapab fè limiyè?

7- Eske ou panse ke sosyete a kapab avanse nan vyolans youn ap fè sou lòt?

8- Eske ou panse pou padone yon moun ki te fè vyolans sou ou? Eske ou kapab padone yon moun ki te fè vyolans sou ou ?

9- Eske vyolans deranje ou? Eske ou sitire vyolans?

10- Eske ou ta renmen chita pou dechaje konsyans ou, sou yon zak vyolans ou te sibi, oubyen ou te fè?

11- Eske ou panse vyolans kapab rezoud pwoblèm ki nan sosyete a?

12- Kisa vyolans fè sosyete ou ap viv landann lan?

13- Eske ou panse Sant Rekiperasyon Sosyal yo ap ede moun ki fè vyolans, oubyen moun ki sibi vyolans remanbre yo, pou yo menm ankò ede bati yon sosyete san vyolans?

14- Eske demokrasi danse kole avèk vyolans?

15- Eske ou vyolan nan lari a, nan fanmi ou, avèk zanmi ou, oubyen sou tèt ou? Fanmi, mwen kwè ou kapab chanje !

Kòman n ap fè konnen nou sou wout demokrasi a: Li trè nesesè pou nou konsilte, peze, analize, kalkile, mezire… degre, vitès, ak volim tout enstitisyon ak moun nan sosyete a san mank. Sitou nan zafè politik, demokrasi, leta ki chita sou lalwa, dwa, …

Men kèlke siy ki pral montre ke Demokrasi Ateri nan peyi a:

1- Aplikasyon Konstitisyon an san mank. Respè Libète yo.

2- Altènans/Estabilite Politik. Sekirite. Estrikti. Enstitisyon solid.

3- Responsab konsekan, pwofesyonèl, etik ak moral.

4- Bon Eleksyon a tan. Bon Eleksyon pou tout nivo yo.

5- Transparans, tcheke ak balanse tout zafè peyi a san restriksyon*.

6- Estrikti ak Endepandans chak Pouvwa Leta yo, ak Enstitisyon yo.

7- Estrikti, Kontwòl Kalite ak Kantite tout sosyete a.

8- Rapò Siyantifik sou eta leta ak tout sektè nan peyi a.

9- Pwogrè Ekonomik pèp la. Lapè Sosyal. Modènite.

10- Opòtinite san maren, paren ak favè pou tout moun.

11- Pwogram Sosyal pou amelyore kalite lavi a.

12- Rediksyon povrete ak eka nan klas sosyal yo.

13- Rediksyon èd ak entèvansyon peyi etranje yo.

14- Tansyon ak kantite manifestasyon chak mwa.

15- Konpetitivite modèn ant sitwayen yo ak etranje yo.

16- Linyon/Konsansis/Rekonsiliyasyon Nasyonal.

17- Grandè ak Enfliyans Nasyonal la retabli.

Teyori Demokratik / Teyori Politik:

Libète-Egalite-Fratènite =**Demokrasi**= Koperasyon-Patisipasyon-Transparans.

POLITIK➞PÈP (DEMOKRASI) PÈP/PIBLIK/PRIVE➞POLITIK.

POLITIK➞**SYANS** DIRIJE➞SYANS + TEKNIK

DIRIJE➞ POLITIK + TEKNIK **DEMOKRASI** ➞ **KILTI**

POLITIK: Syans Inivèsèl TEKNIK: Patikilarite.

ELEKSYON = YON MOUN EGAL YON VÒT. ELEKSYON SE SOUF DEMOKRASI.

DEVLOPMAN = POLITIK + TEKNIK + BALANS SOSYAL + PWODIKSYON + LAPÈ.

Nou pa kapab kite politik fè eksè nan lavi nou, nan sosyete a. Politik pa dwe ap dirije nou, se nou ki dwe ap dirije politik. Okenn moun pa dwe sèvi avèk politik **kont** okenn moun. Se pou nou limite, kontwole, mezire politik la, pou li pa tounen tout bagay, tout kote, tout lè, nan lavi nou. Si nou pa fè sa n ap nan gwo tèt chaje, lavi moun nan sosyete a ap twouble, tout peyi a ap bloke, e pèp la ap toujou nan mizè. **POLITIK < LAVI.** Demokrasi soti anba nan pèp la pou rive nan elit la. Majorite popilasyon an dwe kapab resite baz elemantè demokrasi yo pa kè. Fonksyonman demokrasi nan sosyete a, e nan mitan pouvwa yo dwe chita sou konpromi, e non pa sou demagoji pou politik la fonksyone pou peyi a kapab mache. **Politik, Eleksyon, Kòd Penal, Lalwa,** avèk **Konstitisyon** se yon zafè lokal. E demokrasi nan definisyon l menm, se zafè lokal pou rive nan nivo nasyonal.

DEMOKRASI ATERI = LOKAL (DEMOKRASI+ POLITIK+ELEKSYON).

DEMOKRASI = PÈP/MAJORITE. DEMOKRASI = DWA + DEVWA

DEMOKRASI = KONPROMI DEMOKRASI ≠ DEMAGOJI.

DWA = DEVWA. GWO POUVWA = GWO RESPONSABILITE.

GWO DWA = GWO DEVWA. TI DWA = TI DEVWA.

YON MOUN = YON VÒT. DEMOKRASI = RÈG MAJORITE (Sifraj inivèsèl).

DEMOKRASI ≠ VYOLANS. DEMOKRASI = TOLERANS.

POLITIK = PIBLIK. POLITIK ≠ PRIVE. PRESYON POLITIK = CHANJMAN.

LALWA SE YOUN, POU TOUT KRETYEN VIVAN (Moun pa piwo pase lalwa).

KONSTITISYON AN SE MANMAN LWA PEYI A.

POLITIK + ETIK = SYANS POLITIK, Politik mache ansanm avèk **Etik.**

POLITIK = DINAMIK (Fòs ki chanje). **ETIK = ESTATIK** (Fòs ki pa chanje).

REPIBLIK = ESPAS + KONSTITISYON + POLITIK + ETIK. LETA = 3 POUVWA.

BON PEYI = BON GOUVÈNMAN + BON SITWAYÈN + BÒN SITWAYEN.

AYITI = LIBÈTE + EGALITE + FRATÈNITE ; "REPIBLIK/DEMOKRATIK DAYITI". Leta ki oblije yon pèsonn moral, legal, konstitisyonèl pa dwe nan griyen dan avèk pèp la nan aplikasyon lalwa. Leta dwe dwat, pou li fè pèp la dwat. Leta dwe fò pou pèp la kapab fò. Leta dwe djanm nan kèlkeswa domèn lan, pou pèp la djanm. Leta se rezilta pèp la, pèp la se konsekans leta, youn responsab byennèt lòt la.

Vokabilè Demokratik :

Demokrasi : fòm gouvènman kote pèp la gen pouvwa a, majorite a ap gouvène.

Repiblik: fòm gouvènman ki chita sou Konstitisyon, dwa tout moun garanti. **

Dwa : tout kapasite ou posede pou egzèse yon responsabilte ke lalwa garanti.

Devwa : tout responsabilite w posede pou egzèse yon kapasite ke lalwa garanti.

Lalwa : tout règ nesesè sosyete a avèk sistèm lajistis la dakò pou tabli, e aplike.

Konstitisyon : manman lwa peyi a, batiste pèp la, tout moun dwe, e fè respekte.

Kòd Legal: yon ansanm règ ak prensip legal ki regilarize zafè sivil ak kriminèl...

Lajistis: ansanm kòd, lalwa, enstitisyon, Konstitisyon an e sa ki moral, jis, egal.

Eleksyon: fason pou pèp la chwazi reprezantan li nan pouvwa demokratik la.

K.E.P: Konsèy Elektoral Pèmanan, ògan Konstitisyon an kreye pou fè eleksyon.

Vote: se aksyon demokratik tout sitwayen dwe ranpli nan eleksyon ak yon vòt.

Kandida: se tout sitwayen ki deside pote tèt yo vini kòm sèvitè pèp la nan leta.

Leta ki Chita sou Lalwa: kote leta respekte lalwa nan tout koze, san mank.

Politik: syans tout syans, syans enterè k ap byen dirije tout bagay, tout kote.

Prezidan : reprezantan pèp la, ki pou respekte e fè respekte Konstitisyon an.

Senatè: reprezantan pèp la nan pouvwa lejislatif la, ki la pou fè lwa ak kontwòl.

Depite : reprezantan pèp la nan pouvwa lejislatif la, ki la pou fè lwa ak siveye.

Majistra : reprezantan pèp la eli pou jere zafè piblik yo nan chak vil nan peyi a.

Tolerans : se pibon kalite yon demokrat kapab genyen, ki diferan ak sitirans.

Sitwayèn / Sitwayen : fi, gason ki depase laj 18 an k ap jwi tout dwa ak devwa.

Pouvwa : kapasite pou pran dezisyon legal nan leta, ak sosyete a pou yon ti tan.

Pouvwa Ekzekitif : administrasyon leta sentral ki la pou dirije ak aplike lalwa.

Pouvwa Jidisyè : administrasyon sistèm lajistis pou rann sosyete a jis, egalego.

Pouvwa Lejislatif : administrasyon sistèm legal ak konstitisyonèl zafè peyi a.

Leta : se ansanm 3 pouvwa demokratik yo ki la pou sèvi pèp la nan tout koze.

Vyolans : tout zak imoral e ilegal yon moun poze ki nui lavi moun ak sosyete a.

Enstabilite : se tout kalte boulvès, dezòd, konfli, divizyon ki pabon pou peyi a.

Dwa de Lòm : ansanm dwa natirèl, dwa imen, ak dwa demokratik tout moun.

Lapè : se trankilite, estabilite, nòmalite nan lavi, anviwonman moun ak peyi a.

Laprès : enstitisyon ki la pou kenbe demokrasi a vivan nan bay bon enfòmasyon.

Enstitisyon Demokratik : enstans ki dwe kreye pou asire bon sant demokrasi a.

Opizisyon : tout aktè politik ki pa dakò, kont fason leta ap mennen bak peyi a.

Lidè : se tout moun ki genyen volonte ak kapasite pou mennen ak dirije pèp la.

Règ Majorite: règ desizyonèl pou respekte chwa demokratik moun ki plis yo.

Règ Minorite: règ desizyonèl pou aksepte chwa demokratik tout lòt moun yo.

Analiz: se tout refleksyon san manti ak kachotri pou konprann ak wè sa ki kache.

Lapolis: enstans ki pou pwoteje ak sèvi popilasyon an nan mete lòd ak disiplin.

Taks : se devwa sitwayèn ak sitwayen yo pou peye leta ak tout sèvis piblik yo.

Patisipasyon sitwayèn: men anpil chaj pa lou nesesè nan zafè piblik yo.

KONKLISYON : Mwen te deside ekri gwo liv sa a, se apre peryòd kote tranzisyon demokratik la te pran pi gwo kou nan istwa l. Se nan ane 2012, apre eleksyon prezidansyèl 2011, kote youn nan pi gwo sipòte prezidan kite te monte a, te di se yon tranbleman tè ki te fèt nan politik peyi a. Tout moun t ap poze tèt yo keksyon, kòman yon bagay konsa te rive fèt ? Se nan refleksyon pouse m ak imajinasyon **"DUMAS"** yo, ki fè m reyalize se paske plis pase 85 % nan pèp la pa konnen anyen nan **demokrasi** a. Sa vle di, se yon demokrasi a loral ki genyen an Ayiti. E, apre mo **ateri** a te vini politize, tit liv la te deja la **"DEMOKRASI ATERI"**. Anpil moun ap di se yon liv kont gouvènman sa a, mwen di non. Se aksyon ak pase gouvènman an k ap kalifye l, se pa moun, ni yon liv. Moun gen tan rayi m, prepare bonèt pou mwen, yo pral vini ak tout kalte manti, epi chache agiman kont mwen ak liv la. Se yon DUMAS m ye, mwen konnen pouvwa imajinasyon mechan yo kapab makiye, fabrike, vire, konplote koze ak ranje moun pou bare liv la. Men yo pap janm kapab *pwouve* ke demokrasi ateri vre nan mitan popilasyon an. Se fòt yo, machansete yo, enkapasite yo ki mete peyi a nan won san baton sa a. *Ou pa konnen sa ki rele demokrasi, poukisa ou ap kritike demokrasi ?* Mwen pa ekri yon liv kont pèsonn, mwen pa lonmen non pèsonn nan liv la. Lè yo t ap fè evanjelizasyon, yo te bay chak moun yon bib, epi yo evanjelize yo. Lè yo te vle fè alfabetizasyon, yo te bay chak moun yo plizyè liv pou alfabetize yo. Lè yo t ap fè demokratizasyon, kisa yo te bay pèp la? Eske yo demokratize pèp la ? Mwen ekri liv sa a pou tout moun ki nan fènwa demokrasi; peyizan yo, chanyi yo, machann fritay yo, moun nan geto yo, malere ak malerèz yo, pitit sòyèt yo. Pou batay, kraze, boule, mechanste ayisyen fè ayisyen, mwen deside pa rantre nan lojik sa yo. Lame fè m kouri ale kache, frap ban m presyon, chimè bare m nan korido avèk zam epi kagoul, koudeta ban m kochma, men mwen pa gen anyen nan kè m kont tout moun sa yo ki peri peyi a. "Se pat fòt yo, se konnen yo pat konnen sa yo t ap fè yo", paske yo peye tout erè yo te fè yo la menm. Mwen pa ta renmen menm erè plis pase 29 lane yo repete, pou pèp la pase tout move moman yo ankò. Se pa yon misyon blan mwen vini ranpli, mwen se yon ayisyen san pou san. Se pa yon demokrasi kopi, pèpè, ewopeyen mwen ap preche, mwen reyalize **demokrasi se marasa esans, egzistans, chak moun**, e se pa prezidan mwen vle prezidan. Pouki *moun sa yo...* gentan ap taye bonèt pou mete nan tèt mwen? Anpil moun ap di pèp la pa kapab fè demokrasi, yo pa kapab chwazi moun pou dirije yo nan eleksyon, si se yon verite, kisa yo pwopoze ? Mwen pwopoze liv sa a, e yo ? Mwen pa gen kont ak moun sa yo ki soufri **"Willie Lynch"** sendrom. Men, pouki yo ap mete move lide nan tèt yo? Kòmsi fòk gen yon bagay mal dèyè liv la kont yo, kont peyi a. Vire je nou gade kote nou ye, fèmen je nou repase tout sa nou te viv, imajine sa nou ta renmen demen, epi kòmanse chanje mantalite nou. Mete men nan men pou demokrasi ateri, pou bati Ayiti. Mwen konnen l ap difisil, men an nou fè efò sa a pou Ayiti !

REFERANS / KONSIDERASYONS:

www.fidh.org   CIPI Foundation Think Tank   www.democracyweb.org   Open Democracy
www.democracy.com Wikipedia/Google www.csp.com www.ihsi.com www.visionofhumanity.org
Freedom House   Global Peace Index   www.democracynow.com   CUNY/NYCtv   UIP   La Toupie
Peace & Justice Resource Center   European Center for Constitutional & Human Rights   N.E.D
Global Media Forum   CIDH   FHF   Fund for Peace   RNDDH   www.utopie.org   Noam Chowsky
Amy Goodman   Diksyonè Kreyòl Vilsen   Oranges Public Libraries   The Art of Thinking, E. Dimnet
Bibliothèque Nationale d'Haïti   demos.org   thinkprogress.org   CCTV/RT   Global Studies
WORLDVIEW   Personal Democracy Forum   Jimmy Fallon   Electronic Frontier Foundation
Face the Nation,CBS   The MackLaughin Show   The Life of Greece, Will DURANT   OP—ED.TV
Democracy on Trial, Jean Bethke Elshtain www.billmoyers.com Public Citizen   Johannes Althusius
SOCRATES   PLATON   ARISTOTE   CLEISTHENES SOLON   PERICLES DANTE
Alexis-Charles-Henri Clérel de Tocqueville   Baron de la Brede et de Montesquieu   Aime Cesaire
Jean Jacques Rousseau Nelson Mandela   Jean-Bertrand Aristide St Thomas d'Aquin   Paula Bell
Thomas Jefferson   Abraham Lincoln   Le Nouvelliste   Ecole Mixte Dantes Belle-Garde Carl Braun
De l'Egalite des Races Humaines, Antenor Firmin Eglise Assemblée de Dieu   Manno Charlemagne
J. M. Metelus   Marie-Laurence Jocelin Lassegue   CUC/CIL   La Montagne de Sion   Serge Bolieu
Jacques Stephen Alexis   Radio Télévision Caraibes RNDDH   Radio Télé Antilles   NÈG MAWON
Democracy matters winning the fight against Imperialism, Cornel West   Idea of Progress, J. B. Bury
Democracy A History, John Dunn   Ainsi parla l'oncle, Jean Price Mars   Jean Jacques Rousseau
Democracy on Trial, Jean Bethke Elshtain The Political Tought of Plato and Aristotle, Sir Ernest Baker
La Grande Librarie   Aristotle's Theory of Poetry and the fine Arts, S. H. Butcher   Roland Dumas
R. Descartes The Gardens of Democracy, E. Liu, N. Hanauer   Martin. L. King   Karl Max   Spinoza
Lydia Jeanty   Kant   Hegel   Machiavel   Hobbes   Diogenes   Ciceron   Protagoras   Xenophon
Aristippus Thucydides   Heraclitus Pythagoras Makandal   Nèg/Dawomen/Ginen/Mawon
Hugo Chavez   Jhon F. Kennedy   Abraham Lincoln   Jimmy Carter   Jean Jacques Dessalines
Toussaint Louverture   Alexandre Petion   Jean Pierre Boyer   Fr. Henry Joseph   Barack Obama
Fidèl/Raoul Castro Raoul Peck   Raphael Dumas   Alexandre Dumas père et Fils Jean-Arnold Dumas
Yole Desrose Pierre-Raymond Dumas Democracy in America, Alexis de Tocqueville   Thomas Paine
ASMP NAACP BLACK CAUCUS GRENADYE07 Al Sharpton   The Kennedys Maya Angelou
Dumarsais Estime   Frank Etiènne   Oswald Durand   Jacques Stephen Alexis   Jacques Roumain
René Philoctète Etzer Vilaire Frédéric Marcelin Massillon Coicou Justin Lhérison Fernand Hibbert
Pradèl Pompilus Charles Moravia Jean-Fernand Brièrre Demesvar Delorme Carl Brouard   M. Sixto
Jean Jaurès   Rosa Parks   Mao Tsetoung   S L/RHI   Mahatma Gandhi   Alexandre Soljenitsyne
Michael Jackson Sonia Sotomayor King Posse/ORS Daniel Fignolé   Pierre Dumas   Tunèp Delpe
Louis Dejoie II   Daly Valèt   Eddie Toussaint   Michael Sandel   Winston Churchill   Danny Laferrière
Olaudah Equiano Vladimir Lenin   Malcom X   Aung Suu Kyi   William Tyndale   Charles Ogletree
Evans Paul   Ellen Degeneres   E.T.J   D. Chopra   Joel Osteen   Radio Signal FM   Konesans Piblik...